KB253974

당신의 음악 취향은

당신의 음악 취향은

당신의 음악 취향은

음반 프로듀서가 들려주는 끌리는 노래의 비밀

This Is
What It
Sounds
Like

수전 로저스,
오기 오가스 지음
장호연 옮김

에포크

추천사

저는 아티스트도 업계 종사자도 아닌 '방구석 리스너'입니다. 음악을 만들어본 적도 악기를 다뤄본 적도 없지만 제 청취 경험을 공유하는 것만으로 30만 명의 선택을 받았습니다. 이런 시대입니다. 이런 유의 음악 채널이 유행하고, 플레이리스트와 리스닝 파티가 일상에 스며들고 있는 대大 리스너의 시대입니다.

신기하게도 이 책은 현시대가 필요로 하는 정보와 감수성을 모두 담고 있습니다. 구체적으로는 우리의 청취 경험을 결정짓는 일곱 가지 요소를 집요하게 파고드는데, 하나의 개념을 설명할 때마다 풍부한 예시를 들어 시간가는 줄 모르고 읽게 됩니다. 과거의 음악과 오늘날의 음악을 넘나들고, 음악사에 영향을 끼친 각종 사건을 매력적인 스토리텔링으로 소개합니다.

첫 페이지를 읽는 순간 머리가 지끈거렸고, 읽는 내내 제 안에서 할 말이 넘쳐났습니다. 장담컨대 기존의 대중음악서와는 다른 차원의 영감을 제공할 것입니다. 궁극적으로 끊임없이 나 자신과의 대화를 유도해 내 취향을 파악하는 데 도움을 줍니다. 나아가 상대의 취향을 존중해야 하는 이유까지 배우게 됩니다. 꼭 읽어보세요. 이런 굉장한 책에 추천사를 쓸 수 있게 되어 영광입니다.

_우키팝(음악 전문 유튜버)

음악을 만들기 위해 작업실에 들어가기 전, 종종 하는 생각이 있다. 나를 이루는 많은 것들이 나에게서 시작된 듯하지만 실은 조금 더 들여다보면 곁에 있는 소중한 사람들에게서 왔다는 것.

사람의 마음을 공감할 줄 아는 것에서 출발하여 그것을 음악 안에 고스란히 녹여내는 일을 하는 직업이 프로듀서라고 생각한다. 그런 나에게

이 책 속에서 만난 나와 같고도 다른 경험들이 새로이 공감과 흥미를 불러일으켰다.

마음에 창작이 부족하다 느끼는 순간 이 책을 읽으며 떠오른 여러 생각과 경험들이 다시금 내 마음에 불을 지펴주었다. 행복하고 뜨거웠던 순간으로 돌아가게 해준, 타임머신 같은 신비로운 책.

_코드 쿤스트(작곡가, 프로듀서)

이 책은 계시라고 할 만하다. 수전 로저스와 오기 오가스는 그들의 뛰어난 기량을 유려한 흐름에 실어 음악과 감정, 그리고 뇌에 관한 놀라운 통찰을 제시한다. 해당 주제를 꽤 잘 안다고 생각했음에도 많이 배웠고, 책 곳곳에 담긴 아이디어와 시적 표현 덕분에 읽는 내내 정말 즐거웠다. 읽자마자 고전의 반열에 오를 것이라 직감한 이 책은 음악을 들으며 한 번이라도 감동을 받은 적이 있는 사람, 말하자면 모든 사람이 읽어야 할 책이다.

_대니얼 레비틴, 『음악인류』『정리하는 뇌』저자

음악 애호가를 위한 맛깔나고 '덕후스러운' 기록. 음악에 열광하는, 음악이 삶의 일부인 사람들이라는 정의하기 어려운 현상을 이해하기 쉽고 경이로운 새로운 차원의 이해로 승화시킨다.

**_제시카 호퍼, 『현존하는 여성 록 비평가의 첫 번째 비평 모음집
(The First Collection of Criticism by a Living Female Rock Critic)』저자**

수전 로저스는 자신이 뮤지션이 아니라 뛰어난 청자로서 음악계에서 막강함 힘을 발휘했음을 발견했다. 이 책은 음악을 듣는 모든 이들에게 선물이 될 것이다. 음악을 들을 때 우리는 음악뿐만 아니라 우리 영혼에 새겨진 소리의 흔적까지 듣기 때문이다.

_댄 차너스, 『딜라 타임: 리듬을 재창조한 힙합 프로듀서 제이 딜라의 삶과 사후 세계(Dilla Time: The Life and Afterlife of J Dilla, the Hip-Hop Producer Who Reinvented Rhythm)』 저자

수전은 음악계에서 가장 똑똑한 사람 중 한 명이다. 이 책을 읽으면 프린스가 왜 그녀와 함께 일하기를 좋아했는지 알 수 있다.

_투레, 『당신을 위해 죽을 수도 있어: 프린스가 아이콘이 된 이유 (I Would Die 4 U: Why Prince Became an Icon)』 저자

모든 분야의 학자와 대중음악 팬들이 애타게 기다려온 책. 진정으로 영감을 불러일으킨다.

_스탠 호킨스, 오슬로 대학 음악학 교수

음악의 힘에 관한 완벽하고 철두철미한 분석. 음악 애호가들이라면 학술 연구에 넉넉한 영혼이 더해진 이 책에 넋을 잃고 빠져들 것이다.

_『퍼블리셔스 위클리』

두 권의 책을 한 번에 읽은 기분이다. 한 권은 가장 사랑받는 뮤지션, 가수, 송라이터 들의 이야기, 다른 한 권은 우리의 뇌가 음표, 멜로디, 가사를 특정한 방식으로 읽어내는 방법과 그 이유에 대한 통찰.

_북페이지

음악이 지켜낸 예술을 위하여.

절대적인 자유의 감각, 세상에서 방향이 없는 것이
최고의 방향이라는 인식, 느낄 줄 아는 능력,
이런 것들을 갖게 하는 것이 내가 하는 일이다.
_ 샘 필립스, 음반 제작에 평생을 바친 프로듀서

이 책은 기획안을 보고 작업을 할지 말지 판단해야 했다. 내가 받은 것은 저자 이력, 책에 담게 될 개략적인 내용, 그리고 두 장章에 해당하는 (최종 원고와 다른) 샘플 원고가 전부였다. 아주 가끔 이런 일이 있는데 주로 저자가 유명 작가인 경우다. 하지만 수전 로저스는 이번이 첫 책이다. 그 말은 본인이 활동하는 분야에서 거물이라는 뜻이다. 이력을 살펴보니 프린스 음반을 작업했고(여기서 내 눈이 동그래졌다), 스튜디오에서 음반 프로듀서로 오랫동안 일하다가 대학에 들어가 음악심리학과 신경과학을 공부하고 현재 학생들을 가르치고 있다. 내가 예전에 번역했던 신경과학자 대니얼 레비틴이 생각나게 하는 이력이다. 과연 맥길 대학에서 레비틴의 지도를 받았다고 한다(그쪽도 세상이 좁다).

원고를 읽으며 내 호기심을 끈 것은 단연 섀그스라는 밴드였다. 이런 밴드도 있었나? 기억을 아무리 더듬어봐도 처음 듣는 이름이다. 음악을 찾아서 듣는데 입꼬리가 슬며시 올라갔다. 내가 지금 나이의 반이었을 때 좋아했을 법한 음악이다. 인디 록, 포스트 펑크, 개러지 록에 한창 빠져 있었을 따다. 취향 저격이다. 다만 현재의 취향이 아니라 과거의 취향이다. 섀그스로 시작하다니 참으로 특별한 책이 될 거라는 예감이 들었다.

음악을 좋아하는 청자에게 취향은 음악 자체만큼이나 흥미진진한 주제다. 학창 시절 나는 음악을 좋아하는 사람이면 금세 친구가 되었다. 그 시절을 돌아보면 음악에 얽힌 추억이 제일 많다. 친구 집에 놀러 가면 어떤 음반(테이프)과 음악 잡지가 있는지부터 보았다. 친해지면 내가 좋아하는 곡들을 테이프에 담아 우정의 징표로 선물했다. 딱히 편견이랄 게 없었고 유명한 음악이라면 무조건 당연히 좋아했다. 남들도 다 그럴 거라고 생각했다. 그런데 아니었다. 더 많은 사람들을 만나고 여러 음악을 접하면서 저마다 좋아하는 음악이 다르다는 것을 알게 되었다. 저마다 싫어하는 음악도 있었다. 한번은 너바나를 싫어하는 사람을 만났는데 충격적이게도 그 이유가 연주를 못해서라고 했다.[1]

많은 책에서 음악 취향에 대해 이야기하지만 민감한 주제라서 제대로 파고드는 책은 보기 어렵다. 통계적으로 취향에 접근하는 경우가 많고, 다른 취향이 있을 뿐 우월한 취향과 못난 취향은 없다고 말한다. 나는 이게 늘 못마땅했다. 왜냐하면 나는 내가 좋아하는 음악이 최고라는 고집이 있었기 때문이다. 너바나를 싫어한다는 말을 들으면 별난 사람이군, 하고 넘어갈 게 아니라 얼마나 죽이는 음악인지 설득해야 했다. 설득이 안 된다면 그보다 더한 것도 해야 했다. 그저 다른 취향일 뿐이라면, 우리는 어째서 취향 문제가 불거지면 마치 삶이 거기에 달려 있기라도 하듯 쉽게 달아오를까. 이 책은 이런 질문에 설득력 있게 답을 준다.

이 책에서도 말한다. "누군가의 음악 취향이 다른 사람보다 우월하다는 것은 그릇된 생각"이라고. 이런 말도 있다. "청취 프로필에 관해서라면 어떤 청자에게 푸르른 녹지가 어떤 청자에게는 끔찍한 지옥이 될 수도 있다." 하지만 왜 그런 걸까. 어째서 사람마다 끌리는 음악이 서로 다를까. 이 책은 장르가 아니라 미적 차원과 음악적 차원으로 취향에 접근하여 사람마다 맞는 음악이 있다고 설명한다. 그리고 미적 차원은 음악뿐만 아니라 다른 예술과도, 나아가 삶의 태도와도 연관된다. 끈끈한 인간관계를 좋아하는지 거리를 두기를 좋아하는지, 현실적인 사람인지 몽상가인지,

---

1 너바나 논란의 배후에는 펑크와 헤비메탈 사이의 해묵은 갈등이 있다. 너바나는 펑크에서 나왔고 펑크에서 중요한 것은 애티튜드다. 세상이 엿같다고 소리치는 것이다. 메탈의 덕목은 장인정신이다. 세상에 둘도 없는 멋진 리프와 황홀한 비트를 만들고 남들이 흉내 낼 수 없게, 더 크고 더 빠르고 더 정교하게 연주하는 것이다. 역사적으로 보자면 펑크는 헤비메탈에 반기를 들고 등장했고, 여기서 영향을 받아 2세대 헤비메탈이 나왔고, 이것은 다시 훗날 그런지가 등장하는 토양이 되었다. 이렇게 돌고 도는 역사는 록 음악뿐만 아니라 힙합에도 있고 K팝에도 있다.

익숙함이 주는 편안함이 좋은지 새로운 자극을 추구하는지에 따라 취향이 갈린다. 그래서 취향을 통해 그 사람을 들여다볼 수 있는 것이다. 그리고 자신의 취향을 탐구하는 것은 자기발견의 여정이 된다.

취향은 어느 정도 타고나는 것이다. 음악을 들으면서 민감하게 반응하는 지점이 사람마다 다르기 때문이다. 이건 뇌에서 일어나는 일이다. 음악이 우리에게 안겨주는 보상이다. 하지만 결정적이지는 않다. 선택할 수 있다. 내 경우를 말하자면 오랫동안 가사는 신경 쓰지 않고 들었다. 그러다가 점차 가사를 귀담아 듣기 시작했다. 그러자 묘한 일이 일어났다. 내가 좋아했던 곡이 가사가 형편없다는 것을 알게 되자 더 이상 들을 수가 없었다. 아무리 멜로디가 좋고 그루브가 끝내줘도 가사가 수준 이하면 참을 수가 없었다.

언젠가부터 주위에 클래식을 듣는 사람이 많아졌다. 좋아하는 음악과 성격과 어울리는 사람이 서로 맞아떨어지는 지점이 있었던 것이다. 남들과 같은 음악을 듣는다고 생각하니 갑자기 심술이 났다. 그렇다고 평생 들어왔던 클래식을 버릴 수는 없고. 그때부터였을 것이다. 내가 멀쩡하게 좋아하던 말러와 슈베르트를 그저 인기가 많다는 이유로 제쳐두고, 대신 사람들이 잘 안 듣는 모차르트를 파고들기 시작한 것이.

음악 취향을 들여다보면 그 사람에 대해 알게 되지만 흥미롭게도 취향 또한 바뀐다. 내가 섀그스를 듣고 나도 모르게 웃었던 것은 이런 음악을 안 들은 지가 꽤 됐기 때문이다. 그때 심정을 말하자면 마치 고등학교 졸업앨범에 실린 오래된 내 사진을 보는 것 같았다. 물론 취향이 한번 정해지면 안 바뀌는 사람도 있다. 이런 것조차 그 사람이 어떤 사람인지 말해준다. 누군가에게는 취향이 평생 안고 가는 것이지만 누군가에게는 끊임없이 업그레이드하는 것이다.

이 책을 음악 취향에 관한 탐구서로 읽는 것이 하나의 방법이라면, "직업적인 음악 청자"의 책으로 보는 방법도 있다. 음악 듣기가 직업인 사람이 음악 비평가밖에 없다고 생각한다면 음반 프로듀서도 있다. 음악을 만들지 않으면서 음악의 모습을 결정한다는 점에서는 지휘자와도 비슷하다. 최근 음반 프로듀서의 책이 국내에 몇 권 출간되었는데 프로듀서가 대체 어떤 일을 하는지, 음악을 직업으로 듣는 사람은 어떻게 듣는지, 어떤 음악을 좋아하는지 알고 싶다면 이만한 책이 없다.[2]

프로듀서는 노래를 음반으로 만드는 사람이다. 음악가가 만든 노래(데모)를 가장 먼저 듣고, 청자의 입장에서 음악이 어떤 쓰임새를 갖게 될지 판단하여 음반을 만든다. 음반이 사람들 귀에

---

2   퀸시 존스의 삶에 관심이 있다면 그가 직접 쓴 『삶과 창의성에 대하여』(류희성 옮김, 이콘 2024)가 당연히 좋은 선택이겠지만, 그가 왜 그토록 칭송받는 프로듀서인지 알고 싶다면 이 책이 더 나을 수도 있다.

어떻게 들릴지 누구보다 잘 아는 사람이다. 그러니 여러분에게 맞는 취향의 음악을 찾아줄 수 있는 사람으로 적임자다. 오늘날처럼 음악이 넘쳐나는 시대에 어떤 음악을 들을지 고민이라면 최고의 음반 프로듀서가 초대하는 음반 소개 모임에서 자신에게 맞는 음악을 골라보자. 나도 덕분에 내 취향을 더 잘 알게 되고, 알지 못했던 좋은 음악을 많이 소개받았다. 새로운 음악을 만나는 것은 새로운 세상을 발견하는 기쁨이다. 나아가 음악을 통해 그것을 좋아하는 사람들과 연결되므로 그 기쁨은 더 늘어난다.

차례

일러두기

1. 본문의 고딕체는 원서에서 이탤릭체로 강조한 부분입니다.
2. 단행본, 잡지, 신문 등은 겹낫표(『 』)로, 기사, 발표문, 영화, TV 프로그램, 미술 작품 등은 홑낫표(「 」)로, 앨범은 겹화살괄호(《 》)로, 곡은 홑화살괄호(〈 〉)로 묶었습니다.
3. 원서의 주는 본문에 약물 ▶을 붙여 미주로 두었고, 옮긴이 주는 본문에 │ │ 안에 묶어 싣고 옮긴이로 표시했습니다.
4. 인지명 등의 외래어 표기는 국립국어원 외래어 표기법을 준용하되 일부 굳어진 표현은 관용을 따랐습니다.
5. 이 책의 한국어판에는 각 장마다 본문에 소개된 곡의 목록과 함께 곡을 들을 수 있는 유튜브 링크를 담은 QR코드를, 또한 본문 안에는 내용과 관련한 자료의 QR코드를 실었습니다.

이 책을 듣는 법

이 책에는 수많은 특정 음반들이 등장하므로

최고의 경험을 위해서는 스포티파이, 타이달, 애플뮤직,

판도라, 아이하트라디오, 아마존뮤직 같은

대중음악 스트리밍 서비스를 통해

이런 음반들을 찾아서 듣기를 권한다.

우리가 개설한 웹사이트

(https://www.ThisIsWhatItSoundsLike.com)에서

이 책에 나오는 음반들의 목록을 볼 수 있다.

책의 각 장 시작 부분에 있는 **QR코드를 찍으면**

본문에 실린 곡을 들을 수 있는

유튜브 사이트로 연결됩니다.

_편집자 주

들어가며

나는 내가 직업적인 음악 청자의 길로 들어서게 된 순간이 언제인지 정확히 안다. 스무 살에 로스앤젤레스에 있는 더 포럼 경기장에서 봤던 레드 제플린 콘서트였다. 그 이후로도 수많은 공연을 봤지만 이 콘서트는 여전히 내게 최고의 공연으로 남아 있다. 로버트 플랜트는 명성이 절정에 달한 록의 신답게 목소리로 관중을 홀렸고, 기타리스트 지미 페이지는 오렌지색 용과 진홍색 용이 수놓아진 검정색 실크 슈트를 입고 나와 화끈한 파워코드를 선사했다.▶ 하지만 콘서트가 절반쯤 지났을 때—〈Kashmir〉와 〈Stairway to Heaven〉 같은 대표곡은 아직 연주하지도 않았다— 나는 집으로 돌아갈 시간이 되었음을 깨달았다.

공연장을 떠나려니 발길이 떨어지지 않았다. 음악은 내 인생에서 열정을 일으키고 의미를 주는 존재였으며 콘서트는 나를 순수한 황홀경으로 이끌었다. 하지만 밤 10시 반까지 집에 돌아가지 않으면 크나큰 대가를 치러야 할 터였다. 부모님이 문제가 아니었다. 어머니는 내가 열네 살에 돌아가셨고, 아버지와는 더 이상 같이 살지 않았다. 열일곱에 고등학교를 중퇴한 나는 나이 많은 남자친구와 결혼했다. 가정을 꾸리는 것이 안정과 독립을 손쉽게 얻는 길이라 생각한 것인데, 내 결혼 생활은 오히려 절망과 외로움의 덫이 되고 말았다. 남편은 내가 음악에 열광하는 것을 못마땅하게 여겨 귀가 시간을 못 박아두었다. 그러니 이를 어기고 늦게 돌아간다면 틀림없이 질투에 찬 분노를, 아니 어쩌면 더한 상황을 맞닥뜨려야 할 것이다. 그래서 지미 페이지가 어쿠스틱기타를 훑으며 〈Bron-Y-Aur Stomp〉를 연주하기 시작했을 때, 나는 어리둥절해하는 친구들에게 양해를 구하고 침통하게 출구로 향했다.

너무도 무력하고 우울했다. 나는 평생을 음악과 열렬하고 또 도저히 거부할 수 없는, 요컨대 거의 **필연**이라 할 관계를 이어왔다. 음악을 들을 때면 모든 음 하나하나가 중요하게 느껴졌고 모든 가사가 진실하게 와닿았다. 그런 내가 겁에 질려 인생을 통틀어 가장 신나는 음악 경험을 포기하고 고립된 곳으로 돌아가야 했다. 나도 모르게 반항심이 일었다. 나는 가던 걸음을 멈추고 스칼렛 오하라처럼 극적으로 고개를 들고는 공연장 천장을 쳐다보며 이렇게 맹세했다. **언젠가는 다시 포럼으로 돌아와 멋진 밴드가 공연하는 소리를 믹싱할 거야!**

허황되기 짝이 없는 맹세였다. 일단 나는 어떻게 해야 사운드 믹서가 되는지는 고사하고 사운드 믹서가 실제 무슨 일을 하는지도 제대로 몰랐다. 나는 다룰 줄 아는 악기가 없었다. 노래도 못했다. 음악업계에 아는 뮤지션도, 하다못해 지인도 없었다. 나는 바이오메디컬 공장에서 인공 심장판막 관련 일을 하는 사람이었다. 하지만 이런 허황된 몽상은 아주 어렸을 적 소니 앤 셰어의 앨범 뒤표지에 실린 사진을 본 뒤로 내 마음 한구석에서 싹트고 있었다. 손잡이와 버튼과 슬라이더가 달린 복잡한 콘솔 앞에 앉아 있는 어떤 남자의 사진이었는데, 사진 아래쪽에 '사운드 엔지니어'라고 써 있었다. 사진을 보고 생각했다. **이 남자는 음반을 만드는 사람인데 악기를 연주하지 않잖아. 그렇다면 나도 할 수 있겠어!**

레드 제플린 콘서트가 있고 나서 그리 오래지 않아 나는 맹세를 실천에 옮기기로 했다. 남편과 이혼한 뒤 100달러도 안 되는 돈을 들고 할리우드로 갔다. 전문가용 오디오를 만드는 회사에 무작정 찾아가 오디오 기술자 수습생으로 받아달라고 사정했다. 그들은 녹음 스튜디오에 복잡한 전자 장비를 설치하고 수리하는 일을 내게 가르쳤다. 스튜디오는 음악의 마법사들이 앨범을 만드는 신비로운 현장이었다. 오디오 기술자의 일은 음악을 만들거나 믹싱하는 작업과 달리 그리 매력적이지 않았다. 하지만 몇 년이 지나자 나는 크로스비 스틸스 앤 내시, 잭슨 브라운, 보니 레이트 같은 재능 있는 아티스트들이 음반을 만드는 과정을 옆에서 지켜볼 수 있었다.

　내가 운 좋게 작업을 맡았던 모든 아티스트를 존경했지만, 그래도 내가 가장 사랑하는 음악 장르는 소울이었다. 제임스 브라운, 마빈 게이, 알 그린, 슬라이 스톤 같은 연주자들 말이다. 그중에서도 내가 각별히 아끼는 아티스트가 한 명 있었으니 록과 팝과 소울의 관습을 짓밟아버린 신예 **프린스**였다. 그러나 프린스는 음악 녹음을 다른 곳에서 했다. 내가 일하는 로스앤젤레스 스튜디오로 그가 찾아올 일은 없었다.

　그러다가 1983년 초여름에 내 인생을 바꿀 기회가 찾아왔다. 마이클 잭슨이 선택한 스튜디오인 웨스트레이크 오디오에서 수석 기술자로 일하고 있던 전 남자친구 존에게서 온 전화였다. 그는 보스턴 특유의 억양으로 이렇게 말했다. "그게 말이지, 기가 막힌 일자리가 있어. 프린스가 기술자를 찾는대!" 나는 그 일자리가 내 것임을 직감했다. 예전에 할리우드 선셋대로를 동쪽 방향으로 달리는 버스 안에서 뒷자리에 앉은 한 10대 흑인 소년의 무릎에 놓인 붐박스를 통해 첫 싱글 〈Soft and Wet〉를 들었던 순간부터 나는 프린스의 팬이었다. 그의 공연에 두 번 갔고 그의 앨범을 전부 다 갖고 있었다. 그리고 그가 여자들과 일하기 좋아한다는 것을 업계 사람들에게서 들어 알고 있었다.

　캘리포니아 남부에 거점을 둔 내 주변의 포크 록 뮤지션들이 보기에, 장르를 자유롭게 넘나들고 전위적으로 활동하는 프린스는 별종이었다. 그러나 나 또한 음악업계에서 몇 안 되는 여성 오디오 기술자 중 한 명이었으니 별종이긴 마찬가지였다. 로스앤젤레스의 숙련된 기술자들은 아무도 프린스와 작업하려 하지 않았다. 연예 산업의 중심부에서 수천 마일 떨어진 중서부 지방으로 가야 했기 때문이었다. 그에 반해 나는 흔쾌히 모든 사람과 모든 것을 두고 미니애폴리스로 떠났고, 내게 너무도 소중한 아티스트를 전담하는 기술자가 되었다.

프린스는 얼마 전 기념비적인 두 장짜리 앨범 《1999》를 내고 투어를 마친 터였다. 다음 음반을 구상하면서 그가 내게 처음으로 맡긴 업무는 그의 집에 새로운 녹음 콘솔을 설치하는 일이었다. 일주일가량 걸려 작업을 마치고 나서 우리는 짧은 대화를 나누기 시작했다. (프린스는 과묵하기로 유명했고 일하는 동안에는 특히 그랬다.) 장비와 실제적인 문제들에 관한 대화였다. 그러던 어느 날 내가 차를 몰고 그의 집 대문 앞에 도착했을 때 나의 카스테레오에서는 슬라이 앤 더 패밀리 스톤의 〈Thank You(Falettinme Be Mice Elf Agin)〉이 요란하게 흘러나오고 있었다. 나는 창문을 내리고 인터폰 버튼을 눌렀다. 그러자 프린스는… 같은 노래를 흥얼거리는 것으로 대답했다.

우리의 음악 취향이 겹친다는 사실을 그가 처음으로 알아차린 순간이었을 것이다. 그가 즐겨 표현하기로 우리는 "같은 거리street에 살았던" 셈이다. 장비 설치를 마친 나에게 그가 느닷없이 녹음 엔지니어 자리를 맡긴 것은 아마도 그런 이유 때문이 아니었을까.

오디오 기술자와 녹음 엔지니어는 아예 다른 일이다. 영화 산업으로 비유해보자면, 녹음 엔지니어가 촬영감독인데 반해 오디오 기술자는 카메라를 수리하는 사람이다. 그러나 프린스는 내가 소리를 매만지는 일에 경험이 없다는 걸 몰랐다. 혹은 알면서 개의치 않았는지도 모른다. 그는 내가 가진 기술 관련 지식을 믿었고, 대담하게도 나의 듣는 능력을 기꺼이 믿어주었다. 음악업계에서 자리를 잡으려는 사람에게 이보다 더 좋은 기회는 없었다. 나는 그 세대에서 가장 독창적인 음악성을 지닌 사람으로부터 음반 만드는 법을 배우고 있었다. 그가 듣는 것을 듣고, 그의 귀를 통해 들으면서 말이다. 엔지니어로서 첫발을 내디딘 나는 이제까지 내가 음반을 들으며 행복하게 보낸 모든 시간이 음악적 결정을 내리는 데 풍요로운 자원이 되었음을 깨닫게 되었다. 엔지니어가 기술적 도구들을 활용하는 법을 익히고 나면, 다음 단계는 이런 도구들을 가지고 자기가 좋아하는 무언가를 만드는 일이다. 평생 음반을 들은 경험 덕분에 나는 소리를 이리저리 매만지며 나의 새로운 상사가 승인하는 것에 이르도록 만드는 일을 좀 더 수월하게 해냈다.

우리가 지하 스튜디오에서 작업한 앨범은 《Purple Rain》이었다. 《Purple Rain》은 역사상 가장 성공하고 영향력이 큰 앨범 가운데 하나가 되었다. 2500만 장 넘게 팔렸고 프린스에게 두 개의 그래미와 하나의 아카데미 트로피를 안겨주었으며 빌보드 앨범 차트에서 (역사상 여섯 번째로 긴) 24주 연속 정상을 차지했다.

나는 프린스의 《Purple Rain》 투어에 사운드 엔지니어로 참여했다. 투어 공연장 중에는 로스앤젤레스 포럼도 있었다. 비록 관객석에 마련된 콘솔 앞에서 소리를 믹싱하지는 않았지만, 나는 (내가 생각하기에) 훨씬 더 중요한 일을 했다. 무대 뒤에 놓인 이동식 오디오 트럭에서 공연을 녹음했다. 후대를 위해 역사적인 이 콘서트를 담은 것이다.

거의 모든 면에서 새로울 것 없는 투어였다. 조명과 사운드 시스템을 설치하고 테스트를 했다. 바닥을 올리고 무대를 세웠다. 악기와 마이크의 위치를 잡고 선을 정리했다. 숙련된 공연 담당 직원들이 이 모든 것을 척척 해냈다. 하지만 내게는 결코 흔하디흔한 투어가 아니었다.

나는 평소와 마찬가지로 내 할 일을 했다. 밴드가 사운드체크를 하는 동안 마이크를 조정하고 볼륨 수준을 맞추고 꼼꼼하게 소리를 만들었다. 하지만 그러는 내내 공연장의 저 높은 천장이 눈에 들어왔다. 8년 전 내가 허황된 맹세를 했던 곳이 정확히 어디였는지가 기억났다. 그때의 맹세가 지금 실현되고 있었다. 나는 세상에서 가장 좋아하는 아티스트를 위해 포럼에서 일하는 프로 녹음 엔지니어였다.

공연 시작 몇 시간 전에 마지막으로 몇 가지 세부 사항을 상의하기 위해 사운드체크 결과를 담은 테이프를 들고 프린스의 분장실을 찾았다. 그는 방에 혼자 있었다. 나는 그에게 개인적인 일을 털어놓은 적이 거의 없었지만, 혼자서만 알고 넘어가기에는 이 순간이 너무도 소중하게 여겨졌다.

"프린스, 당신에게 할 말이 있어요…"

그가 호기심 어린 표정으로 나를 돌아보았다. 나는 레드 제플린 콘서트에서 했던 맹세를 그에게 말했고, 내 진심을 담은 짧은 말로 마무리했다. "… 내 꿈을 실현시켜줘서 고맙다는 말을 하고 싶었어요."

프린스가 사교적 한담과 불필요한 사적 대화를 피하는 사람이라는 걸 다들 알고 있었다. 그는 자신의 생각을 가사에 담아 전하는 편을 선호했다. 대중 앞에서든 협업자들과 일할 때든 그는 자신의 예술 세계가 스타라는 지위로 인해 흐트러지는 것을 막고자 무표정한 얼굴을 유지했다. 나는 이런 베일에 싸인 유명인 이전의 진짜 프린스 모습을 좀처럼 보지 못했지만, 오늘 밤은 예외적인 경우였다. 환한 미소가 그의 얼굴에 퍼졌다. 내 꿈을 실현시켜줘서 자기도 진심으로 기쁘다는 표현이었다. 그리고 그의 눈에서 그 또한 소망한 대로 살아가고 있음을 알아볼 수 있었다. 굳이 말이 필요치 않았다. 우리가 왕성하게 함께 일한 4년을 통틀어 서로의 마음이 가장 잘 통했던 순간이다.

때가 되어 로스앤젤레스로 돌아간 나는 소속 없이 독립 녹음 엔지니어로 일하기 시작했다. 곧 내가 기술적인 스킬과 더불어 듣는 귀가 좋다는 것을 음반사들과 아티스트들이 알아보기 시작했다. 음반 프로듀서 역할로 옮겨가면서 내 경력은 또 한 걸음 앞으로 나아갔다. 녹음 엔지니어가 촬영감독이라면 음반 프로듀서는 영화감독이다. 연기를 지도하고 촬영한 것을 분석하여 최종 산물이 예술적 목표를 달성하도록 그 형태를 만드는 자리다.

1990년대 중반 무렵 나는 남성이 거의 대부분인 이 업계에서 성공한 극소수의 여성 음반 프로듀서 중 한 명이 되었다. (내가 활동한 1980년대와 1990년대에 프로듀서 역할에만 몰두한 여성은 한 손으로 꼽을 정도밖에 없다.) 내가 엔지니어링과 믹싱, 또는 프로듀싱까지 맡았던 아티스트로는 데이비드 번, 테빈 캠벨, 러스티드 루트, 로벤 포드, 게기 타 등이 있었다. 골드 앨범과 플래티넘 앨범도 작업했다. 공동 프로듀서를 맡은 베어네이키드 레이디스의 〈One Week〉는 빌보드 1위에 오른 히트곡이 되었다. 나는 노래를 **음반**으로, 그러니까 청자가 몰입하고 아끼는 대상으로 바꾸는 일을 했으니 음악을 듣는 직업으로는 정점에 오른 셈이었다. 하지만 음악업계에서 재능이 탁월한 뮤지션들과 긴밀하게 작업하면서도 혼자 있을 때는 스스로에게 불편한 질문을 자주 던졌다.

음악을 **듣는 것**이 정말로 중요했을까?

나는 보수 면에서 좋은 대우를 받고 동료들로부터 한결같은 존경을 얻었지만, 그럼에도 스튜디오에는 내가 넘을 수 없는 보이지 않는 선이 존재한다고 느꼈다. 마음속에서 나는 '한낱' 청자에 지나지 않았다. 나는 다른 뮤지션의 제안에 흔들릴 때가 많았다. 그와 상반된 견해를 갖고 있을 때조차 말이다. 내가 가진 음악적 견해는 작곡가나 연주자의 견해와 똑같은 무게를 갖지 않는다고 믿었던 것이다. 나는 음반을 제작하는 역할을 기꺼이 껴안았고 그 역할에 애정이 많았지만, 음악이 어떻게 되어야 하는지를 두고 세밀하고 복잡한 대화를 나누는 동안 가끔은 스스로가 방관자처럼 느껴졌다.

청취의 중요성에 대한 나의 믿음이 하룻밤 사이에 바뀌었다고 할 수는 없다. 하지만 믿음이 바뀌게 된 계기가 그 유명한 재즈계의 전설 마일스 데이비스와의 만남이라는 것은 말할 수 있다. 비록 결실을 맺기까지는 여러 해가 걸렸지만, 그가 뿌린 지혜의 씨앗은 음악 청취가 궁극적으로 무엇인지에 대한 나의 관점을 끝내 바꿔놓았다. 이 책도 그렇게 해서 쓰게 된 것이다.

어느 날 마일스가 프린스의 미네소타 집을 방문했다. 함께 저녁을 먹고, 우리가 진행 중인 작업을 듣기 위해서였다. 식사를 마치자 그들은 내가 기다리고 있는 지하 스튜디오로 내려왔다. 마일스는 내 바로 앞에서 나를 등진 채로 서서 프린스의 아버지인 재즈 피아니스트 존 넬슨과 바지에 관한 이상한 대화를 이어갔다.

"당신이 입었던 줄무늬 바지 아주 마음에 들더구만." 프린스의 아버지가 말했다.

"난 줄무늬 바지를 입은 적이 없는데." 마일스가 대답했다.

"입었어, 당신이 입은 걸 내가 봤다네."

"내가 줄무늬 바지를 입은 걸 어디서 봤단 말이오?"

"TV에서 봤소. 그래미 시상식이었지."

"나는 줄무늬 바지가 없는데!"

"입었다니까! 흑백 줄무늬 바지!"

"다시 말하지만 나는 줄무늬 바지가 없소!" 마일스가 우겼다.

갑자기 그가 돌아서더니 예의 동그란 눈을 내 얼굴 바로 앞에 들이대고 소리쳤다. "맞아, 내가 입었어!" 마치 지금까지 계속 이야기를 나눈 상대가 나였던 것처럼 말했다. "장어 가죽으로 만든 옷이야. 베트남인가 그랬지!"

나는 물러서지 않으면서 나도 모르게 이렇게 내뱉었다. **"장어 가죽? 베트남이라고?"**

마일스 데이비스는 바위처럼 가만히 서서 여전히 거북할 만큼 나에게 얼굴을 가까이 댄 채로 연거푸 질문을 퍼붓기 시작했다.

"자네는 누군가?"

"수전."

"어디서 왔지?"

"애너하임."

"하는 일은?"

"엔지니어."

"여기 온 지는 얼마나 됐고?"

"몇 년 정도."

봇물처럼 쏟아지는 질문에 대응하면서 나는 이 이상한 대화가 재즈 뮤지션들이 하는 일이라는 것을 서서히 깨달았다. 마일스는 동료 악기 연주자들과 즉흥연주를 하듯 나와 중단 없이 주고받는 말로 된 리프를 '연주'하고 있었던 것이다. 그의 서브를 받아치고 페이스를 따라가면서 제법 뿌듯한 감정이 들었다. 우리의 이중주가 클라이맥스에 이르렀을 때 마일스는 내가 음악에 기여하는 가치를 다시 생각하도록 만든 문제의 발언을 했다.

"음악은 하나?"

"아니요."

"상관없어." 그는 크고 둥근 눈을 여전히 내 눈에 고정시키고 말했다. **"내가 아는 최고의 뮤지션 몇몇은 음악하는 사람이 아니니까."**

그 말과 함께 그가 돌아서면서 우리의 잼 세션은 끝났다.

나는 마일스의 알쏭달쏭한 주장을 그날은 완전히 이해하지 못했다. 다만 그가 음악의 본질을 이해하는 데 핵심이 되는 진실한 뭔가를 말했다고 느꼈다. 그의 말은 내가 뮤지션, 프로듀서, 엔지니어와 일하면서 음악을 아주 세세한 부분에서 아주 큰 그림에 관한 것까지 살펴보는 동안 내 머릿속에 계속 남아 있었다. 스튜디오에서 자신감을 얻고 엄청나게 다양한 음악적 사고방식들이 돌아가는 과정을 지켜보면서 내가 즐리아드나 버클리 같은 음악원에서 가르치는 공식적인 음악 이론을 보완하는 관점을 발달시키고 있다는 사실을 점차 깨닫게 되었다.

음악을 **듣는 것**, 그러니까 노래에서 마음을 울리는 것과 그렇지 않은 것을 주의 깊게 듣고, 리듬과 멜로디가 손가락이나 엉덩이처럼 몸의 일부라도 되듯 느끼는 것은 **음악의 존재**를 구성하는 필수불가결한 요소다. 사실상 듣는 사람이 없으면 음악은 존재하지 않는다. 청자는 노래를 구성하는 여러 차원들을 인식하고 느끼고 여기에 반응함으로써 창조의 과정을 마무리하고 음악 경험을 완성시킨다. 마일스 데이비스의 주장이 의미하는 바는 이렇다. **음악 경험을 만든다는 측면에서 볼 때**, 청취라는 행위는 연주 행위 못지않게 꼭 필요한 요소일 수 있다.

하지만 '~일 수 있다'는 조건에 주목하자. 청취는 자동으로 일어나지 않는다. 그냥 귀를 열어두는 것과는 다르다. 청취는 수동적이 아니라 능동적인 과정이다. 유능한 음악 청자가 되기 위해서는 호기심과 노력과 사랑이 필요하다. 하지만 다른 것도 필요하다. **청자로서 나의 유일무이한 정체성을 이해하고 껴안기.** 내가 이것을 완전히 파악하기까지는 여러 해가 걸렸다. 그래서 이 책을 쓴 것이다. "여러분이 살아가는 거리"를 더 잘 이해하도록 도우려고 말이다. 그러면 설령 여러분이 (나처럼!) A샤프와 B플랫의 차이를 구별하지 못하더라도 음악과의 관계에서 더 많은 것을 얻어낼 수 있다.

우리는 음악을 들으면서 저마다 다른 종류의 경험과 정서적 보상을 찾아나선다. 어떤 사람은 달콤한 노스탤지어를 자극하는 노래를 좋아하고, 어떤 사람은 자신의 내적 리듬에 어울리는 그루브를 찾는다. 좋아하는 음반을 들을 때 상상력을 자유롭게 풀어놓는 편을 선호하는 사람이 있는가 하면, 가사가 불러일으키는 특정한 광경을 마음속에 그려보는 사람이 있다. 혁신적인 소리 설계에 탐닉하는 사람, 베이스가 음악의 전부라고 생각하는 사람도 있다. 과학은 음악의 객관적인 특징만 갖고 듣는 이가 음악에 어떻게 반응할지 예상할 수 없다. 음악의 **특징**은 청자가 마음에 들어 할지 아닐지를 예상하지 못한다. 그건 **음악 청취**와 관련된 일이다. 두 사람이 같은 노래를 듣고도 "이 노래는 **나한테**⋯ 이렇게 들려" 하고 설명하는 내용이 완전히 다를 수 있다.

이 책은 이렇게 반응이 나뉘는 주된 이유가 여러분이 받은 음악 훈련의 수준이나 10대에 어울렸던 친구들, 심지어 여러분이 태어난 연도도 아니라는 것을 전제로 한다. 여러분에게 최고의 만족을 선사하는 음악은 음악 청취의 중요한 일곱 가지 차원으로 정해진다. 진정성, 사실성, 참신성, 멜로디, 가사, 리듬, 음색이다. 이런 각각의 차원에 여러분이 어떻게 반응하는지가 합쳐져서 여러분만의 독특한 '청취 프로필'이 만들어진다.▶ 여러분의 청취 프로필은 여러분이 음악을 들을 때 어떻게 생각하고 느끼고 몸으로 반응하는지를 결정한다.

여러분의 청취 프로필을 구성하는 차원들은 여러분의 몸과 뇌가 음악과 사랑에 빠질 수 있게 하는 통로 역할을 한다. 각각의 차원마다 여러분의 신경이 가장 예민하게 반응하는 '최적 지점sweet spot'이 있다. 이 지점에서 음악이 여러분에게 최고의 음악적 쾌감을 안겨준다. 여러분이 느끼는 멜로디의 최적 지점은 슬픈 후렴구가 있는 단조 조성의 노래로 활성화될 수 있고, 여러분의 친구는 경쾌한 멜로디의 노래를 좋아할 수 있다. 리듬과 관련하여 여러분의 최적 지점은 스카나 레게의 깡충거리는 비트일 수 있고, 나의 경우에는 알앤비의 둥둥거리는 베이스일 수 있다. 여러분이 자신의 최적 지점을 알아보고 즐기는 데 도움을 주기 위해 나는 온갖 장르의 음반을 넘나드는 듣기의 세계로 여러분을 초대하고자 한다. '내 취향'이 아니라고 여겼을 수도 있는 음악도 포함해서 말이다.

청자로서 나의 음악적 정체성이 어떻게 되는지 더 잘 이해하면 음악에 더 깊이 몰입하게 되고, 자신감 있게 더 풍요로운 음악 생활을 하게 되고, 항상 좋아했던 음악에서 새로운 재미를 느끼고, 아울러 스스로에 대해 새롭고 놀라운 것을 알게 된다.

프린스는 사전 준비를 마치고 본격적으로 시작하기 전에 이렇게 말하기를 좋아했다.

밴드여 무대로 가자!

음반과 노래

내가 '음반'이라는 용어를 사용할 때는 음악을 담고 있는 특정한 물리적 대상—레코드판, CD, 유튜브 동영상, 스트리밍 오디오파일—을 가리키는 것이다. 반면 '노래'라는 용어는 연주와 녹음에 상관없이 특정한 음악의 가사와 멜로디를 가리킨다.

1장

진정성: 표현의 출처

맛깔나게 연주한 틀린 음이

소심하게 연주한 정확한 음보다

언제나 더 듣기 좋다.

_토미 조던, 게기 타의 리드 싱어

♪ **플레이리스트**

⟨Joanne⟩ Michael Nesmith & the First National Band

⟨I'm So Happy When You're Near⟩ The Shaggs

⟨Bach's Magnificat in D-major (BMV 243)⟩ Collegium Vocale Gent

⟨Time Is On My Side⟩ The Rolling Stones

음반 소개 모임에 초대합니다

살면서 가장 행복했던 시간을 떠올릴 때면 음반 소개 모임이 생각난다. 친구들이나 동료들과 모여 서로에게 음악을 들려주는 모임이다. 여기에는 두 가지 규칙이 있다. 우선 나에게 개인적으로 의미가 있는 음반을 골라야 한다. 연주가 훌륭하거나 가사가 기가 막힌 음반, 내 삶의 중요한 순간과 연관된 음반, 혹은 내 결혼식에서 틀어놓고 춤추고 싶은 음반일 수도 있다. 두 번째 규칙은 지침 같은 것이다. 친숙하지 않거나 유명하지 않은 음반, 그러니까 동료들이 아마도 잘 모를 법한 음반을 고르는 것이 원칙이다. 물론 유명한 곡을 새로운 방식으로 듣게 하고 싶다면 그건 가능하다.

이런 모임에서 동료들이 생각하고 느끼는 바를 새롭게 알게 되었을 때 그보다 더 행복한 순간은 없다. 친구의 음악 취향을 간파하는 것은 그가 세상과의 관계에서 스스로를 어떻게 바라보는지, 그의 삶에서 미적 경험의 가치를 어떻게 평가하는지, 그가 나중에 어떤 사람이 되고 싶은지 (혹은 되고 싶었는지) 알게 되는 내밀한 경험일 수 있다. 어떤 곡을 선택하는지도 중요하지만 그 음반이 **어째서** 나에게 그토록 소중한지 설명하는 것도 의미가 크다. 좋은 음반에는 음악만큼이나 풍부한 사연이 담겨 있다.

음악 인지 과학자이자 『음악 인류』의 저자인 대니얼 레비틴과 음반 소개 모임을 한 적이 있다. 그때 그가 골랐던 음반은 몽키스의 마이클 네스미스가 부른 〈Joanne〉이었다. 한때 인기가 있던 곡이어서 전에도 여러 차례 들었지만, 레비틴이 송라이터로 일할 때 이 음반이 그의 초창기 경력에 미친 영향에 대해 놀랍도록 가슴 뭉클하게 설명하는 것을 듣고 나자 이 차분한 포크풍의 노래에서 전에는 내가 결코 알아차리지 못했던 다정다감함을 보게 되었다. 그리고 대니얼의 음악성에서도.

음반 소개 모임은 스스로에 대해서도 새로운 것을 알아가는 멋진 기회다. 나의 가장 깊숙한 곳에 있는 정체성을 보여주는 음반을 고르고, 다른 사람이 나의 은밀한 음악적 열의를 간파하는 위험을 감수하고, 내가 애초에 그 음반을 사랑하게 된 이유를 남들에게 설명하는 과정에서 내 음악적 자아의 미묘한 지점들을 볼 수 있다. 아울러 내가 알지 못했던 새로운 음악을 접하고, 전에 알아채지 못했던 디테일에 주목하고, 내 반응과 남들의 반응을 비교해보는 기회가 된다. 그러니 최고의 음반 소개 모임은 그저 사교의 장에 그치는 것이 아니라 나를 발견하는 도퇴이기도 하다.

이 책은 음반 소개 모임과 비슷하게 구성했다. 다만 특정한 목표가 있다. 각 장에서 소개하는 음반들은 **여러분이** 음악과 어떤 식으로 관계 맺을지에 관심을 갖도록 하려는 취지에서 마련했다. 그중 몇몇은 나에게, 그리고 이 책의 공저자인 신경과학자 오기 오가스에게 개인적으로 의미가 있는 음반들도 골랐다. 곧 알게 되겠지만 우리 둘은 완전히 다른 종류의 청자다. 하지만 우리의 음악 취향이 어떤지는 중요하지 않다. 바라건대 음악에 대한 우리의 반응이 어떻게 갈라지는지를 통해 **여러분의** 음악적 정체성을 더 잘 알아가는 계기가 되었으면 좋겠다. 특히 여러분이 미처 알지 못했던 본인의 음악 취향에 숨겨진 면들을 발견하기를 바란다.

우리의 음반 소개 모임의 시작은 미국에서 가장 논란이 많은 밴드 중 하나의 음반으로 골랐다. 음악업계 내부 사람들은 독보적인 재능이라며 칭송했지만… 한편으로는 "심란하게 형편없다"며 무시를 당하기도 했다. 내가 그들의 음반을 여러분에게 소개하는 이유는 **진정성**을 보이는 가장 순수한 예에 해당한다고 보기 때문이다. 하지만 그들의 독특한 음악이 주는 교훈을 파악하려면 그에 앞서 그들의 독특한 사연부터 들어봐야 한다.

섀그스, 구제불능에서 전설로

이야기는 자매들의 강박적인 아버지로부터 시작한다. 오스틴 위긴 주니어는 뉴햄프셔의 시골 마을 프리몬트에서 제분소 일꾼으로 일했다. 아이를 갖기 전까지 오스틴은 가끔 주즈하프|편자 모양의 금속 사이에 얇은 판을 댄 악기로 입에 물고 손가락으로 금속판을 튕기며 소리 낸다-옮긴이|를 튕기는 것 말고는 한평생 음악에 이렇다 할 관심을 보인 적이 없었다. 오스틴이 음악 역사에서 요상한 역할을 맡게 된 것은 개인적으로 소리의 예술에 열정이 있어서가 아니라 예언자가 한 말 때문이다.

오스틴의 어머니는 마을에서 신의 음성을 전하는 예언자였다. 아들이 청년이 되었을 때 그녀가 아들에게 말하기를 붉은빛이 도는 금발의 여자와 결혼할 것이라고 했는데 정말 그렇게 되었다. 자신이 죽고 난 뒤에 오스틴에게 남자아이 둘이 생길 거라는 말도 했다. 과연 그녀가 세상을 떠나고 나서 오스틴과 부인은 두 아들을 얻게 되었다. 어머니의 마지막 예언은 오스틴의 세 딸이 막강한 밴드를 결성하여 그들의 음악이 전국 곳곳에서 사랑받게 된다는 것이었다. 하지만 오스틴은 마지막이자 가장 중요한 이 예언이 실현되려면 자신이 손수 운명의 손을 이끌어야 할 필요가 있다고 믿었다. 그래서 1960년대 말에 오스틴 위긴은 촌스럽고 다소 꾀죄죄한 10대의 세 딸을 비치 보이스의 여성 버전으로 만들고자 했다.

위긴의 세 딸은 도트, 베티, 헬렌이었다. 그들의 고향만큼이나 평범하고 소탈한 이름들이다. 오스틴은 도트에게 보컬과 리드 기타를 맡겼다. 베티는 보컬과 리듬 기타를, 헬렌은 드럼을 담당했다. 오스틴은 예정된 명성을 손에 넣으려면 목표에만 전념해야 한다고 판단했다. 그래서 딸들을 학교에 보내지 않고 직접 교육하기로 했다. 딸들이 친구를 만나거나 남자친구를 사귀는 것도 금지시켰다. 심지어 대중음악을 듣는 것조차 타고난 재능을 오염시킬 수 있다는 우려에서 허락하지 않았다. 오로지 자신이 생각하는 음악적 탁월함을 기준으로 삼아 하루 종일 연습만 시켰다.

위긴의 딸들은 목가적인 뉴잉글랜드 고향에서 세상과 단절된 채로 아버지의 명령에 순종하며 살았다. 그들의 삶은 로큰롤 영웅들의 전형적인 배경과 닮은 점이 없었다. 철부지 악동 조앤 제트 자매들보다는 고지식한 에밀리 디킨슨 자매들에 더 가까웠다.

"우리는 외출하지도, 댄스파티 같은 데도 가지 못했어요. 그냥 집에만 있었죠. 아버지는 우리가 바깥세상과 지나치게 엮이는 걸 원치 않으셨어요." 도트 위긴이 훗날 PBC와의 인터뷰에서 한 말이다. "우리는 아버지가 낮에 일하는 동안 연습했고, 아버지가 일을 마치고 돌아와서도 연습했어요. 가끔은 저녁을 먹기 전에도 연습했죠. 아버지의 마음에 들 때까지 연습이 이어졌어요. 아버지 마음에 들지 않으면 노래 하나를 하고 또 해야 했죠.”

그들이 이렇게 재주를 터득하려고(‘갈고닦다’라는 표현은 적절하지 않다) 애쓰고, 토요일이면 프리몬트 마을회관에서 농부들과 제분소 일꾼들의 자녀를 앞에 두고 연주하기를 몇 년 하고 나자 오스틴은 마침내 스튜디오에서 녹음할 준비가 되었다고 생각했다. 그는 딸들의 밴드 이름을 섀그스라고 지었다. 아마도 당시 인기 있었던 (그리고 한동안 그들도 하고 다녔던) 섀기 커트 헤어스타일이나 아니면 그들이 사랑했던 털북숭이 개에서 가져온 이름이었을 것이다. 오스틴은 딸들이 작곡한 열두 곡을 데뷔 앨범에 담으려고 보스턴 근처의 메이저 녹음 스튜디오를 예약했다. 그리하여 스튜디오의 녹음 엔지니어 러스 햄은 섀그스가 연주하는 것을 처음으로 들은 업계 전문가가 되었다. 자매들이 연주를 시작하자마자 그는 그것이 어떤 소리인지 정확히 간파했다.

무능함이었다. 당혹스러운, 구제불능의, 숨 막히는 무능함.

스튜디오 직원인 밥 헌이 컨트롤 룸에 합류했고 그들의 반응을 이렇게 전했다. “우리는 컨트롤 룸 문을 닫자마자 배를 잡고 스튜디오 바닥을 데굴데굴 굴렀습니다! 끔찍했어요. 그들은 자기들이 뭘 하고 있는지도 모르면서 아무 문제가 없다고 생각했습니다. 그냥 다른 세계에 살고 있었어요.”

내가 논의하려는 섀그스의 곡을 들어보면 여러분도 헌의 이런 반응을 이해하게 될 것이다. 기타가 불분명한 코드를 연주하며 시작하는데 전혀 훈련되지 않은 귀로 들어도 음이 맞지 않는다. 기타 줄을 튕기기 전에 예기치 않게 멈칫거리는 모습이 마치 악기가 형편없어서 연주하기 싫어하는 것 같다. 이어 스네어의 퉁명스러운 비트가 들어오고 위로 심벌이 얹히는데, 정교하게 강세를 준다기보다는 버릇없는 아이가 솥뚜껑을 두드리는 소리에 가깝게 들린다. 젊은 두 여성이 노래를 시작한다. 하지만 기타 코드와는 느슨하게 연결될 뿐 멜로디가 독자적인 화성 논리로 움직인다. 창법 자체는 특색이랄 게 없이 단조로워서 팝 스타의 위용에는 어림도 없다. 노래의 조성—회화로 치자면 화가가 색을 배합하는 팔레트—이 묘한 지점에서 바뀐다. 이렇듯 온통 귀에 거슬리는 이상한 것투성이지만 가사는 그야말로 단순하고 순진하여 사춘기 특유의 진부한 갈망과 불만을 나타내는 건지, 아니면 비꼬며 진지한 척하는 건지 판별이 불가능하다.

당신이 곁에 있으면 너무 행복해
당신이 멀리 있으면 너무 슬퍼.

그날 스튜디오에서 오스틴은 자신을 밴드의 '소유주'라고 칭하며 프로듀서 역할을 맡았다. 녹음이 한창 진행 중일 때 밴드가 가끔 연주를 멈추는 일이 있었다. 섀그스의 일대기를 기록한 어윈 추시드에 따르면 엔지니어가 소유주를 돌아보며 "어째서 멈추는 거죠?" 하고 묻자 오스틴이 믿기지 않는다는 표정으로 이렇게 대답했다고 한다. "실수를 했잖소!"

그들이 맞지 않는 음정에 엉망진창으로 연주하는 것을 듣던 스튜디오 직원은 위긴 가족의 주머니를 털고 있다는 생각에 양심의 가책을 느꼈다. 그들은 1969년 화폐 가치로 시간당 60달러(오늘날로 환산하면 약 456달러)를 스튜디오 이용료로 내야 했다. 부인과 일곱 자녀를 둔 제분소 일꾼에게는 과한 금액이었다. 엔지니어 한 명이 오스틴에게 솔직한 생각을 털어놓았다. 딸들에게는 음악적 재능이 눈곱만큼도 없으므로 지금 어렵게 번 돈을 날리는 중이라고 말이다. 오스틴은 잠자코 들으며 한 번도 틀리지 않았던 어머니의 예언을 떠올렸다. 그는 자신의 딸들이 위대하게 될 운명임을 믿어 의심치 않았다. 그래서 엔지니어의 의견을 무시하고 딸들에게 첫 번째 앨범 《Philosophy of the World》의 녹음을 끝까지 마치게 했다.

그 이후에 벌어진 일은 전설로 회자된다. 윤색된 신화이자 증거 자료 없이 입으로만 전해지는 이야기다. 오스틴은 자비를 들여 딸들의 앨범 1000장을 레코드판으로 찍었다. 전해지는 말에 따르면 엔지니어가 그중 900장을 들고 달아났다는데, 스튜디오에 있던 모두가 형편없는 음악이라고 생각했음을 고려한다면 왠지 설득력이 떨어지는 반전이다. 오스틴이 일부러 스튜디오에 남겨뒀다는 이야기도 있다. 스튜디오를 찾았던 한 고객은 스튜디오 주인이 이런 말을 했다고 기억했다. "오스틴은 누군가가 자신들의 음악을 베낄 것을 우려하여 이 음반(남은 900장)을 판매하기를 거부한 겁니다."

　의문의 여지가 없는 것은 오스틴이 《Philosophy of the World》 앨범 100장을 들고 라디오 방송국과 음반사를 찾아다니며 배포했다는 사실이다. 하지만 아무런 성과도 없었다. 어떤 노래도 방송에 소개되지 않았다. 어떤 신인 발굴 담당자도 연락해오지 않았다. 섀그스는 고향인 프리몬트 바깥에서 철저히 외면당했다. 그리고 고향에서 자매들은 여전히 매주 마을회관에서 연주했는데 늘 그랬듯이 야유를 받고 날아오는 컵을 피해야 했다. 프리몬트 주민들 역시 보스턴의 녹음 엔지니어와 마찬가지로 섀그스의 음악이 "끔찍한 고문"으로 들렸던 것이다.▶

　오스틴이 1975년 마흔일곱이라는 이른 나이에 심장 발작으로 세상을 떠나자 섀그스는 해체했다. 어머니의 예언을 이루어지게 하려는 그의 집착이 밴드를 유지하게 한 유일한 동력이었으므로 이제 20대 중반에 이른 자매들은 소유주가 휘두르는 통제에서 벗어날 수 있었다. "우리는 밴드를 그만두고 각자의 삶을 살기로 했어요." 헬렌이 BBC와의 인터뷰에서 말했다. "새로운 삶이 시작된 거죠." 섀그스는 풋내 나는 개러지 밴드들의 99.9퍼센트와 같은 운명에 처할 것처럼 보였다. 위긴 가족의 역사에서는 파란만장하면서도 다소 불유쾌한 부차적인 사건이 되겠지만, 음악의 역사에서는 아무것도 아닌 존재로 사라질 터였다.

그러다가 1980년에 섀그스의 이야기는 예기치 못한 반전을 맞았다. 반전은 다양한 장르의 음악을 하는 언더그라운드 록 밴드 NRBQ의 키보디스트 테리 애덤스가 위긴 자매의 음반을 손에 넣으면서 시작되었다. 그는 섀그스 음악에서 보스턴의 녹음 엔지니어, 민영 라디오 방송국 관계자, 프리몬트 고향 사람들과는 사뭇 다른 것을 들었다. "그들의 음악에는 나름의 구조, 나름의 내적 논리가 있었어요." 애덤스가 감탄하며 말했다. 자신이 다이아몬드 원석을 발견했다고 믿은 애덤스는 라운더 음반사를 설득했고, 1980년에 《Philosophy of the World》 앨범이 재발매되었다. 처음으로 각계의 음악 전문가들이 위긴 자매의 음악을 접했고… 많은 사람들이 애덤스와 마찬가지로 놀랍다는 반응을 보였다. 아방가르드 록의 선구자 프랭크 자파는 "비틀스보다 낫다"고 칭찬했다. 잡지 『롤링 스톤』은 재발매 앨범을 가리켜 "값을 매길 수 없고 시간을 초월하는" 앨범이라며 섀그스를 '올해의 컴백'으로 꼽았다. 연예업계의 쿨한 목소리를 대표하는 『LA 위클리』는 장난기 섞인 논평을 내놓았다. "정직함, 독창성, 충격이라는 점에서 음악을 평가하자면 우주 역사를 통틀어 섀그스의 《Philosophy of the World》보다 위대한 음반은 없다."▶

추시드는 영화 「올모스트 페이머스」에서 필립 시모어 호프먼이 연기한 전설적인 록 비평가 레스터 뱅스의 말을 인용한다. 레스터는 섀그스의 매력을 이렇게 평가했다. "그들이 뉴잉글랜드에서 녹음한 앨범은 내가 생각하기에 로큰롤 역사에서 이정표가 될 만하다. (…) 그들은 짤막한 악절 하나도 연주할 줄 모른다! 하지만 무엇보다 그들이 지닌 올바른 태도야말로 로큰롤이 태동할 때부터 추구해온 본질이었다."

나는 1980년대 말에 섀그스를 처음 들었다. 전문가들이 사랑하고 대중은 무시하는(섀그스의 경우 적극적으로 경멸한다는 편이 옳다) 밴드 가운데 하나라는 동료의 칭찬을 듣고 나서 관심이 생겼던 것이다. 나는 음악을 듣고 깜짝 놀랐으며 어째서 그들이 그토록 많은 논란을 불러일으켰는지 곧바로 알아차렸다.

여러분도 〈I'm So Happy When You're Near〉를 들어보라.

업계 전문가들은 이 음악에서 정확히 어떤 것을 들었을까? 많은 이들이 놓친 것으로 보이는 그 무엇 말이다. 우리로 하여금 주목할 가치가 있는 뭔가를 듣고 있다고 믿게 만든 것은 또 무엇일까?

목 아래 음악 vs. 목 위 음악

위긴 자매를 두고 누구도 알아보지 못한 음악적 재능의 소유자라고 한 사람은 아무도 없었다. 기술적인 관점에서 보자면 그들은 음악에 전혀 소질이 없었다. 하지만 그들의 음악은 모든 위대한 아티스트들과 같은 곳에서 비롯되었다. 섀그스의 음악은 단순하지만 단단하게 뿌리박힌 인간의 표현 욕망을 드러내 보인다. 그들이 기본에 해당하는 정규 기술을 익히지 못했다는 사실이 오히려 이런 욕망을 강렬하고 노골적인 것으로 만든다. 그것은 아이가 엄마와 아빠를 처음으로 그린 그림에 비교할 수 있다. 아빠의 다리는 팔 길이의 반밖에 되지 않고 엄마는 눈이 세 개 달렸지만 그 순수한 의도는 의심의 여지가 없다. 동료들과 내가 섀그스를 처음 접했을 때 들은 것은 음악에 생명을 불어넣는 정수, 즉 **진정성**이었다.

진정성은 음악 연주가 표현하는 감정이 꾸미지 않은 진짜라고 믿는 주관적인 신념이다. 비장함이나 당혹감 같은 미묘한 감정이든 기쁨, 두려움, 슬픔 같은 강렬한 기본 감정이든 상관없다. 진정성은 인간의 경험이라는 태피스트리에서 의미를 만들어내는 가닥이 된다. 제대로 된 음반 프로듀서라면 녹음할 때 감정의 진정성을 포착하려고 애쓰기 마련이다. 솔직한 감정 표현이야말로 음악과 청자가 연결되는 핵심 통로이기 때문이다. 음악적 **기술**은 배워야 한다. 하지만 음악적 **느낌**은 본능적이며 그렇기에 쉽사리 전달된다.

연주자들이 녹음 계약과 뮤직비디오에 신경 쓰기 전이었던 20세기 초반에 만들어진 음반에서 진정성을 들을 수 있다. 뮤지션이 아무도 듣고 있지 않다고 생각하고 연주한 것에서 진정성을 듣는다. 아이가 손가락으로 그린 그림에서 진정성을 보고, 동네 빵 바자회에 가져온 쿠키에서 진정성을 맛본다. 칭찬을 듣거나 금전적 이익을 얻기 위함이 아니라 창조 행위 자체가 최종 목표일 때, 결과물의 질은 장담하기 어려울지 몰라도 **의도**만큼은 보다 잘 느껴지는 경우가 많다.

청취 프로필을 구성하는 다른 차원과 마찬가지로 진정성도 정량화하기 어렵다. 음반에서 느껴지는 진정성은 오로지 듣는 사람의 마음속에 있다. 여러분이 노래를 듣고 감동했다면, 연주자가 본인의 연주와 노래를 믿고 있다고 느꼈다던, 누구도 여러분의 그런 반응을 두고 잘못되었다고 이의를 제기할 수 없다. 그럼에도 음악을 연구하는 학자들은 진정성이 양극단 사이의 연속체에서 **어떻게** 표현되는지를 평가하는 유용한 분석 도구를 개발했다.

새그스는 진정성의 차원에서 한쪽 극단에 위치한다. 그들의 음악을 부르는 명칭은 '소박한naïve' 예술이다. 정식 훈련을 받지 않고 만들어진 예술, 가식이나 허영이나 술책으로 얼룩지거나 음악 규칙과 이론에 휘둘리지 않는 예술이라는 뜻이다.▶ 새그스의 음악은 소도시에 사는 10대 소녀들이 느끼는 경험을 그들만의 정직한 방식으로 담아낸다. 그들은 자기 가족이 키우는 고양이("내 친구 풋풋은 언제나 돌아다니길 좋아해")에 대해, 헬러윈 축제("드라큘라도 있을 거야")에 대해, 몽상과 호기심("어째서 내 마음이 싱숭생숭

한지 모르겠어")에 대해 노래한다. 밴드 브라운스빌 스테이션의 리더 컵 코다의 말처럼 "그들의 노래와 연주에는 매혹적이면서 동시에 불편하게 하는 순진무구함이 있다." 매혹적인 이유는 진심임을 쉽게 알아볼 수 있기 때문이고, 불편한 이유는 그토록 대놓고 소박한 것은 사회적으로 위험하기 때문이다.

나는 게기 타의 앨범 두 장을 프로듀싱했는데 밴드의 리드 싱어이자 탁월한 송라이터 토미 조던이 진정성에 대해 많은 것을 가르쳐주었다. 토미는 소박한 음악을 "목 아래에서 나오는 음악"이라고 부른다. 이런 곡들과 연주는 사회적 행동을 규제하는 회로를 거치지 않는 듯한 감정을 표현한다. 마치 심장에서, 내장에서 혹은 엉덩이에서 곧장 나오는 것만 같은 소리를 들려준다. 섀그스의 소박한, 목 아래에서 나오는 진정성은 음반 제작자들에게 정직하고 순결한 감정의 소리가 이런 것임을 일깨워준다. 그래서 나는 《Philosophy of the World》를 처음 들은 이후로 내가 만든 모든 음반에서 그와 같은 소리를 들으려고 애썼다.

소박한 음악의 대척점에 있는 것은 종종 '이지적' 음악이라고 불린다. 이런 유의 음악을 작곡하고 연주하는 사람들은 심사숙고한 원칙과 숙련된 기법을 사용하여 자신의 감정을 표현한다. 요한 제바스티안 바흐가 좋은 예다. 바흐의 음악은 승리와 슬픔의 극적 표현부터 보다 미묘한 갈망과 영성에 이르기까지 다양하고 강력한 감정을 전한다. 그는 마음이 오가는 그대로 자연스럽게 쓰지 않았다. 잘 연마한 세련된 기술을 적절하게 구사함으로써 그렇게 했다. 단적으로 말해, 바흐는 슬픔에 잠기지 않으면서 슬픔을 진정성 있게 표현할 수 있었다. 음악 훈련을 받지 않은 청자는 바흐 음악에 담긴 슬픔(또는 기쁨이나 분노)을 즉각적이고 친밀한 방식으로 경험할 수 있으며, 음악 훈련이 된 청자라면 바흐의 방법론을 하나하나 뜯어봄으로써 그가 감정적 효과를 얻기 위해 어떤 작곡 기법을 사용했는지 확인할 수 있다.

혹시나 해서 하는 말이지만, **바흐의 음악이 섀그스보다 진정성이 떨어지는 것은 아니다.** 다만 정교한 음악 이론의 뼈대와 상호 간에 약속된 규칙을 사용하여 의식적으로 구축한 음악이라는 점에서 다르다.

토미 조던은 이런 이지적 음악을 "목 위에서 나오는 음악"이라고 부른다. 엉덩이나 가슴, 사타구니가 아니라 뇌에서 만들어지는 산물이라는 뜻이다. 바흐 같은 진정한 거장이야 공식적인 규칙 체계를 사용하여 혀를 내두를 만큼 다양한 감정을 끌어낼 수 있지만, 평범한 재능을 가진 뮤지션이 같은 규칙을 사용하면 종종 경직되거나 자의식이 강하거나 삭막하게 들리는 음악을 만든다. 완벽함을 얻으려는 생각에 목 아래에서 나오는 충동을 극구 피하려는 연주자들이 있는데, 이런 충동이야말로 큰 틀에서 볼 때 음악에 인간미와 호소력이라는 특징을 부여한다. 그 결과 노래나 연주에 진정성이 결여된 이지적 음악은 **느끼기보다 생각하는**

음악처럼 들릴 수 있다. 기술적으로 나무랄 데 없는 음반임에도 전국의 음악 비평가들로부터 "애석하게도 가사가 특별할 게 없을 뿐더러 프로듀싱과 편곡이 과하게 힘을 준 느낌이고 효과들로 어수선하다"는 평을 듣는다면, 그건 엉덩이와 가슴을 충분히 쓰지 않았다는 뜻이다.▶ 제임스 브라운은 이런 것을 두고 "목소리만 크고 아무것도 말하지 않는" 음악이라고 했다.

진정성은 청취 프로필에서 대단히 큰 영향력을 발휘하는 차원이다. 불가사의하지만 막강한 보상을 안겨준다. 요컨대 감정의 진실을 제대로 경험하게 해준다. 거친 블루스의 예민한 속살에서 진실된 감정을 듣는 사람이 있는가 하면, 곡 구성에 뛰어난 천재 작곡가가 만든 복잡한 우아함에서 진실된 감정을 듣는 사람도 있다. 나는 목 아래의 감정이 살아 있는 음악을 무척 선호하는 편이지만, 목 위에서 나오는 진정성에 마음이 끌리는 청자도 (이 책의 공저자인 오기를 포함하여) 많다. 오기가 좋아하는 곡 가운데 하나인 바흐의 〈마니피카트 D장조 (BWV 243)〉를 잠깐만 들어보라. 여기서 바흐는 오기를 전율케 하는 초월적인 환희의 감정을 표현한다. 다섯 성부가 주고받는 대위법과 대칭적이고 완벽하게 균형이 맞는 음정들 사이로 감정의 연결이 자연스럽게 흐른다. 정규 음악 기술에 익숙하지 않는 청자들도 곡이 영혼에 직접적으로 말을 거는 것을 느낄 수 있다.

참신한 진정성 말고 섀그스가 나를 포함한 많은 전문가들에게 중요한 음악적 시금석으로 보였던 또 하나의 이유가 있다. 섀그스는 감정의 진실을 흐트러짐 없는 그들만의 방식으로 전달했다. 무지하고 억압적인 아버지에 의해 시골집에 갇혀 지낸 그들은 (제대로 된 음악 훈련은 말할 것도 없고) 건강한 사회적 경험이나 더 넓은 세상과의 교류를 통해 뭔가를 배울 수 있는 기회를 차단당했지만, 그럼에도 같은 또래의 사춘기 소녀들이 겪는 갈망을 경험했다. 그리고 오스틴의 통제에도 불구하고(그 덕분이 아니라) 이런 감정을 어느 누구와도 다른 독특한 소리로 만들어냈다. 위긴 자매 한 명 한 명은 음악적으로 서툴렀지만 그들이 모인 섀그스는 자신들을 하나로 표현해냈다. 각자의 연주는 숙련된 앙상블에 들어가면 부적절하게 들렸겠지만, 드럼과 노래와 기타 연주가 함께 어우러지자 뜻밖에도 만족스러운 전체가 되었다.

음반 제작자의 귀에 가장 매혹적으로 들린 섀그스의 특징은 이것이다. 추시드는 《Philosophy of the World》를 녹음한 엔지니어의 이야기를 들려준다. 섀그스가 한창 연주를 하다가 멈추고는 서로의 연주를 고쳐주며 "아냐, 이런 식으로 해야지" 하고 말했다는 것이다. 뭔지는 모르지만 셋이 함께 같은 목표를 향해 나아가고 있었다는 뜻이다. 전설적인 음반 프로듀서 토니 버그는 감탄하며 이런 질문을 했다. "세 명이서 그토록 완벽하게 틀리며 함께 연주하는 것이 어떻게 가능한가?"▶ 블루스 가수 보니 레이트는 애정을 담아 이렇게 말했다. "섀그스는 그들만의 음악적 섬에 버려진 조난자들 같다."▶ 그리고 다윈이 목격한 외딴 갈라파고스 섬의 핀치가 그들만의 새소리를 발달시켰듯이 섀그스도 그들만의 음악적 언어를 발달시켰다.

무수히 많은 음악가들이 바흐 곡을 연주하면서 저마다의 소리를 더하지만, 섀그스의 노래를 커버하는 것은 소용없는 일이다 (몇몇 용감한 이들이 시도한 적은 있다). 위긴 자매의 멜로디와 가사는 딱히 매력이나 흥미를 자아내는 구석이 없다. 섀그스가 그토록 특별한 이유, 그리고 그들의 음악이 (내가 듣기에) 목 아래에서 나오는 매력적인 진정성을 갖는 이유는 그들이 **함께 연주하는** 방식 때문이다.

에밀리 디킨슨과 마찬가지로 위긴 자매도 고립된 삶에서 느낀 심정을 그들만의 독특한 규칙과 말투를 가진 공동의 시로 담아내 서로의 외로움을 아름답고 초월적인 것으로 승화시켰다. 디킨슨은 소박한 진정성을 지지하는 사람이었다. 애머스트의 이 시인은 "자연은 유령 들린 집이고, 예술은 유령을 자청해 부르는 집이다"라는 유명한 말을 했다. 그녀의 이 말은 진실을 서술하려고 아무리 애를 써도 동일한 진실이 자연스럽게 표현되는 것만큼 마음에 와닿지 않는다는 뜻이다.

혹시나 해서 하는 말이지만 섀그스를 듣고, 그들 음악이 교육적으로 어떤 가치를 갖고 있든 상관없이, 여러분 **마음에 들지 않는다**고 해서 걱정할 것 없다. 이 장(그리고 이 책)의 요점은 음악에서 좋은 취향이 어떠어떠하다고 설득하기 위함이 아니다. 여러분에게 가장 매혹적으로 와닿는 진정성의 소리를 더 잘 이해하도록 도우려는 것이다. 여러분이 만약 섀그스의 기이한 진심보다 바흐의 정교한 바로크 음악에 더 기꺼이 감화한다면(혹은 두 음반 모두에 반응하거나 반응하지 않는다면), 진정성을 선호하는 데 있어 나의 취향이 어떠한지, 내가 좋아하는 음반의 표현력이 어디서 나오기를 원하는지(목 아래인지 위인지)와 관련하여 유용한 사실을 깨닫게 된 셈이다. 진정성의 차원에서 여러분의 최적 지점을 알면 여러분이 이상적으로 생각하는 진심 어린 감정 표현이 과연 무엇이었는지가 드러난다.

이는 자연스러운 질문으로 이어진다. 이 책을 끌고 가는 질문이기도 하다. 우리는 무엇 때문에 어떤 음반을 들을 때는 공감에서 오는 전율을 느끼고 어떤 음반을 들을 때는 감동 없는 냉담함을 느낄까? 나는 어설프고 불완전한 연주자의 마음을 표현하는 음악을 선호하는데, 오기는 뇌에서 무슨 일이 벌어지기에 바흐의 엄밀한 지적 기교에 반응을 보일까?

더 간단히 말하면 이렇다. 누군가가 어떤 음반과 사랑에 빠지게 되는 요인은 무엇일까?

나만의 청취 프로필

나는 프로듀서로 활발하게 활동하며 많은 사람들의 사랑을 받은 음반을 만들었지만, 음악에 대한 사람들의 반응이 각양각색이라는 사실에 여전히 호기심을 느꼈다. 히트작(과 실패작)의 내막을 알고 나자 이런 다양한 반응이 더더욱 수수께끼처럼 여겨졌다. 혹시 마음의 과학을 공부하면 음악에 대한 이해가 넓어지고 음악이 평생 내게 크나큰 의미를 가졌던 이유를 알 수 있지 않을까 하는 생각이 들었다. 그래서 40대 중반에 잠시 음악업계를 떠나 대학에 들어가기로 결심했다.

마지막으로 수업을 들었던 것이 고등학교 3학년 때였고 얼마 뒤에는 결혼하려고 학교를 중퇴했다. 미네소타 대학에 입학했을 때 내가 이 강의실에서 가장 나이 많은 학생이라는 사실에 조바심이 났다. 그러나 공부를 시작하면서 곧 집에 온 듯 편안함을 느꼈다. 중년에 이른 나의 뇌는 완전히 새로운 분야를 배울 준비가 되어 있었다. 나는 실험심리학과 신경과학이라는 두 가지 전공을 무사히 해냈다. 그런 다음 저 북쪽 몬트리올에 있는 맥길 대학에 가서 대니얼 레비틴(자애롭게도 『음악 인류』의 초고를 내게 보여주었다)과 세계적 명성의 심리음향학자 스티븐 매캐덤스의 지도를 받으며 박사과정을 마쳤다. 지금 나는 버클리 음악대학에서 심리음향학과 음반 프로듀싱 교수로 재직 중이며 개인 음악 실험실을 갖고 있다.

22년간 스튜디오에서 히트 앨범 제작에 매달렸고 음악심리학을 연구하는 학자와 과학자로 비슷한 세월을 보내고 나자, 나는 사람들이 음반을 듣고 사랑에 빠지는 이유를 이해하는 가장 좋은 방법이 각자의 청취 프로필을 살펴보는 것이라고 믿게 되었다.

여러분의 청취 프로필은 음악의 일곱 가지 차원으로 이루어진다. 이것을 종합하면 어째서 여러분이 음악을 들으며 얻는 보상이 여러분만의 독특한 것인지 알게 된다. 여러분의 프로필에서 최적으로 반응하는 지점은 생활해온 과정, 경험, 우연한 사건을 통해 형성된 것이다. 여러분의 타고난 신경 배선, 여러분이 자란 시간과 장소에서 음악 문화를 접한 경험, 여러분 삶의 중요한 순간에 특정 음반을 듣게 된 우연, 이 모든 것이 여러분이 어떤 종류의 청자인지, 여러분이 사랑에 빠질 수 있는 음악이 어떤 것인지에 영향을 미친다.

수 세대 동안 과학자들은 우리 인간 종의 DNA 안에 '정상적인 뇌'의 청사진이 들어 있으며 각 개인의 뇌는 이런 청사진에 따라 모두 '표준적 형판'의 변이로 만들어진다고 생각했다. 지금은 이런 생각이 전혀 사실이 아님을 알고 있다. 인간 뇌의 모든 부분은 저마다 독특하고 예측 불가한 발달의 궤적을 따른다. 그 결과 여러분 뇌에 있는 신경 회로 형태는 그 누구와도 같지 않다. 여러분의 뇌가 반응하여 보상을 얻는 음악의 측면은 다른 이의 뇌와는 다르므로 누군가의 음악 취향이 다른 사람보다 우월하다는 것은 그릇된 생각이다.

일례로 나는 비틀스보다 롤링 스톤스를 훨씬 더 좋아한다. 팝음악보다 블루스가 나에게 훨씬 더 흥미롭게 말을 걸며 내가 어릴 때부터 그래왔다. 이것은 내가 구축하여 만든 성향이 아니다. 내가 **알아차린** 성향이다. 내가 일곱 살 때 롤링 스톤스가 TV 프로그램 「에드 설리번 쇼」에 출연하여 〈Time Is on My Side〉를 연주한 순간이 지금도 생각난다. 내가 강렬하게 반응한 것에 나 스스로도 놀랐다. 연주는 나를 흥분시켰다. **나의** 음악이었던 것이다! 여덟 달 전에 같은 「에드 설리번 쇼」에서 비틀스가 연주했을 때 나의 반응은 훨씬 더 분석적이었다. 나는 TV 앞에 앉아 얄궂은 표정으로 화면을 쳐다보며 어째서 동네의 모든 아이들이 비틀스에 그토록 열광하는지 단서를 찾으려고 했다.

오늘날 나는 비틀스보다 롤링 스톤스가 진정성과 관련한 나의 최적 지점을 더 잘 공략한 것이라고 이해한다. 블루스에 기반을 둔 충동적인 롤링 스톤스의 소리는 섀그스와 비슷한 방식으로 나를 사로잡는다. 이와 달리 비틀스의 보다 섬세하게 갈고닦은 예술성은 수많은 청자들에게 어마어마한 보상을 안겨준다. 나에게 그러지 않을 뿐이다. 어떤 밴드가 더 우월하다고 말하는 것이 아니다. 나는 비틀스의 능수능란한 음악성에 탄복한다… 다만 불타는 사랑은 아니다. (반면 오기는 롤링 스톤스의 거칠고 느슨한 에너지보다 비틀스의 목 위에서 나오는 완벽주의에 더 흥미를 느낀다.)

개개인마다 독특하게 발달한 신경 회로 경로는 인간이 음악에서 얻는 보상이 다양한 이유를 상당 부분 설명하지만, 듣기의 생리적 기전만으로는 애초에 우리가 음악에 그토록 강한 사적 유대감을 느끼는 이유를 설명하지 못한다. 다행히도 신경과학 연구가 인간의 뇌에 관한 놀라운 사실들을 알아내기 시작했다. 뇌를 들여다보면 어째서 청자마다 사랑하는 음반이 다른지 이해하도록 도움을 줄 뿐만 아니라 어째서 우리가 저마다 좋아하는 음악에서 그토록 강한 사적 유대감을 느끼는지도 설명한다.

가장 은밀한 꿈과 환상들, 그러니까 우리 영혼 깊숙한 핵심에 자리하고 있는 두려움, 희망, 갈망은 새롭게 발견된 뇌의 신경 연결망에서 하나로 묶여 있다. 우리의 자아감과 연관된 뇌 구조물이다. 이 발견으로 훨씬 더 놀라운 사실이 하나 드러났다. 이런 개인적인 '자아의 연결망'을 활성화하는 최고의 방법 가운데 하나가 청취 프로필의 최적 지점을 건드리는 음악을 듣는 것임이 밝혀진 것이다.

내가 가장 강력하게 반응하는 음악은 가장 '나다운' 대목이 어느 지점인지 드러낼 수 있다. 몽상에 잠기거나 꿈의 나래를 펼칠 때 내 마음이 어김없이 향하는 바로 그곳이다. 그러므로 여러분의 청취 프로필에 딱 들어맞는 음악의 특징을 파악함으로써 여러분은 그저 더 좋은 청자가 되는 것만이 아니라 자신의 가장 내밀한 본질을 더 잘 알게 된다. 우리가 음악의 진정성이라는 개념에 높은 가치를 두는 이유는 어쩌면 우리가 의식적으로 진정성을 **경험**할 때 우리의 자아상을 구현하는 뇌의 연결망이 작동하기 때문인지도 모른다.

음반이든 연애 상대든 우리는 나를 최고로 나답다고 느끼게 하는 대상과 사랑에 빠진다.

음악적 무쾌감증

우리가 음악을 즐길 때는 저마다 좋아하는 소리의 만찬을 처리하고자 음악 청취를 담당하는 뇌의 연결망이 도파민으로 보상을 주는 연결망과 소통한다. 그런데 이런 보상 연결망과 음악 연결망이 뇌에서 원활하게 연결되지 않으면 음악적 무쾌감증이 나타날 수 있다. 음악을 들어도 기분 좋은 반응이 없는 것이다.

추정하기로 인구의 5퍼센트에서 10퍼센트가 음악적 무쾌감증을 갖고 있다. 이런 증상을 가진 사람들은 다른 유형의 자극들, 그러니까 미술이나 음식, 돈에는 정상적인 도파민 활동을 보인다. 그저 음악게만 반응이 없다.

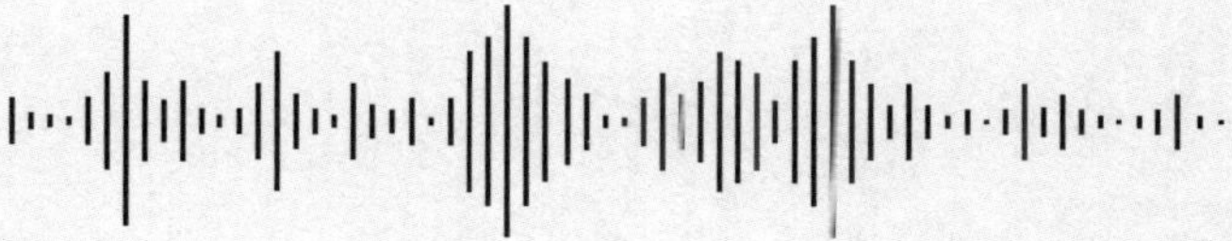

2장

사실성: 소리의 정경

그녀는 오랫동안 소망해왔던 바를 이루었다.

이미지와 추상이 진실로 호응하여

하나가 다른 하나에서 나오는 그림을 그린다.

_ 데이비드 살레, 액션 페인팅 화가 제이미 실면에 대해 한 말

♪ 플레이리스트

〈Born on the Bayou〉 Creedance Clearwater Revival

〈The Grid〉 Daft Punk

〈Easy on Me〉 Adele

〈MONTERO (Call Me By Your Name)〉 Lil Nas X

〈drivers license〉 Olivia Rodrigo

〈Jumping Jack Flash〉 The Rolling Stones

〈Eet〉 Regina Spektor

〈Catch My Fall〉 Billy Idol

〈Kuiper〉 Floating Points

〈Taki Taki〉 DJ Snake ft. Selena Gomez, Ozuna & Cardi B

〈4+20〉 Crosby, Stills, Nash & Young

〈7 rings〉 Ariana Grande

음악을 들으면 뭐가 보이나요?

음반 소개 모임을 계속 이어가자. 다음으르 소개할 것은 완전히 다른 두 곡이다. 각각의 곡을 들을 때 눈을 감고 오직 하나, 마음속에 떠오르는 **심상**에만 집중해보자. 곡이 여러분 마음에 드는지 아닌지는 신경 쓸 것 없다. 여기서 핵심은 다음 질문을 살피는 것이다. '음악을 들을 때 나는 마음속으로 무엇을 떠올리는가?'

첫 번째 곡은 크리던스 클리어워터 리바기벌의 〈Born on the Bayou〉다.

두 번째 곡은 다프트 펑크의 〈The Grid〉다.

잠시 책 읽기를 멈추고 두 곡을 1~2분 이상 들어보자.

충분히 들었는가?

각각의 곡을 듣는 동안 여러분은 마음속으로 무엇을 보았는가? 어쩌면 여러분 자신이나 보컬리스트, 혹은 가상의 인물이 등장하는 **이야기**를 떠올렸을지도 모르겠다. 내가 공저자 오기와 수행한 연구에 따르면 대략 19퍼센트의 사람들이 좋아하는 음악을 들을 때 가사와 관련된 이야기를 떠올린다고 한다. 노래를 연주하는 뮤지션들, 그러니까 무대 위나 스튜디오나 뮤직비디오에서 연주하는 밴드의 모습을 떠올렸는가? 대략 17퍼센트의 사람들이 연주자를 떠올린다. **본인**이 노래하거나 연주하는 모습을 상상했는가? (약 11퍼센트가 그렇다.) 가사와 무관한 강이라든가 산, 행성 같은 이미지를 떠올렸는가? (약 3퍼센트가 그렇다.) 여러분이 만들고 싶은 뭔가가 생각났는가? (6퍼센트 정도 된다.) SF 영화에서 볼 법한 가상의 세계를 보았는가? (9퍼센트 정도 된다.) 특정한 뭔가를 나타내지 않는 색의 패턴이나 모양의 패턴을 보았는가? (1퍼센트 남짓한 사람들이 추상적인 형태와 색을 본다고 한다.) 〈Born on the Bayou〉나 〈The Grid〉를 전에도 들어보았다면, 다시 들을 때 과거에 그 곡을 들었던 순간이 떠오를 수 있다. 실제로 음악을 들을 때 가장 흔하게 일어나는 유형의 심상화는 자전적 기억이다(약 25퍼센트).

그것도 아니라면 음악을 들을 때 **아무** 심상도 보지 않는 사람일 수도 있다. 대략 9퍼센트가 여기에 해당한다.

이 장은 음악을 들을 때 여러분이 무엇을 보는지, 더 중요하게는 여러분의 마음이 무엇을 보기를 **원하는지**를 다룬다. 다시 말해 음악이 인도하는 사적인 풍경이 주제다. 앞서 진정성을 다룬 장에서 배웠듯이 여러분이 무의식적으로 (혹은 의식적으로) 찾는 음악적 경험은 여러분의 뇌가 갈망하는 보상이 어떤 종류인지 드러낼 수 있다. 이 장에서 우리는 청자가 음악을 '보는' 여러 방식들을 살펴보고 내가 떠올리는 심상이 나에 대해 무엇을 말하는지 알아볼 것이다.

여러분이 음악을 들을 때 마음의 눈에서 자연스럽게 형성되는 심상화의 종류는 청취 프로필에서 **사실성**이라고 하는 차원을 이룬다. 조각, 요리, 시, 회화에 속하는 몇몇 작품들은 실재 모습과 닮았다. 대부분의 사람들이 작품이 무엇을 나타내는지와 관련하여 '표준'에 근거한 동일한 해석에 이를 수 있는 이유이기도 하다. 레오나르도 다빈치의 「모나리자」가 좋은 예다. 어떤 관람객도 이 작품이 양손을 포개고 수수께끼 같은 미소를 짓고 있는 검은 머리의 젊은 여성을 나타낸다는 데 이의를 제기하지 않는다.

실재와의 연계가 좀 더 느슨한 작품들도 있다. 느슨한 연계성은 사실성의 대척점에 있는 **추상성**을 나타낸다. 추상적 작품은 주관적이고 개인에 따라 해석에 큰 차이를 부른다. 예를 들어 프란츠 카프카의 중편소설 『변신』은 어느 아침에 자신이 거대한 벌레로 바뀐 것을 알게 된 영업사원의 이야기인데, 어째서 이런 일이 벌어졌는지, 혹은 이것이 상징하는 바가 있는지 밝히지 않는다. 이 기이한 이야기의 표준 해석은 존재하지 않는다. 학자들조차 영업사원이 벌레로 바뀐 것이 무엇을 나타내는지를 두고 의견이 갈릴 수 있다.

음반도 사정이 마찬가지다. 더 사실적인 음반이 있는가 하면 더 추상적인 음반이 있다. 추상적 음반의 등장은 토머스 에디슨이 1877년에 포노그래프를 발명한 이래로 음악에서 일어난 가장 중요한 혁명일지도 모른다.

사실적 소리가 선사하는 음악적 환상

나이가 아직 마흔이 안 된 사람들이라면 뜻밖이라고 생각할 수도 있는데, 음악에서 추상성은 극히 최근에 등장했다고 할 수 있다. 요즘 들어 추상적 음반은 전 세계의 음악 지형을 빠르게 장악한 상태다. 추상적 음반이란 사람이 연주하는 어쿠스틱 악기(전기적으로 증폭된 악기도 포함하여) 소리가 아니라 컴퓨터가 제어하는 기계 기반의 소리가 거의 혹은 전부를 차지하는 음반이라고 정의할 수 있다. 이 정의에 따르자면, 2021년 빌보드 싱글 차트 1위에 오른 거의 모든 히트곡이 추상적 음반이다. 예외라면 피아노와 킥드럼으로 간소하게 편곡한 아델의 〈Easy on Me〉와 사실성이 방송에서 여전히 위력을 떨치던 1994년에 녹음되었고, 지금까지도 연말이면 사랑을 받는 머라이어 캐리의 〈All I Want for Christmas Is You〉 정도다. 릴 나스 엑스의 〈MONTERO (Call Me by Your Name)〉에 나오는 어쿠스틱기타와 올리비아 로드리고의 〈drivers license〉의 피아노는 오늘날 추상적 음반의 형태를 보여주는 전형이다. 전통적인 어쿠스틱 악기는 하나만 쓰고 나머지는 온통 샘플링되고 기계로 만든 소리들이다.

인간의 역사에서 대부분의 시간 동안 청자가 들었던 모든 음악은 오로지 사실성에 바탕을 둔 음악이었다. 그리고 에디슨이 왁스를 칠한 회전하는 실린더에 바늘로 음의 파동을 새기는 발명품을 세상에 내놓기 전까지 음악이라고 하면 진짜 사람들이 진짜 악기를 실시간으로 연주하는 실황 공연이었다. 이때 청중은 듣기만 한 것이 아니라 오케스트라나 실내악단이나 저그 밴드가 연주하고 노래하는 모습을 **보았다.** 청자가 굳이 공연장을 찾지 않고도 집에서 원하는 음악을 들을 수 있는 장치가 나왔을 때, 녹음 전문가들은 실황 공연과 똑같이 들리는 음반을 만들고자 했다.

거의 20세기 내내 녹음 전문가들이 유난히 집착했던 것이 하나 있었으니 바로 **고충실도**high-fidelity다. 내가 음악업계에서 일하기 시작했던 1970년대와 1980년대에 엔지니어에게 요구되었던 기량은 여전히 적절한 장비와 자재를 선택하고 기술을 발휘하여 공연을 충실하게 음반에 담아내는 것이었다. 청자가 밴드 바로 앞에 앉아서 듣는다고 상상하도록 만드는 것이 중요했기 때문이다.

음반에서 사실성을 전달하는 주요 요인으로는 우리가 듣는 **소리의 종류**(어쿠스틱 악기냐, 가상의 악기냐)와 그것이 음반에 얼마나 정확하게 담겼나 하는 **충실도**(높은 충실도냐, 낮은 충실도냐)가 있다. 여기에 우리가 음반의 사실성을 인식하는 데 영향을 미치는 또 하나를 추가하자면 뮤지션의 **연주 제스처**다. 이것은 아티스트가 자신의 악상과 감정을 표현하기 위해 목소리나 악기를 사용하는 독특한 방식을 말한다. 일종의 아이콘처럼 여겨지는 제스처가 있다. 대표적으로 배우 로버트 드니로가 눈썹을 아래로 늘어뜨리고 고개를 갸웃거린다면 "그래, 어쩌면 그럴지도" 라는 뜻이다. 또 메릴 스트리프가 입술을 오므리는 동작을 했다면 "잠깐만, 생각 중이야…" 라는 의미다. 음악 연주 제스처 중에도 워낙 독특해서 아티스트의 '시그니처 소리'로 자리 잡은 경우가 있다. 19세기 바이올리니스트 니콜로 파가니니의 피치카토 사용, 20세기 초 컨트리 음악의 선구자 지미 로저스의 '카우보이 요들', 메이벨 카터의 '카터 스크래치' 기타 테크닉, 건반을 요란하게 내리치는 제리 리 루이스의 로큰롤 피아노가 그런 경우다.

연주 제스처는 미묘하지만 그럼에도 연주자가 무엇을 느끼는지를 알려주는 강력한 단서가 될 수 있다. 우리는 몸과 목소리가 감정의 상태, 더 나아가 신체의 상태를 전달하는 방식을 직감적으로 알아차린다. 이것은 미세한 음향적 '음영'을 통해 드러날 수 있다. 가수가 악구와 악구 사이에 쉬는 호흡의 특징이라든가 드러머가 후렴구에 돌입할 때 하이햇을 미는 속도 같은 것 말이다. 그렇기에 20세기 대부분 동안 녹음 엔지니어들은 음반이 최대한 사실적이고 생생하게 느껴지도록 하려고 실시간 연주 제스처의 세밀한 요소 하나하나를 빠짐없이 포착하는 것에 초점을 맞추었다. 뮤지션 고유의 음향적 습성을 꼼꼼하게 담음으로써 듣는 이를 음악으로 끌어들이고 마치 스튜디오에 와 있는 것처럼 연주를 듣게―그리고 마음속에 떠올리게―만들려고 노력했다.

롤링 스톤스의 〈Jumpin' Jack Flash〉와 레지나 스펙터의 〈Eet〉은 두드러지는 연주 제스처가 담긴 사실적 음반의 좋은 예다. 우리는 키스 리처즈가 백보컬을 넣으려고 마이크 앞으로 급히 다가가는 모습을 쉽게 그려볼 수 있다. 레지나가 노래하면서 피아노 건반을 어루만지는 장면을 상상하기란 어렵지 않다.

진짜 악기(가상의 악기가 아니라)의 고충실도 소리를 담고 있고, 뮤지션 특유의 연주 제스처가 들어 있는 음반을 '사실적 음반'이라고 한다. (국제오디오공학회AES에서 공식적으로 부르는 명칭은 '전통적인 어쿠스틱 녹음'이다.) 여러분이 지난 세기에 녹음된 음악을 들었다면 사실적 음반이 지닌 있는 그대로의 성취를 경험한 셈이다.

사실적 음반을 선호하는 청자들은 대체르 실제 뮤지션이 연주하는 모습을 상상하기 좋아한다. 혹은 **자신이** 연주하는 모습을 떠올리기도 한다. 사실적 음악은 '인간적인' 겔로디를 '인간적인' 속도로 연주하므로 보컬을 함께 따라 부르거나 자신이 악기 연주나 오케스트라 지휘를 하는 척하기가 쉽다. 사실적 음반을 좋아하는 뇌를 가진 사람에게 청취 경험은 연주하거나 노래하는 경험에 맞먹을 수 있으며, 이는 많은 이들에게 강력한 보상이 된다.

사실적 음반은 내가 가장 만족스럽게 여기는 종류의 음악적 환상을 경험하게 해주는 방식으로 나의 최적 지점을 건드린다. 음악적 환상은 사람의 연주에 바탕을 두고 있다. 나는 자연스레 뮤지션이 연주하는 모습을 **보거나** 나를 그들 중 한 명이라고 상상한다. 나는 기교파 재즈 피아니스트 버드 파월을 사랑하는데, 그가 독보적인 손놀림으로 피아노 건반을 훑는 소리를 들으며 내 손가락이 마치 그의 손가락인 양 행세하는 것이 즐겁기 때문이다. 피아노를 어떻게 연주하는지 전혀 모르면서도 내 손가락을 공중에 들고 그의 연주를 흉내 내지 않고서는 도저히 견딜 수 없다. 나처럼 사실적인 소리의 음악을 좋아하는 사람들에게 자신이 연주하는 모습을 떠올리는 일은 (테니스 선수) 로저 페더러처럼 포핸드 스매싱을 하거나 (패션모델) 지지 하디드처럼 캣워크로 워킹하는 모습을 상상하며 뿌듯해하는 일과 유사하다.

내가 좋아하는 아티스트인 라나 델 레이의 영묘하고 음울한 목소리를 들을 때면 내 마음속에는 다른 종류의 사실적 환상이 만들어진다. 내가 그녀의 협업자가 되어 그녀와 함께 스튜디오의 콘솔 앞에 앉아 가사와 편곡에 대해 세세하게 논의하는 모습을 즐겨 상상한다. 이와 달리 레드 제플린을 들을 때 나는 대체로 청중의 일부가 되어 맨 앞 열에서 밴드를 바라보는 모습을 상상한다. 아무튼 연주자가 누구든 간에 음악을 들을 때 내 마음은 곧바로 현실 세계에 바탕을 둔 시각적 환상을 만들어내려고 한다. 그래서 내가 좋아하는 음반들은 전통적인 부류인 블루스, 록, 재즈, 소울이다. 이런 음악들은 사실성을 지녀 나를 음악의 장면 안에 머물게 해준다.

이제 크리던스 클리어워터 리바이벌의 〈Born on the Bayou〉로 돌아가보자. 이 곡은 앨범에 수록된 곡이 점점 길어지던 1960년대 말 미국 록의 경향을 잘 보여준다. 1970년대에 이르면 싱글 발매가 아니라 이런 '앨범 컷'이 FM 라디오에서 자주 방송됐다. 나는 〈Born on the Bayou〉가 **노래**로서 빼어나게 좋다고는 생각하지 않지만 상당히 좋은 **음반**이라고 본다. 서서히 분위기가 고조된다. 먼저 기타가 나서서 긴장감을 조성하고 얼마 뒤에 콩가가 드럼과 함께 등장하면 우리는 이런 그루브(리듬)가 강조되리라는 것을 안다. 리듬은 절verse에 이르러 본격화되는데 딱딱 끊어지고 더 긴박해진다. 움직임의 '무게'가 아래로, 엉덩이와 무릎까지 내려온다. 그리고 나서 보컬이 나온다! 존 포거티는 첫 행line부터 마이크에 **덤벼든다.** 자기가 어렸을 때 아버지가 경고하기를 어떤 남자가 너를 납치해 "나에게 했던 짓을 (너에게) 할지" 모른다고 했다고 우리에게 말한다. 보컬 퍼포먼스는 능수능란하고 진정성 있는 기교가 어떤 건지 들려준다. 포거티는 각 행마다 내뱉는 숨을 세심하게 통제한다(오로지 최고의 가수만이 이런 호흡 통제가 가능하다). 막강한 감정의 폭과 폐활량으로 노래하면서 퍼포먼스에 100퍼센트 몰입한다. 그래서 우리는 강어귀 습지대의 존재를, 굼뜨고 사악한 그 격정을 **느낄** 수 있다. 설령 메이슨 딕슨선 남쪽으로 여행한 적이 결코 없었어도 말이다.

두 번째 절에서 그의 사냥개가 "주술적 대상"을 뒤쫓는 것을 숨을 헐떡이다시피 노래하는 포거티의 목소리를 들어보라. 나는 마음의 눈으로 그 사냥개와 함께 있는 나를 보는데 기분이 아주 그만이다! 포거티가 뉴올리언스를 향해 신나게 달리는 화물열차 에서 "케이준|미국 루이지애나주에 주로 거주하는 프랑스계 미국인-옮긴이| 미인 과 노닥거리고" 싶다는 바람을 드러낼 즈음이면 나는 그 여자 가 되고 싶은 마음이다. 신나게 즐긴다는 뜻의 속어 '아-추글링 a-choogling'이 이 음반의 세속적인 분위기와 너무도 잘 어울린다.

〈Born on the Bayou〉는 포거티의 열정적인 보컬 퍼포먼스 덕 분에 내 마음에 쏙 드는 음반이 되었다. 목 아래에서 나오는 진정 성으로 나를 즐겁게 하면서 아울러 내가 갈구하는 사실적 환상 을 타오르게 한다.

드러머의 양말 색깔도 알아보겠는걸

자기磁氣 테이프로 녹음하면서 사실성을 얻기란 말처럼 쉬운 게 아니다. 고충실도 기술을 갖춘 진정한 거장은 언제나 손에 꼽을 정도로 드물었다. 괜찮은 엔지니어와 훌륭한 엔지니어를 가르는 기준은 어렵게 터득한 요령을 꼼꼼하게 실행하는 **장인의 솜씨**였다. 고충실도 기술이 어떤 건지 예를 하나 들어보자면, 마이크하나로 하프의 마흔일곱 개 현의 소리 전부를 균형감 있게 담는것이다. 보다 기발한 술책도 있다. 리버브 효과를 얻고자 정원에서 사용하는 호스를 가져와 한쪽 끝은 킥드럼 앞에 대고 반대쪽끝에 마이크를 두거나, 시멘트로 된 계단통에 마이크와 스피커를두고 녹음하는 것이 그런 예다.

내가 존경하는 고충실도 기술의 거장으로 믹 구자우스키가있다. 그는 세심한 마이크 기술의 대가이자 믹싱(개별적으로 녹음된 여러 악기 트랙과 보컬 트랙을 혼합하여 최종 스테레오 버전으로 만드는일)이라고 하는 대단히 어려운 기술에 능통한 엔지니어다. 1983년에 믹이 일하고 있는 웨스트레이크 스튜디오에 찾아갔을 때가 지금도 기억난다. 그는 빌리 아이돌의 노래 〈Catch My Fall〉의 믹싱을 막 마친 터였다. 남자친구가 웨스트레이크 스튜디오의 기술자로 있었던 덕분에 나는 컨트롤 룸으로 들어갈 수 있었다. 대부분의 스튜디오에서 녹음 세션은 비공개로 진행하므로 대단히 이례적인 허락이었다. (프린스는 자신의 스튜디오 정책을 '비전투원 출입금지'라고 칭했다.) 믹이 커피를 마시러 가면서 테이프머신을 향해 고갯짓을 했다. "원한다면 들어봐도 좋네!" 신이 천사의 노래를 듣도록 허락하는 초대장이었다! 나는 테이프머신의 재생 버튼을 눌렀다. 세상에, 수정처럼 투명한 충실도의 믹싱이었다! 내가 전에 들어본 그 어떤 소리와도 차원이 달랐다. **드러머가 신고 있는 양말 색깔도 알아보겠는걸**, 하고 생각했을 정도였다.

탁월한 믹싱 엔지니어인 믹의 손을 거친 음반은 청자를 생생한 심상 속으로 완전히 빠져들게 만들 수 있다. 마치 멋진 TV 쇼와 소설이 인위성의 장막을 지우고 여러분을 군인, 여왕, 우주비행사가 나오는 세계로 몰입하게 하듯이 말이다.

자기 테이프로 음향의 사실성을 담는 일이 생각보다 어려운 이유는 아무리 세심하게 소리의 형태를 잡아서 테이프머신에 담아도 다시 틀 때는 다르게 들리기 때문이다. 각각의 기계마다, 테이프 브랜드마다 독자적인 반응 곡선이 있어서 녹음된 소리가 재생될 때 얼마나 많이 바뀔지를 결정한다. 테이프가 소리를 완벽하게 복제하면 **선형적** 반응 곡선을 가진다고 말한다. 그런데 현실에서 자기 테이프는 녹음을 불완전하게 수행한다. 입력과 출력의 불일치로 인해 테이프의 반응 곡선은 **비선형적**이 된다. 고충실도 시대에 엔지니어들은 테이프의 반응 곡선을 파악하는 귀를 발달시켰다. 마치 화가들이 물감의 색이 마르면서 어떻게 바뀌는지를 터득했던 것과 비슷하다.

고충실도 시대에 가장 인상적이고 독보적인 사실성의 예로 '다이렉트 투 디스크direct-to-disc' 기술이 있다. 바티칸의 프레스코 벽화에 비견할 만한 녹음 기술의 개가다. 이 방식은 오늘날 극히 드물게 사용되며 고충실도의 전성기에도 이례적이었다. 거장의 재능이 요구되는 기술이기 때문이다. 이 방식은 테이프를 전혀 사용하지 않는다. 노래를 마스터디스크에 직접 커팅하며 그것으로 레코드판을 찍어낸다. 커팅 선반을 스튜디오 컨트롤 룸에 가져다 놓고 녹음 콘솔에서 나오는 스테레오 출력물을 곧바로 바늘('커팅 헤드')에 연결하여 만든다. 다이렉트 투 디스크 방식은 테이프가 가진 특이하고 인위적인 성질을 제거하여 경이로운 고충실도 녹음을 가능하게 한다.

다이렉트 투 디스크 녹음은 일단 연주를 시작하면 멈출 수 없다는 점에서 올림픽 수준의 기예라 할 만하다. 뮤지션은 곡을 음반에 수록되는 정확한 순서에 따라 연주해야 한다. 곡과 곡 사이에 적절한 공백도 둬가면서 말이다. 이 방식은 음반 제작의 여러 단계 전체를 한 번의 연주로 압축시킨다. 생방송 TV 쇼를 제작하는 것과 비슷하다. 모든 악기와 모든 목소리의 음정과 타이밍이 완벽하게 일치해야 한다. 하나의 음도 놓쳐서는 안 된다. 악기나 보컬을 나중에 오버더빙으로 입히는 것이 불가능하다. 그뿐만 아니라 마이크 배치, 이퀄라이제이션, 리버브, 컴프레서, 리미터, 악기들의 혼합도 각각의 노래가 연주되는 동안 실시간으로 완벽하게 조정되어야 한다. 원치 않는 소음을 지우거나 엇나간 음을 수정할 기회가 없다. 그러려면 래커lacquer를 새로 걸고 처음부터 다시 시작하는 수밖에 없다.

내가 가장 좋아하는 다이렉트 투 디스크 녹음은 셰필드 랩에서 발매한 셀마 휴스턴과 프레셔 쿠커의 《I've Got the Music in Me》라는 음반이다. 엔지니어 빌 슈니가 녹음을 맡았는데 그 음반을 들으며 탁월한 소리의 질에 얼마나 감탄했는지 모른다! 아무리 내가 프로페셔널 엔지니어라도 직접 다이렉트 투 디스크 녹음을 해보지 않고서는 완벽에 가까운 슈니의 사운드를 도저히 얻을 수 없다는 것을 깨달았다. 나는 마침내 고충실도의 소리를 일관되게 얻는 방법을 터득하게 되었지만, 다이렉트 투 디스크 녹음을 해볼 기회를 단 한 번도 얻지 못했다. 알고 보니 굳이 그럴 필요도 없었다. 내가 엔지니어링과 믹싱 기술을 숙달했던 1990년대 중반에 음악의 성격을 재정립하고 음악의 추상성에 대변혁을 일으키게 되는 새로운 기술이 등장했기 때문이다.

판세를 바꾼 이 장치는 DAW라는 이름으로 알려졌다.

사실주의에서 추상미술로

DAW가 무슨 일을 하는지, 음악에 어떤 중대한 충격을 주었는지 이해하려면 시각예술에서 이와 비슷하게 기술이 주도했던 혁명을 먼저 살펴봐야 한다. 지금으로부터 거의 200년 전에 회화를 영원히 바꿔놓은 새로운 기계가 등장했다. 그리고 이 기계의 등장으로 음악에서 DAW 혁명을 겪었던 우리와 가장 흡사한 경험을 한 미술가가 있었으니, 바로 19세기 초 풍경화가 윌리엄 터너다.

터너는 무뚝뚝한 성격과 유화물감으로 실물 같은 광경을 만들어내는 솜씨로 명성이 자자했다. 사실적으로 회화에 접근하는 그의 태도는 14세기부터 시작되어 유럽의 시각예술을 지배했던 고충실도 전통에 맞닿아 있다. 르네상스 시대 이래로 서양의 미술가들은 눈과 뇌가 주위 세상을 바라보는 방식을 충실하게 재현한 초상화, 풍경화, 정물화를 그리고자 했다. 다빈치의 「모나리자」와 미켈란젤로의 「최후의 심판」이 불후의 고전으로 간주되는 데는 으스스하리만치 사실적인 묘사가 상당한 몫을 차지한다. 유럽에서 가장 유명한 사실주의 거장으로 렘브란트가 있는데, 그는 명암을 절묘하게 구사하여 얼굴에 표현된 감정을 설득력 있게 묘사했다. 그 효과가 어찌나 생생한지 인물이 화폭을 뚫고 나올 것처럼 보인다.

그러니 사실성을 전달하려고 개발된 원근법, 단축법, 입체감 표현, 명암법 같은 미술의 기법들은 당연하게도 높은 대접을 받았고 이를 터득한 화가들로부터 세심한 보호를 받았다. 수백 년간 이어진 사실주의 시대에 **장인의 솜씨**는 미술을 업으로 삼는 이들이 일차적으로 집중한 대목이었다. 화가가 되려는 사람은 목수나 석공 견습생과 마찬가지로 자신에게 기술을 가르쳐줄 스승을 찾아야 했다. 렘브란트 시대에도 물론 화가들은 창의적일 수 있었다. 다만 쉽게 분간되는 대상이나 광경을 그릴 줄 알아야 했다. 렘브란트는 거장 미술가였지만 무엇보다 거장 장인이었다. 17세기와 18세기에 크나큰 존경을 받은 화가들은 화폭에 유화물감을 능숙하게 묻혀 주름진 천이나 비바람에 건조된 나무, 썩어가는 과일, 무지갯빛으로 빛나는 유리잔, 천사의 살갗과 흡사한 인상을 주는 능력으로 찬사를 받았다.

젊은 시절의 터너 또한 엄연한 장인이었다. 바다 풍경과 뱃사람들을 진정성 있게 묘사하는 것이 그의 전문 분야였다. 1803년에 터너는 물감과 이젤을 챙겨 프랑스 북쪽 해안가의 도버 해협으로 나 있는 부두로 가 그곳에서 자신이 본 것을 「칼레의 부두: 영국 배의 도착」이라는 작품에 최대한 정확하게 묘사했다.

꼼꼼한 그의 작품에서 우리는 성난 파도, 감긴 밧줄, 휘어진 돛대의 캔버스 천, 물보라를 맞으며 펄럭이는 여인의 스카프를 알아볼 수 있다. 터너는 서른 살이 되기 전까지 이와 비슷한 사실적인 유화와 수채화 수백 점을 그렸다. 그러고 나서 난데없이 새로운 기술이 등장하여 터너의 경력을 망가뜨리고 회화 예술을 영원히 바꿔놓았다.

사진이었다.

카메라와 감광성 은판의 발명으로 인간 화가는 감히 꿈꿀 수 없는 압도적인 충실도를 구현한 이미지를 만드는 것이 가능하게 되었다. 이런 획기적인 기술은 미술 종사자들에게 심각한 직업적, 정신적 위기를 초래했다. 나무 상자만 있으면 소소한 비용과 시간으로 훨씬 더 좋은 이미지를 얻을 수 있는데 굳이 화가를 고용해 가족 초상화를 그리게 해야 할까? 그리고 미술가도 자신이 사진과 같은 사실성에 결코 다다를 수 없다는 것을 아는데 굳이 사실적인 재현을 하려고 애써야 할까? 카메라는 처음에는 공학의 개가로 여겨졌지만, 1830년대에 이르자 많은 미술 비평가들은 사진이 예술에서 사실성의 전형이 되었다고 믿었다.

사진의 등장으로 화가들이 자신의 목표에 의문을 품게 되었지만, 한편으로는 새로운 창조의 우주로 나아가는 문을 열기도 했다. 세상을 있는 그대로의 모습으로 그릴 수 없다면, 세상이 이랬으면 하는 바를 자유롭게 그리거나, 심지어 현실 세계와 전혀 닮은 점이 없는 무언가를 그릴 수도 있다. 터너는 비사실적인 양식의 회화, 즉 형태와 색을 사용하여 관찰자의 **내적** 경험을 표현하는 기법을 개척해야 하는 도전을 처음으로 받아들인 선구자 중한 명이었다. 그는 새로운 붓질 방식과 팔레트를 고안했으며, 창조력을 북돋우는 전례 없는 방법을 생각해냈다. 터너가 사나운 날씨에 시달리는 감정이 어떤 건지 정확히 묘사하려고 폭풍 속을 달리는 열차 밖으로 머리를 내미는가 하면 배의 돛대에 몸을 묶고 거센 폭풍이 몰아치는 바다로 나갔다는 소문이 있다. 현대의 학자들은 이런 이야기의 신빙성에 의문을 제기하지만, 터너가 그림에 활력을 불어넣고자 강렬한 감각에 몰입했음은 부인하지 않는다. (그와 같은 노력은 '소박한' 회화의 접근법이라고 할 수 있다. 터너는 정규 교육에서 벗어나 '목 아래에서 나오는' 진정성을 추구하려고 애썼다.)

새로운 기술이 시각예술에 변혁을 몰고 오리라는 것을 간파한 터너는 1842년에 다시 칼레 부두로 갔다. 다만 이번에는 **본** 것을 충실하게 재현하려고 애쓰는 대신 **느낀** 것을 그리려고 했다. 광경이 그의 마음속에 일으킨 대단히 개인적인 감정을 화폭에 담았다. 「눈보라: 항구 어귀에서 멀어진 증기선」이라는 제목의 회화는 바다와 하늘을 급격하게 소용돌이치는 빛과 그림자로 표현했다. 대담하게 휘갈기고 이리저리 뒤섞은 붓놀림으로 사납게 날뛰는 바다 폭풍의 경험을 전한다. 이 작품은 최초의 추상미술 작품 가운데 하나로 간주된다.

오늘날 우리로서는 새로운 추상적 접근법이 회화에 실로 어떠한 변혁을 가져왔는지 이해하기 어렵다. 우리는 추상적인 그래픽으로 물들어 있는 시각의 세계에 살고 있다. 옥외 게시판, 웹 배너 광고, TV 쇼 크레디트, 인스타그램 사진 보정 효과 등이 대단히 양식화된 다량의 이미지를 매일같이 우리 눈에 쏟아붓고 있다. 그러나 19세기 초에 살았던 미술가들과 관객들에게 객관적 실재가 아닌 주관적 경험을 반영한 그림을 본다는 생각은 획기적인 전환점이었다.

사실적 예술이 무엇인지에 관한 것이라면, 추상적 예술은 무

「칼레의 부두: 영국 배의 도착」, 윌리엄 터너(1803)

「눈보라: 항구 어귀에서 멀어진 증기선」, 윌리엄 터너(1842)

엇이 **배제되었는지**에 관한 것이다. 그리고 그 빈자리를 우리의 마음이 자유롭게 채워 넣을 수 있다. 익숙한 시각적 형태가 없는 추상적 예술은 회화가 무엇을 보여주는 것처럼 **보이는지**(무엇을 보여주는지가 아니라)와 관련하여 상상의 나래를 펴도록 우리를 부추긴다. 회화의 추상성이 증가하면, 그러니까 이미지가 더 모호하고 불확실해지면 관객은 그만큼 더 적극적으로 자신의 '이야기'를 가동하여 무슨 일이 벌어지고 있는지 해석하게 된다. 신경과학자 베레드 아비브는 이렇게 설명한다. "추상적 예술은 우리 뇌를 실재의 지배로부터 해방시킨다. 그러면 뇌는 내적 상태에서 끊임없이 흘러다니며 새로운 정서적, 인지적 연결을 만들고, 그렇지 않았다면 접근하기 어려웠을 뇌 상태를 활성화한다. 이런 과정은 관객이 자신의 뇌에서 아직 발견되지 않은 내적 영토를 탐험하게 하므로 값어치 있는 일이다."

재현적(사실적) 회화는 그림에서 묘사한 대상이나 광경에 연관된 뇌 부위를 가동시킨다. 사람이 등장하는 초상화를 보면 얼굴 인지에 관여하는 뇌 부위인 방추이랑이 활성화된다. 이와 달리 풍경화를 볼 때는 해마곁이랑이 더 활성화되는데, 이 부위는 기억을 형성하고 주위 환경을 파악하는 데 중요하다. 정물화의 경우 다른 양식의 회화를 볼 때보다 시각피질이 더 많은 활동성을 보인다. 우리가 일상적으로 접하는 꽃, 과일, 식탁보 같은 대상이 나오기 때문일 것이다.

여러 양식의 회화들 가운데 추상화를 볼 때 편재된 뇌의 활동이 가장 적게 일어난다. 사실적 작품을 보면 우리의 뇌는 그림에서 묘사한 대상인 사람, 가구, 산, 교량, 사과 등을 자동으로 파악하고 대상을 인지하는 연결망을 활성화한다. 그러나 추상적 작품의 경우 결정적인 **하나**의 뇌 구조물이 활성화되는 것이 아니라 뇌의 **여러** 부위가 함께 가동된다. 하긴 형태를 알아볼 수 없게 색을 끼얹은 잭슨 폴록의 회화에 대해 뇌가 무엇을 생각한단 말인가?▶ 명확하게 분간되는 대상이 없는 추상화를 보는 것은 훨씬 복잡한 정신적 과정을 요구한다. 그리고 어떤 뇌에는 이런 가외의 노력이 특별한 즐거움을 선사한다.

물리적 실재로부터 분리된 추상미술의 정점을 보여주는 예로 미국의 미술가 제임스 터렐의 작품이 있다. 그의 가장 유명한 몇몇 작품은 화폭이나 물감, 아니 어떤 물리적 재료도 가공하지 않는다. 오로지 빛에 의존하여 회화의 무게감과 존재감을 갖는 단순한 기하학적 작품을 만든다. "내 작품은 대상도 이미지도 초점도 없다. 그러니 당신은 무엇을 보고 있는가? 작품을 보는 당신 자신을 보는 것이다." 터렐의 설명이다.

사진을 찍어서는 터렐이 빛으로 만든 작품을 직접 볼 때의 기이한 효과를 포착하지 못한다. 그의 작품은 미술 비평가 아서 단토의 말처럼 "아름답고 손에 잡히지 않는 길쭉한 발광체, 마치 신비로운 환영幻影으로 경험되는 것"이다. 동료 비평가 존 맥도널드

는 터렐의 작품이 "설명하자면 진부하지만 마술과도 같은 경험"이
라고 했는데 나도 이 말에 전적으로 동감한다.

　　최근에 매사추세츠 현대미술관에서 터렐의 작품들을 접할
기회가 있었다. 다락방 크기로 움푹 파인 구멍에 안개를 채우고
희미한 분홍색 조명을 비춘 작품이 있었다. 관객들이 분홍색 안
개 속으로 머리를 들이밀 수 있게 해놓았다. 이런 단순한 구조물
은 참으로 놀랍고 몽환적인 효과를 불러왔다. 많은 관객들이 기
분 좋은 환각을 체험했다. 뇌가 처리해야 할 벽이나 바닥, 천장이
없었으므로 내 마음은 기준이 될 만한 것을 찾다가 무력하게 포
기하고는 그냥 이리저리 둘러보았다. 한참을 그렇게 있자니 분홍
색 안개가 어느덧 검은색으로 바뀐 듯했고('간츠펠트 효과'라고 하
는 지각 현상), 나도 모르게 색깔의 실재에 의문이 들었다. 나에게
는 풍부하고 깊은 사색에 잠기게 한 경험이었다. 하지만 내 옆의
두 여성은 거의 10분 내내 제어가 안 되는 사람들처럼 낄낄댔다.
터렐의 작품이 그들 마음속에 일으킨 경험에, 그리고 어쩌면 몇
몇 관객이 안개 속으로 손을 휘저을 때 빛이 그린 자취에 즐거웠
던 것 같다.

　　터렐의 작품에서 보듯 추상표현주의 미술의 가장 파격적인
측면은, 예컨대 터너의「칼레의 부두」가 폭풍우를 만난 배를 그린
것임을 우리가 동의하는 방식으로, 작품이 무엇에 관한 것이라는
표준 해석을 마련하기가 불가능하다는 점이다. 모든 관객이 터렐

의 작품에서 말 그대로 다른 것을 본다. 마음이 비재현적인 작품을 저마다 독특한 방식으로 처리하기 때문이다.

사진은 화가의 맡은 바 임무를 '장인'에서 '예지자'로 바꿈으로써 시각예술에서 창조성이 폭발하는 계기를 마련했다. 음악에서는 DAW가 똑같은 일을 했다.

DAW 혁명

DAW는 '디지털 오디오 워크스테이션'의 약자다. 이 기술의 등장으로 디지털 녹음이 상업 음악 제작에 사용되는 길이 열렸다. 디지털 녹음은 소리의 파동을 자기 테이프나 말랑한 디스크에 곧바로 담지 않는다. 디지털 녹음 장치(여컨대 컴퓨터의 하드드라이브)로 들어가기에 앞서 소리의 파동은 초당 수만 회 전자적인 샘플링을 거친다. 이 과정에서 역동적으로 출렁이는 파동은 0과 1의 연속으로 바뀐다. 바코드의 대비되는 검은색 흰색 줄무늬와 비슷하다.

디지털 오디오는 녹음 엔지니어에게 혁명을 (그리고 깨달음을!) 안겨주었다. 기술 덕분에 처음으로 **선형적** 반응 곡선을 가진 녹음 장치가 나왔다. 아날로그 테이프로 하는 녹음과 달리 디지털 녹음은 기계에 들어가는 것과 나오는 것이 일대일로 일치했다.

간단히 말해 디지털 기술은 **100퍼센트 충실도**를 얻는 일을 가능하게 했다. 음악 소리나 연주를 그대로 재현할 수 있게 된 것이다.

녹음 전문가들이 DAW의 등장을 반겼다고 생각할지도 모르겠다. 하긴 완벽한 충실도야말로 우리가 추구한 목표가 아니었던가. 그런데 19세기 화가들이 사진에 반응했던 것과 같은 식으로 반응한 사람들이 많았다. 사기가 바닥에 떨어졌다! 테이프에 녹음하는 까다로운 기술을 터득하고자 수십 년을 힘들게 노력하며 쏟아부은 시간이 말 그대로 하룻밤 사이에 무용지물에 퇴물이 되어버렸으니 말이다. 시각예술의 미래가 작은 나무 상자를 운용하는 자들 손에 달렸다며 한탄했던 화가들처럼 우리에게는 음악 제작의 미래가 자그마한 실리콘 상자를 운용하는 자들에게로 넘어간 것처럼 보였다.

디지털 녹음을 처음 듣고 나는 묘하게 지루한 소리라고 생각했다. 나만 그런 게 아니었다. 디지털 녹음에는 아날로그 테이프 특유의 하모닉 왜곡이 없는데, 이는 우리들 대다수가 사랑하도록 배운 특징적인 소리였다. 우리는 녹음 작업을 할 때 고주파 소리를 키우도록 배웠다. 테이프로는 이런 고주파가 시간이 지나면서 점차 약해지기 때문이다. 그런데 디지털 녹음에 이 기술을 적용하면 음악이 '밝게' '번들거리게' 혹은 '차갑게' 들릴 수 있다. 우리는 아날로그의 따뜻함을 좋아했다. 필름의 따뜻한 질감을 좋아하듯 말이다. 아날로그 녹음에서는 소리의 파동이 저장 매체 속으로 **틀어박혀 사라진다.** 마치 빛의 파동이 필름의 감광유제에 배어드는 것과 같다. 심벌을 아날로그 방식으로 녹음하면 소리가 부드럽게 꺾여 소곤거리는 듯한 테이프 잡음이나 무질서한 배경 소음 속에 묻힌다. 디지털 녹음에서는 심벌 소리가 아무것도 없는 텅 빈 공간 속으로 갑작스럽게 던져진다.

아울러 디지털 녹음이 전문가들의 일을 하루아침에 손쉽게 만들어버린 것에도 좌절했다. 우리는 녹음이 사실적으로 들리게 하려고 여러 기술들의 정교한 조합을 어렵사리 개발했다. 디지털 기술을 활용하는 것은 왠지 사기 같았다. 저마다 개성이 담긴 특징적인 소리를 오랜 세월에 걸쳐 다듬어왔는데, 누구든 마우스만 클릭하면 완벽한 킥드럼 소리를 내거나 황홀한 플레이트 리버브_{소리를 얇은 금속판으로 내보내 그 울림으로 잔향을 주는 방식-옮긴이}를 더할 수 있다는 것을 알고는 충격을 받았다. 여기에 기술이 대체 어디 있단 말인가?

다행히도 DAW의 어두운 구름에도 밝은 희망이 한 자락 있었다는 사실이 밝혀졌다. 비록 다빈치, 미켈란젤로, 렘브란트는 사라졌지만 모네, 몬드리안, 미로가 등장했다.

디지털 녹음은 음악이 재현할 수 있는 범위를 몰라보게 확장했다. 오랜 제약에 얽매이지 않는 새로운 세계가 열렸다. 디지털 비디오 기술이 사실적인 광경에 자연스럽게 녹아드는 좀비, 슈퍼 히어로, 불을 뿜는 용을 우리에게 선사하듯이 디지털 오디오 기술은 현실 세계에 음향의 출처를 두지 않는 합성된 소리로 인간이 연주하는 것처럼 들리게 만들 수 있다. 시각예술에서 그랬듯이 음악예술의 목표가 인간의 **제스처**를 표현하는 것에서 **아이디어**를 표현하는 것으로 넘어갔다. 미술 비평가 에른스트 곰브리치는 "자연스러운 기호보다 상징"이라고 말했다. 이런 패러다임의 변화는 대중음악 녹음에서 사실성을 축소시켰지만, 한편으로 창조적 표현의 혁명을 야기했다. 그것도 민주적인 혁명이다. 디지털 기술의 등장으로 가장 먼저 바뀐 것이 음반 제작에 드는 비용이었다.

예전에는 최첨단 녹음 스튜디오만이 초超고충실도 녹음에 필요한 장비를 갖추고 있었으며, 메이저 음반사와 계약한 이름 있는 뮤지션들만이 터무니없이 비싼 스튜디오 이용료를 감당할 수 있었다. 마찬가지로 최고 품질의 악기와 일급 세션 연주자도 오로지 음반사의 충분한 지원을 받는 아티스트들 차지였다. 도구와 인력의 한계 때문에 대부분의 음반 제작자들은 어쩔 수 없이 재료를 먼저 고려하고 아이디어는 재료에 맞췄다. 우리의 임무는 우리 손에 들린 장비와 엔지니어, 연주자를 가지고 최고의 음반을 만드는 것이었다. 우리가 해먼드 B3 오르간을 원해도 스튜디오에 그 악기가 없으면 우리는 파트를 다시 썼다.

오늘날의 음반 제작자들은 아이디어를 재료보다 우선으로 두고 작업하는 것이 가능하다. 생각할 수 있는 사실상 어떤 소리도 마음대로 가져다 쓰거나 쉽게 만들어낼 수 있다. 노트북 컴퓨터 비용만 들이면 한때 하루 수천 달러의 비용을 줘야 가능했던 수준의 충실도를 갖춘 온갖 다양한 소리와 녹음 소프트웨어를 마련할 수 있다. 21세기에 음반은 시장에서 충실도를 두고 경쟁하는 것이 아니라 청자의 상상력을 어떻게 자극하느냐로 경쟁한다.

디지털 시대에 음악을 만드는 사람들은 '추상적 음반'이라고 하는 새로운 형식을 개발하는 데 창조력을 쏟는다. 그러니까 뮤지션이 기존의 악기로 실시간 연주하는 느낌을 살리려고 하지도 않는다. 추상적 음반을 만드는 방식에는 최소한 두 가지가 있다. 하나는 완전히 새로 만든 소리를 이용하는 것이고, 또 하나는 인간의 연주 제스처를 가공하거나 지우는 것이다.

오늘날의 프로듀서들은 DAW를 가지고 사람이 악기로 내는 소리와 무관한 톤, 소음, 멜로디, 리듬을 만들어낸다. 디지털 소리를 설계하는 사람들은 상상 속 괴물을 얼마든지 실현할 수 있다. 파형을 합성하면 예컨대 기타와 트롬본 소리가, 앵무새와 개구리 소리가, 혹은 성인 남자와 아기 소리가 섞인 소리를 낼 수 있다. 이런 디지털 유령을 들을 때는 지금 무엇을 듣고 있는지가 불확실하므로 심상을 떠올리는 일이 한층 도전적이 된다. 그리고 추상미술을 볼 때와 마찬가지로 대상을 확인할 수 없으면 듣는 이의 마음은 대단히 창의적인 가능성을 찾아 나서기 시작한다. 이로 인해 경험의 몰입이 깊어질 수 있다.

그러므로 추상적 음반은 청자에게 빈자리를 채워 넣을 여지를 더 많이 선사하여 더 개인적인 방식의 청취를 장려한다. 여러분이 비사실적인 음반을 들을 때는 무엇이 어디서 어떻게 연주되는지에 관한 극히 사적인 해석을 가동하거나, 혹은 아예 순수한 공상으로 넘어가 스스로가 음악 경험의 일부가 된다. 낡은 소리의 세계와 새로운 소리의 세계가 충돌하는 예로 플로팅 포인츠(신경과학자 샘 셰퍼드)의 우주적 전자음악 EP 《Kuiper》가 있다. 우리가 알아볼 수 있는 기타, 드럼, 로즈 일렉트릭 피아노 같은 소리로 시작하여 알아볼 수 없는 소리의 소용돌이로 점차 빠져드는 구성의 음반이다. 이런 창의적 소리 설계는 예전에는 주로 일렉트로니카와 테크노 음악에서 들렸지만, 오늘날에는 팝 차트를 점령했다. 디제이 스네이크의 〈Taki Taki〉가 대표적인 예인데, 이런 혁신적인 소리 설계를 가능하게 한 기술 덕분에 신진 아티스트들은 세상에 하나밖에 없는 나만의 사운드를 새길 수 있는 너른 미개척지를 손에 넣게 되었다. 이런 미개척지로 더 깊게 파고들수록 더 추상적인 음악이 된다. 인간 연주보다 소리 자체가 우리의 청취 경험을 좌우하는 음악이다. 〈Taki Taki〉의 공식 뮤직비디오를 보면 사람들이 노래하고 춤추는 모습이 나오지만 악기를 연주하는 사람은 없다. 추상미술과 마찬가지로 현대의 많은 음반들은 전통적인 음악 연주를 **실현**하는 것이 아니라 **아이디어**로 사람들의 마음을 끈다.

음악이 추상적이 되는 두 번째 방식은 연주 제스처의 균등화와 '수정'을 거치는 것이다. 아리아나 그란데가 음을 하나 놓친다면(드물지만 일어난다) 프로듀서가 컴퓨터 스크린에서 실수한 B플랫을 잡아 B로 바꿀 수 있다. 과거에는 아티스트와 프로듀서가 사실적으로 표현된 감정이 담고 있는 진정성을 더하려고 실수를 그냥 두는 경우도 많았다. 좋은 예가 크로스비 스틸스 내시 앤 영의 〈4+20〉이라는 노래 3절(1분 40초)에 나온다. 스티븐 스틸스가 "I embrace the many-colored beast"라는 행을 부를 때 목이 막힌 소리를 내는데, 그는 다시 녹음하려고 했지만 밴드 동료들이 그냥 두자고 했다. 내가 10대에 이 음반을 들었을 때, 이 대목에 담긴 취약한 모습 때문에 연주자의 이미지가 생생하게 그려져 오히려 곡을 더 사랑하게 되었다.

손쉽고 빠른 디지털 편집 덕분에 녹음을 손보는 관습은 더 이상 객관적인 실수를 지우는 실용적 방법이 아니라 프로듀서와 엔지니어가 뮤지션의 연주에서 주관적으로 '약점'이라 여기는 부분을 고칠 수 있는 창조적인 철학이 되었다. 하지만 문제는 그 과정에서 앞선 세대가 환호했고 현대의 많은 청자들이 여전히 듣고 싶어 하는 독보적이고 의미심장한 연주 제스처마저 지운다는 것이다. 그 결과 오늘날 만들어지는 음반의 대다수는 기술적으로 보면 나무랄 데가 없지만… 실황으로 연주하는 것이 물리적으로 불가능하다. 그 정도는 아니더라도 음반으로 들리는 것처럼 연주하기는 불가능하다.

요즘 내가 가르치는 학생들은 독창성으로 받아들일 만한 일탈을 노력을 기하지 않고 대충 얼버무린 것으로 듣는 경향이 있다. 많은 젊은 청자들은 고칠 수 있으면 고쳐야 한다고 생각한다. 가장 단순한 연주 제스처인 호흡에 대해 생각해보자. 레지나 스펙터가 〈Eet〉을 노래할 때 들숨과 날숨이 놀랍도록 선명하게 들리는 것과 달리 아리아나 그란데의 〈7 Rings〉를 들으면 숨 쉬는 소리가 거의 나지 않는다. 나는 이 곡을 들을 때마다 "숨 쉬어, 이 여자야, 숨을 쉬라고!" 하고 끊임없이 생각하느라 긴장하게 된다.

아이디어와 철학으로 승부하라

추상화의 등장으로 시각예술을 즐기는 새로운 선호의 물꼬가 트였듯이 추상적 음반이 제작되면서 비슷한 변화가 일어났다. 컴퓨터로 만드는 소리와 연주가 담긴 음반을 선호하는 청자는 전통적인 아날로그 음반으로 취향이 기운 청자에 비해 사실성에 낮은 가중치를 둔다. DAW를 사용하면 모든 것이 완벽하게 들릴 수 있으므로 완전한 충실도와 기술은 특별할 게 없다. 그 대신 청자가 음악 녹음에서 상상력 넘치는 **아이디어**, 그러니까 소리 설계의 창조성에 두는 가중치가 대단히 높아졌다. 음반이 사실성과 거리를 두다가 결국에는 사실성의 절벽에서 뛰어내려 소리의 창조라는 계곡에 안착하면서 음반이 청자를 즐겁게 할 수 있는 방법들이 대거 늘어났다. 여기에는 청자가 음악에서 심상을 떠올리는 방법도 포함된다.

추상적 음반은 청자로 하여금 감각의 현실에 속박되지 않고 각자의 세계와 나만의 이미지를 만들도록 부츠긴다. 일례로 공저자 오기는 음반을 들으면서 나처럼 실제 연주자를 상상하는 법이 결코 없다. 나는 어릴 때 본능적으로 밴드의 모습을 떠올리고 모자라지만 분투하며 음악을 만드는 모습에 깊은 공감을 느꼈지만, 이와 달리 오기의 뇌는 음악을 들을 때 기분 좋은 형태와 색으로 된 추상적 패턴을 만들어냈다. 그래서 그는 애초부터 가사 없이 복잡하고 정교한 멜로디에 의존하는, 가장 강렬한 시각적 패턴을 떠올리게 하는 바흐 같은 음악을 선호했다. 나이가 들면서 그는 그에게 '있을 법하지 않은' 판타지 세계를 상상하고 거닐도록 하는 추상적 소리의 세계를 담은 음악이 가장 가치가 있다고 느꼈다. 좋은 예가 다프트 펑크의 〈The Grid〉다.

다프트 펑크는 음악의 추상성을 개척한 크라프트베르크 같은 선구자들로부터 영향을 받은 프랑스인 듀오다. 기마뉘엘 드 오맹크리스토와 토마 방갈테르, 이 둘은 DAW가 안겨준 새로운 가능성을 가장 먼저 받아들인 사람이었다. 신시사이저와 드럼머신으로 이리저리 실험하며 그들만의 음악 스타일을 발전시켰다. 비록 풍성한 소리의 지형은 영락없이 합성한 것이지만, 컴퓨터로 매만진 전자적 멜로디와 뮤지션이 연주하는 휭크funk와 록의 요소를 적절히 섞어 진정성 있는 인간의 감정과 연결되는 끈을 놓지 않았다. 다프트 펑크는 추상적 음반의 새로운 아이디어와 철학을 철저하게 받아들여 그들에게 맞는 '로봇 페르소나'를 만들었다. 항상 자신들의 정체를 완전히 감추는 정교한 전기 헬멧과 장갑을 착용한 채로 연주하고 사람들 앞에 나선다.

〈The Grid〉는 2010년 영화 「트론: 새로운 시작」의 사운드트랙에 수록된 곡이다. 다프트 펑크가 그들의 트레이드마크인 기발한 전자음과 실제 오케스트라가 연주하는 교향악을 결합하여 영화에 사용할 음악으로 만든 앨범이었다. 컴퓨터 안에 숨겨진 세상을 다룬 영화 자체는 그리 특별할 게 없었지만, 영화 사운드트랙은 대체 우주의 감각을 제대로 불러일으킨다. 〈The Grid〉는 청자에게 음악을 만드는 이들이 무엇을 하고 있는지 마음속에 그려보도록 하는 대신 다른 세상으로 떠나라고, 낯선 규칙에 따라 돌아가는 장소를 상상하라고 부추긴다.

이 곡은 인간이 연주하는 익숙한 현악기 소리에 기계로 찍어낸 집요한 리듬과 디지털 기술로 강화한 화성을 뒤섞고 컴퓨터처럼 정확하게 맞아떨어지도록 프로듀싱하여 다른 세상에 온 것 같은 효과를 낸다. 게다가 배우 제프 브리지스가 풍성한 저음으로 판타지와 모험에 관한 독백을 더함으로써 노래를 듣는다는 기대에 균열을 낸다. 한편 현의 긴박한 펼침화음은 당장이라도 극적인 뭔가가 일어날 것만 같은 기분을 안긴다. 아마도 발견의 여정에 오르게 되리라는 설렘을 주는 것이리라. 오기에게 다프트 펑크의 곡을 들을 때 얻는 보상은 연주자와 하나가 된다는 즐거움이 아니라 신나는 몽상에 빠져드는 기쁨이다.

사실적 예술을 선호하느냐 추상적 예술을 선호하느냐가 그 사람의 지성이나 성숙도, 세련된 문화적 소양에 관한 뭔가를 말해주는 것은 아니다. 그저 각자의 뇌가 만족스럽게 여기는 지극히 개인적인 정신적 활동을 비출 뿐이다. 슬프게도 그리고 부정확하게도 인상파나 입체파 같은 여러 추상예술 운동을 문화의 '진전'으로 오해하는 경우가 많다. 마치 전기자동차와 아이폰이 기술의 진전을 나타내는 것처럼 말이다. 앞서 있었던 것보다 **우월하다고** 여기는 것이다. 추상화가 사실주의 회화보다 지적으로 뛰어나다는 말을 종종 하는데 그야말로 얼토당토않은 소리다. 얀 페르메이르의 「진주 귀걸이를 한 소녀」를 보고 절묘하게 세공한 디테일에 놀라든, 피터르 몬드리안의 「구성 10」에 표현된 번뜩이는 기하학적 구성에 감탄하든, 그것은 회화가 내 안에 불러일으킨 감흥을 나의 신경 연결망 배치가 어떻게 즐기는지 반영하는 것이다.

DAW가 등장하기 전에도 '있을 법하지 않은' 판타지 세계를 좋아하는 취향이 있어서 사실적 연주와 소리를 담은 사실적 음반에 만족하지 못했던 많은 청자들이 있었다. 여러분이 〈Born on the Bayou〉를 선호하느냐, 〈The Grid〉를 선호하느냐는 여러분의 음악적 수준이 높은지 낮은지를 말해주는 지표가 아니다. 그저 여러분의 뇌가 사실성의 스펙트럼에서 어느 쪽을 선호하도록 배선되었는지 말해줄 뿐이다.

개인의 성향을 연구한 흥미로운 자료를 보면 사실성에 대한 욕구는 예술 형식마다 다르다고 한다. 인간의 시각 회로는 미각 회로와 대체로 독립적으로 발달하며, 미각 회로는 청각 회로와, 청각 회로는 후각 회로와 대체로 독립적으로 발달한다. 이 말은 여러분이 시각적 자료에서 얻는 보상이 맛, 촉감, 냄새, 소리를 통해 경험하는 보상과 상당히 다른 양상을 보일 수 있다는 뜻이다.

이런 생물학적 사실은 우리의 개인 성향에서 놀랍도록 모순적인 대목을 설명할 수 있다. 내 경우를 말하자면 사실적 음반을 대단히 선호하는 편이지만, 장미셸 바스키아와 사이 트웜블리의 추상적인 그림을 무척 좋아한다. 내가 실제 스튜디오에서 실제 뮤지션을 상상하며 얻는 즐거움은 기존의 재료로 만든 피카소의 조각을 살펴보다가 자전거 좌석이 황소 머리처럼 보인다는 것을 깨닫는 것과 비슷하다. 오기는 나와 정반대다. 그는 자유분방한 심적 세계를 마음껏 돌아다니도록 하는 추상적 음반을 주로 듣는 편이지만, 대부분의 추상미술을 싫어하며 생생하고 구체적이고 사실적인 주제를 담은 작품을 선호한다. 그라면 사진이 발명되고 나서 터너가 그린 추상화보다는 차라리 바다 풍경을 담은 초기 그림을 보려고 할 것이다.

여러분의 취향은 어느 쪽으로 기우는가? 뉴잉글랜드의 일상을 다룬 로버트 프로스트의 현실적인 시("까마귀 한 마리가 / 솔송나무 가지를 흔들어 / 눈 뭉치가 / 내 위로 떨어지네")인가, 칼 샌드버그의 알쏭달쏭한 시("그리고 나 / 집의 황금이 / 몸부림치며 빳빳한 웅덩이가 되었네")인가? 카미유 클로델의 구상적 조각(「페르세우스와 고르곤」)인가, 콩스탕탱 브랑쿠시의 정체 불명의 기하학 구조(바나나 형태를 한 「공간 속의 새」)인가? 어떤 재료로 만들었는지 즉각 알아볼 수 있는 전통적인 요리(파스타와 마리나라 소스)인가, 재료와 최종 요리 사이에 연관성이 거의 혹은 전혀 없어 보이는 아방가르드 요리(시카고의 얼리니아 레스토랑에서 선보이는, "야생 버섯에 당근즙을 끼얹은" 형형색색의 조합이 가득한 데뉴 '그러피티')인가?

여러분이 좋아하는 음악을 들을 때 마음속에 떠오르는 이미지는 여러분의 핵심적인 자아감과 연관된다. 사실성의 차원에서 자신이 가장 예민하게 반응하는 최적 지점이 어디쯤인지 파악하면 어째서 어떤 음반이 다른 음반브다 여터분이 찾는 비전을 더 잘 끌어내는지 이해할 수 있다. 아울러 여러분의 상상력을 자극하지 않는 음악을 남들이 좋아하는 것을 보고도 이상하다고 느끼지 않게 된다.

절대음감

멜로디의 지각에는 흥미로운 특징이 있다. 멜로디를 이루는 각각의 음을 전부 다 바꿔도 모든 음높이를 동일한 양으로 바꾸기만 하면 여전히 똑같은 멜로디로 느낀다. 이렇게 멜로디의 음높이를 일제히 바꾸는 것을 조옮김이라고 한다.

거의 모든 사람이 조옮김된 멜로디와 원래의 멜로디를 동일하게 인식하는 능력이 있다. 이것을 **상대음감** 지각이라고 한다. 이와 달리 **절대음감**은 대략 1만 명 중 한 명만이 갖고 있다. 어떤 음이 주어지든 그 음높이를 (A샤프 혹은 E 하는 식으로) 곧바로 알아맞히는 능력이다. (어떤 과학자들은 절대음감을 갖고 있다고 말하려면 어떤 음높이든 바로 정확하게 소리 내는 능력 또한 갖춰야 한다고 주장한다.)

절대음감은 범주화의 쾌거다. 이 능력은 어릴 때 특정 음높이와 명명命名 사이에 신경이 연결되면서 형성된다. 우리가 색이름을 배우는 방식과 비슷하다. 절대음감의 소유자 중에는 70개의 다른 음높이, 그러니까 대략 여섯 옥타브에 이르는 음까지도 구별하는 사람이 있다. 이와 달리 상대음감의 소유자는 C장조 음계에 사용되는 일곱 음(A, B, C, D, E, F, G)의 음높이를 댈 수 있는데, 이마저도 시작하는 음을 정확히 알았을 때에만 가능하다.

3장

참신성: 모험의 크기

> "나는 천성적으로 모험을 즐기는 사람이야.
>
> 오른손이 뒷걸음질 치는 동안 왼손은 나아가고 있지."
>
> _ 밥 딜런, 〈Angelina〉

〈Condition of the Heart〉 Prince & The Revolution

〈I Can See My House From Here〉 Steven Page

〈Don't Start Now〉 Dua Lipa

〈My First Lover〉 Gillian Welch

〈bad guy〉 Billie Eilish

〈Try Again〉 Aaliyah

〈Runaway〉 Kanye West feat. Pusha T

〈Crumbling Castle〉 King Gizzard & Lizard Wizard

〈Like What〉 Tennyson

〈Ovary Z's〉 Geggy Tah

〈The Sun〉 Alice Coltrane

〈What We Do〉 Freeway feat. JAY-Z & Beanie Sigel

버클리의 세 학생

버클리에서 내가 가르친 학생 중에 똑똑하고 붙임성 좋은 오마가 있었다. 그는 항상 주위에 친구들이 많았으며 사람들의 호감을 사는 데 열심이었다. 창작 예술을 가르치는 도심지 대학 캠퍼스에서 유행하는 검은색 매니큐어, 전투화, 수염을 그는 멀리했다. 문화와 관련하여 의견을 표명할 때는 대부분의 학생들보다 신중하고 온건한 입장을 보였다. 그리고 음악에 관해 말하자면 그는 오로지 팝에 헌신했다.

오마는 차트 상위권에 오르지 않은 노래에 의심을 품었다. 내가 생각하기에 외로움과 갈망을 절묘하고 색다르게 표현한 곡인 프린스의 〈Condition of the Heart〉를 듣고 나더니 잘 몰랐다면 프린스가 노래를 못한다고 했을 거라고 말했다. 그는 팝 차트 말고 다른 부류의 음악으로 관심을 넓힐 생각이 조금도 없었다.

이와 달리 셰릴은 팝 음악에는 관심이 제로였다. 버클리 학생들이 대체로 좋아하는 시대를 앞서가는 음반에도 시큰둥했다. 그녀의 관심은 오로지 레게라는 하나의 장르로 모아졌다. 수업 시간에 본인이 좋아하는 레게 곡을 틀 때마다 그녀의 얼굴이 환하게 빛났다. 레게 아티스트와 프로듀서의 역사를 깊게 파고들 때도 많았는데, 그녀가 이렇게 공부한 덕분에 나도 옆에서 새로운 뭔가를 배울 수 있어서 좋았다. 셰릴은 이 음악 전통을 온전히 껴안았다. 자기가 사랑하는 장르를 불후의 것으로 만들고자 레게를 듣고 연주하고 프로듀싱하는 데 모든 시간을 바쳤다.

그리고 앤드루가 있다. 그의 관심사는 창조적 탐험이라는 이름으로 전통적인 형식을 뒤틀고 구부리며 경계를 확장하는 아티스트들의 음반이었다. 천부적인 음반 프로듀서인 앤드루는 내가 높게 평가하는 목표를 세웠다. 매일 새로운 음반 하나를 처음부터 끝까지 듣는 것이었다. 나는 앤드루를 볼 때마다 "어제 들은 음반은 뭐였어?" 하고 물었고, 그는 대체로 내가 이름을 들어보지 못한 새로운 아티스트의 이름을 댔다. 그러면서 짤막하게 그들의 작품을 내게 설명했다.

내 수업을 듣던 시절에 앤드루는 아메리칸 하드코어를 내게 알려주었다. 펑크punk 음악의 한 갈래인데 대다수 펑크보다 더 극단적이고(속도와 공격성에서) 더 복잡한(화성과 리듬에서) 스타일이다. 나는 앤드루와 다른 학생 몇 명을 데리고 케임브리지의 미들이스트 클럽에 하드코어 공연을 보러 갔다. 관객석 끄트머리에 자리를 잡은 내 주변으로 학생들이 호위하듯 옹기종기 모여 있었다. 공연이 시작되고 몇 분 지났을 때 유연하고 호리호리한 앤드루가 "들어간다!" 하고 말하더니 내가 본 가장 짐승 같은 청중들 한가운데로 몸을 던졌다.

이 세 명의 버클리 학생들은 청취 프로필에서 음악적 모험을 좋아하는 성향과 관련된 차원, 즉 **참신성**의 차원을 잘 보여준다. 인간은 선천적으로 색다른 것을 찾기 위해 새로운 대상과 상황을 탐험하려는 충동을 갖고 태어난다. 다만 저마다의 '골디락스 지대'에서 벗어나지 않는 한에서 말이다. 사람들은 너무 낯선 것도, 너무 지루한 것도 좋아하지 않는다. 자신에게 딱 맞는 침대를 찾는 동화 속 골디락스처럼 우리도 **적당히 괜찮게** 느껴지는 음악을 찾는다.

참신성의 성향은 맥락과 생의 시점에 따라 크게 달라질 수 있지만, 플레이리스트는 여러분이 많은 사람들이 다니는 대로변의 음악을 선호하는지, 아니면 마을 어귀를 따라 구불구불 도는 뒷골목의 음악을 즐기는지 보여준다. 지나가면서 들었을 뿐인 묘하고 흥미로운 이름의 아티스트에 끌리는 사람이 있는가 하면, 음악 도서관을 평생에 걸쳐 만나그 또 만나는 오랜 친구로 생각하는 사람도 있다.

이 장에서 우리는 참신성의 차원을 살펴보고 모험을 추구하는 성향이 '적당히 괜찮게' 느껴지는 음반 선택에 어떻게 영향을 미치는지 알아볼 것이다.

익숙하지만 짜릿해!

음악에 한정시키자면 익숙함과 참신함은 **주관적인** 속성이다. 여러분에게 음악적으로 익숙한 것이 나에게는 전례 없이 새로울 수 있으며, 반대도 마찬가지다. 특정 문화의 음악에 익숙한 사람이라면 그 문화에 속하는 곡을 듣고 일반적인 쪽인지 아방가르드한 쪽인지를 분류하기가 상대적으로 쉽다. 각각의 음반은 동일한 음악 규칙을 따르는 다른 음반들과의 관계로 듣게 된다. 특정한 음악 체계에 익숙하지 않은 청자라면 그런 양식으로 된 모든 곡이 참신하게 들릴 것이다.

중동에 사는 사람이라면 모를 수가 없는 전설적인 레바논 가수 파이루즈의 음울하고 딴 세상 같은 노래들은 미국인의 귀에 이국적으로 들린다. 인도의 라가raga 음계는 미분음微分音(피아노에서 인접한 검은건반과 흰건반 **사이**에 놓이는 음)을 사용하는데 서양 음악에서는 극도로 드물다. 라가에 익숙한 청자라면 이를 듣고 참신성의 정도에 따라 쉽게 분류할 수 있겠지만, 서양의 청자에게는 모든 라가가 똑같이 낯설게 들릴 것이다.

그럼에도 21세기 현재 전 세계 대부분의 사람들은 서양 음악의 기본 구조와 요소들을 공통적으로 이해하고 있다. 민족음악학자들은 낙담할 일이지만, 1950년대에 팝과 로큰롤 음악이 영국과 미국에 등장한 이래로 전 세계에 빠르게 퍼져 '만국공통어lingua franca'가 되었다고 권위 있는 『뉴 그로브 음악대사전』이 보고한다. 좋든 싫든 서양의 음악 형식은 이제 대중 영화, TV 쇼, 온라인 동영상, 비디오 게임, 광고, 쇼핑몰 플레이리스트를 통해 전 세계 구석구석으로 전달된다.

대다수 사람들이 저도 모르게 익숙해진 서양 음악의 요소로 '여덟 마디 섹션'이 있다. 마디는 음악을 이루는 구성단위다. 곡에서 마디가 얼마나 길게 이어지는지는 '박자표'로 표시된다. 박자표는 마디당 박(비트)의 수를 나타내는 것으로 서양의 팝 음악은 대체로 한 마디에 네 박이 들어간다. **하나**-둘-셋-넷, **하나**-둘-셋-넷, **하나**-둘-셋-넷 하는 식이다. 이렇게 박이 세 번 이어지면 세 마디가 된다. 연이어 여덟 번 이어지면 그것이 여덟 마디 섹션이다.

여덟 마디 섹션은 오늘날 음악의 도처에서 찾을 수 있다. 워낙 흔해서 새로운 사건에 대한 기대감을 마련하기에 그만이다. 대부분의 청자들은 본능적으로 여덟 마디가 끝나면 앞서의 섹션(예컨대 절)이 끝나고 새로운 섹션(여컨대 후렴구)이 시작될 거라 기대한다.

여기 스타일로 보자면 상당히 다르지만 똑같이 여덟 마디 섹션을 바탕으로 하는 두 음반이 있다. 스티븐 페이지의 ⟨I Can See My House from Here⟩와 두아 리파의 ⟨Don't Start Now⟩다. 페이지의 노래는 여덟 마디 도입부 절에 이어 여덟 마디 절이 다시 나오고, 그런 다음 역동적인 여덟 마디 후렴구로 곧장 넘어간다. 이와 달리 리파의 노래는 여덟 마디 도입부 절에 이어 두 번째 절이 네 마디까지만 하고는 곧장 여덟 마디 전前후렴구(후렴구에 대한 기대감을 계속 키우는 이행부 섹션)로 이어져 놀라움을 안겨준다. 그러고 나서 여덟 마디 후렴구가 등장하여 우리가 기대하는 해방감을 선사한다.

오늘날 이런 음악을 꾸준히 접한 우리들은 브로드웨이 뮤지컬을 듣든 데스 메탈을 듣든 여덟 마디나 네 마디, 열여섯 마디 뒤에 새로운 뭔가를 기대한다. 다섯, 일곱, 열세 마디 뒤에 바뀌는 음악보다 짝수 마디가 바탕이 되는 음악이 더 익숙하게 들린다. 대부분의 음악 청자들이 이렇게 오늘날 음악의 요소들을 공통적으로 이해한다는 사실을 바탕으로 **참신성-대중성 곡선**을 그릴 수 있다.

참신성-대중성 곡선은 음반의 문화적 친숙도와 상업적 성공의 관계를 그래프로 나타낸 것이다. 이 곡선은 음악 시장의 집단적 역학을 명확히 보여줄 뿐만 아니라 참신성의 차원에서 여러분의 최적 지점이 어디에 놓이는지 파악하도록 도움을 줄 수도 있다.

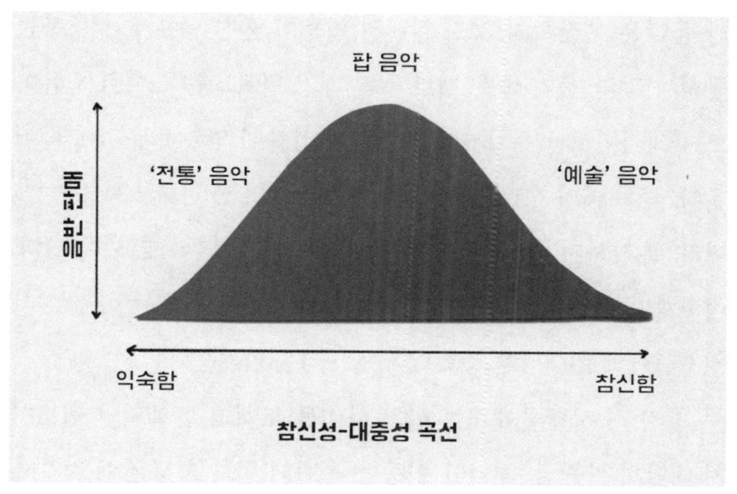

참신성-대중성 곡선

곡선의 수평축은 음반이 문화적으로 얼마나 **참신한지**를 나타낸다. 가장 단순하고 가장 익숙한 음반, 그러니까 가장 빤히 예측되는 음반이 맨 왼쪽에 놓이고, 가장 복잡하고 도전적인 종잡을 수 없는 음반이 맨 오른쪽에 놓인다. 수직축은 판매(스트리밍 포함) 면에서 음반이 얼마나 인기가 있는지를 나타낸다.▶ 맨 아래는 아무도 사지 않는 음반, 맨 위는 전 세계에서 가장 많이 팔리는 히트작이다. 상업적으로 가장 성공한 음악, 예컨대 내 학생 오마가 선호하는 부류의 음악은 익숙함과 참신함이라는 양쪽 극단 중앙에 위치한 곡선 정점에 있다.

곡선의 맨 왼쪽에는 가장 단순한 음악이 있다. 대부분의 청자들이 유아기에 듣는 자장가나 동요 같은 음악이다. 가장 단순한 음악은 복잡하지 않고 일관된 리듬이 중간 템포로 진행하는 구성이 많다. 듣기 좋은 멜로디 몇 개가 반복되는 식이어서 유아도 따라가면서 배우기 쉽다.▶ 가사의 압운이 명확하게 귀에 들어온다. 좋은 예가 〈Twinkle, Twinkle, Little Star〉(반짝 반짝 작은 별)이다. 복잡하지 않으면서 그럭저럭 쓸 만한 멜로디로 되어 있다. 이렇게 단순하여 기억하기 좋고 예측하기 쉬운 노래는 아주 어린 청자들에게 기대감을 충족했다는 느낌을 안겨준다.

나머지 사람들에게는 이런 아이들 노래의 반복적인 멜로디가 대단히 짜증날 수 있다. 아동용 음반이 빌보드 싱글 차트에 오르는 경우가 거의 없는 이유다. 어른들에게 호소력을 갖기에는 지나치게 진부하다. 그럼에도 가끔은 아이들을 겨냥한 곡이 순전히 생각 없이 마음을 잡아채는 매력에 힘입어 차트에 오르는 경우가 있다. 2015년 비디오로 발매된 핑크퐁의 〈Baby Shark〉(아기 상어)는 전 세계 유아들의 관심을 사로잡으며 곧바로 아이들의 클래식이 되어 2019년에 빌보드 싱글 차트에 진입했다.▶

참신성-대중성 곡선을 따라 좀 더 오른쪽으로 가면 아동용 노래만큼 반복적이지 않으면서 어른들도 관심을 가질 다양한 요소들을 구비한 확고한 음악 형식이 있다. 나는 이런 음악을 '전통classic' 음악이라고 부른다(모차르트나 브람스 등이 작곡한 '클래식 classical 음악'과 혼동하면 안 된다). 대단히 표준화된 음악 요소들로 오랜 세월 이어져온 장르들이 여기에 해당한다. 블루스, 록, 컨트리, 알앤비, 가스펠, 그리고 내 학생 셰릴이 사랑하는 레게 같은 음악이다. 이런 전통 음반을 듣는 팬들은 작곡의 혁신이나 소리의 혁신을 찾는 것이 아니다. 그들이 즐기는 보상은 익숙한 스타일로 제시되는 뛰어난 기량을 듣는 것이다. ▶

질리언 웰치의 〈My First Lover〉는 참신성-대중성 곡선 왼편에 놓이는 음반의 좋은 예다. 웰치와 그녀의 음악 파트너 데이비드 롤링스는 애팔래치아와 미국 남부의 루츠 음악을 되살리고 확장하는 데 평생을 바쳤다. 블루그래스, 컨트리, 루츠 음악의 씨앗이 되는 작품은 제1차 세계대전과 대공황, 대평원 가뭄으로 크나큰 재정 위기를 겪던 시기에 만들어졌다. 이런 전통 음반은 어쿠스틱 현악기들이 드럼의 도움 없이 모든 리듬을 떠맡아 연주했다. 보컬은 두 명이 화음을 넣어 노래할 때가 많았다. 가사는 대체로 삶의 고단함, 노동과 희생을 통한 구원을 다루었다. 록이나 레게와 마찬가지로 미국 루츠 음악의 고전 역시 순혈주의자들에게 잘 알려져 있다. 그러니 이런 청중의 마음을 잡으려면 현대적으로 만들더라도 전통적인 형식을 고수해야 한다. 〈My First Lover〉는 악기 구성으로 보면 익숙한 음반이지만 고해상도의 음향과 디스코와 전자음악에서 표준인 4비트 맥박(킥드럼이 한 마디에 균등한 네 개 비트를 연주)을 가동하여 현대의 영토로 밀고 들어온다.

웰치의 음반은 바닥이 지저분한 오두막과 맨발로 뛰어노는 아이들이 있던 시절로 우리를 되돌리지 않는다. 그것은 음반이 의도하는 바가 아니다. 오히려 가사를 보면 스티브 밀러(1970년대와 1980년대에 인기를 누린 싱어송라이터)의 음반을 언급하여 우리가 20세기 후반에 있음을 명확히 한다. 하지만 웰치의 보컬 퍼포먼스는 직접적이고 결연하다. 오늘날 팝송에서 흔하게 보이는 귀여운 섹슈얼리티의 표현이 아니라 과거의 위대한 연주를 닮았다.

전통적인 장르를 앞장서서 끌고 가는 〈My First Lover〉 같은 음반들은 확고한 익숙함의 틀 안에서 세밀하게 통제된 놀라움의 요소들을 선보이는 것이 목표다. 스포츠 팬이라면 누구나 잘 아는 종류의 즐거움이다. 농구 팬들은 수많은 경기를 보았을 터이므로 경기 규칙, 선수들의 역할, 득점 방식, 게임의 흐름에 대해 훤히 꿰뚫고 있다. 그러므로 모든 농구 경기는 상당 부분 예측이 가능하다. 레이업슛, 파울, 점프슛을 보게 된다는 것을, 경기가 48분간 열리고 중간에 15분 하프타임이 있다는 것을, 마지막에는 어느 한 팀이 이긴다는 것을 안다. 그럼에도 팬들을 새로운 경기에 매료시키는 요소는 결과에 이르는 드라마와 서스펜스다. 이것은 극도로 유능한 선수들이 펼치는 플레이와 전략에 달려 있다. 헌신적인 팬은 농구 경기가 없다고 해서 대신 에페 펜싱이나 수구 경기를 보러 가지 않는다. 다른 스포츠의 관습에 익숙하지 않다는 건 그 스포츠를 즐기는 유인책이 아니라 장벽이 된다.

마찬가지로 참신성-대중성 곡선 왼편에 놓이는 음반을 선호하는 청자는 재능 있는 연주자들이 여러 시행착오를 거쳐 잘 구축된 형식의 우아함을 지키며 섬세하게 기량을 발휘하는 것을 듣고 보람을 느낀다. 참신한 음반을 선호하는 팬들이 전통 음반을 피하거나 무시하는 이유는 이런 음악이 그쪽 팬들이 좋아하는 허를 찌르는 도발을 제공하지 않기 때문이다. 반대로 전통 음반의 팬들은 잘 연마된 장인의 솜씨를 즐긴다. 전통 음반을 만드는 작곡가, 뮤지션, 보컬리스트, 엔지니어가 세계에서 가장 뛰어난 실력자인 이유다.

히트곡은 다 이유가 있다

계속 오른쪽으로 가면 우리는 곡선의 정점에 이른다. 이곳에 있는 음반들은 오늘날 음악에서 중간 수준의 참신함을 나타낸다. 소비자들에게 가장 인기가 높은 음악 스타일이 여기에 있다. '팝'이라는 꼬리표가 붙는 음악이다. 팝(대중) 음악이라고 불리는 까닭은 **현재의 문화적 순간에서** 이런 음반들이 익숙함과 참신함의 균형 지점을 보여주기 때문이다. 음악적 모험을 하는 성향에 있어 가장 많은 청자들의 '골디락스 지대'에 들어맞는 음반이다.

빌보드 싱글 차트에 오르는 음반은 레게, 록, 컨트리 같은 전통적인 장르의 음반보다 혁신의 정도가 더 높다. 팝 음반에서 관습을 깨부수는 독창성은 대체로 한두 개의 음악 요소에서 발휘

되고 나머지 요소들은 익숙한 영토에 머문다. 예를 들어 빌리 아일리시와 그녀의 오빠 피니어스 오코넬이 만든 ⟨bad guy⟩는 관습적인 리듬과 관습적인(물론 매혹적이지만) 멜로디의 훅을 구사한다. 음반의 참신함은 보컬 스타일에 있다. 빌리는 마이크를 껴안고 노래한다. 목소리를 거의 내뱉지 않는다. 이런 테크닉은 그녀가 첫 정규 앨범을 발매한 2019년 당시에는 흔치 않았던 것으로 신선하고 친근하게 들려 우리를 끌어들인다.

참신함을 노래의 리듬에서 선보이는 팝 음악도 있다. 비트가 놓여야 하는 지점에서 침묵하거나 음을 박에 맞지 않게 만드는 것이다. 기대를 위반하는 이런 테크닉은 알리야의 ⟨Try Again⟩에서 들을 수 있다. 프로듀서 팀발랜드의 기발한 리듬감이 돋보이는 음반이다. 비트를 엇나가게 하는 방식으로 모든 마디에서 청자에게 기분 좋은 들썩임을 선사한다. 우리가 예측하는 리듬에서 벗어날 때마다 카드가 사라지는 마술을 구경하는 기분이 든다.

팝 음반은 소리 설계에서 혁신을 도입할 수도 있다. 익숙한 악기들을 기발한 방식으로 조합하여 선보이는 것이다. 놀라운 혁신자 카녜이 웨스트의 ⟨Runaway⟩는 올드스쿨 힙합 비트와 2010년 당시 힙합 장르에서는 파격적이던 악기 음색을 함께 담았다. 음반은 피아노로 똑같은 고음의 음들을 두드리며 시작한다. 변화를 거쳐 전통적인 멜로디의 모습을 취하기에 앞서 느긋한 시간을 갖는 것이다. 느린 페이스의 도입부는 세간의 통념—오늘날 청자들은 인내심이 (추정하건대) 길지 않아 본격적인 노래가 시작하기까지 기다리기를 원치 않으므로 도입부는 가득적 짧아야 한다―을 위반한다. 그럼에도 웨스트는 도입부를 이렇게 길고 휑하게 만들면서 놀라운 것을 준비하고 있다는 암시를 준다. 그래서 우리는 기꺼이 참고 기다린다. 그러고 나서 갑자기, 그러니까 반복적이고 꾸밈없는 피아노 음이 장장 38초 동안 이어지고 난 뒤에 음반은 휘몰아치는 드럼과 베이스, 그리고 "Look at ya!" 하고 외치는 소리에 접어든다. 개별적으로 각각의 음악 요소는 익숙하다. 이것이 색다른 방식으로 조직되어 〈Runaway〉는 총체적으로 놀라움의 보상을 안겨준다.

여러분이 선호하는 음악 종류가 팝이라면 여러분의 취향이 기량과 혁신을 동등하게 즐긴다는 뜻이다. 여러분은 전혀 혼자가 아니다. 역사의 어느 순간이든 가장 덩치 큰 청자들 무리는 익숙함과 참신함의 접점에 최적 지점이 놓이는 청자들이니까. 그 결과물이 빌보드 싱글 차트에 오르는 노래들이다.

이제 정점을 훌쩍 넘어 곡선 반대편으로 가보자. 여기서 우리는 팝 음악보다 더 자주 기대감을 망가뜨리는 음반을 만난다. 이 지대에 속하는 음악은 새로운 예술의 길을 개척한다. 이 중 일부는 새로운 유행을 선도하여 결국에는 인기를 얻게 될 것이고, 일부는 현재의 흐름을 너무 앞서가는 바람에 '선구적'이라는 꼬리표를 얻게 될 것이다. 물론 그저 대부분의 청자들이 음악적 아이디어를 좋아하지 않아서 자기 때를 **결코** 갖지 못하는 음반도 있다.

곡선의 정점 바로 오른쪽에 있는 음악은 '예술 음악'이라고 불리기도 한다. 재즈, 펑크, 일렉트로니카, 하드코어, 고스, 매스 메탈|복잡한 리듬 파트를 가진 실험적인 메탈-옮긴이|, 프로그레시브 록, 그라임|하우스 기반의 클럽 음악에 정글, 댄스홀, 힙합 등이 더해진 장르-옮긴이| 같은 장르가 여기에 속한다. 시간이 흐르면서 이들 중 몇몇은 곡선의 중앙으로 옮겨갔다. 예술 음악은 곡선 왼편에 있는 전통 음악 장르들보다 독창성이나 복잡성이 더 높은 경우가 많지만, 곡선이 대칭이라는 것은 예술 음반이 전체적으로 보면 전통 음반에 못지않은 열정적이고 충성스러운 팬들을 다수 거느리고 있다는 뜻이기도 하다. 예술 음악은 팝보다 많은 섹션으로 나뉘거나(프로그레시브 록), 후렴구가 없거나(테크노), 보컬이 노래한다기보다 비명을 내지르는 식이거나(하드코어), 완전히 예측 불가한 리듬을 갖는다(글리치 합|노이즈를 응용한 전자음악 글리치에 힙합의 요소를 가미한 장르-옮긴이|). 음악적 모험을 감행하려는 사람에게 급진적인 음악은 캣닙과 같고, 대담함이 덜한 사람에게 이것은 벌떼와 같다.

예술 음악은 예술 영화와 마찬가지로 음악을 많이 아는 사람, 비평가, 모험하기 좋아하는 팬들이 선호하는 경우가 많다. 이런 청자들은 자신의 돈과 시간과 명성을 낭비할 위험을 감수하고 새로운 소리를 찾아 나선다. 참신한 자극에 몰입하는 것은 판에 박힌 자극보다 더 많은 인지적 노력과 헌신이 요구된다. 사회적, 경제적 비용이 들 수도 있다. 예술 음악의 팬들은 항상 접할 수 없는 새로운 음악을 경험하고자 돈과 노력을 쏟으며 간혹 특이한 취향 때문에 놀림을 당하기도 한다.▶ 하지만 음악적 모험의 성향이 있는 사람들에게는 새로운 발견을 하는 즐거움 자체가 충분한 값어치를 한다.

가끔 전통적인 형식의 음악이 참신한 요소를 도입하여 새로운 청중을 맞는 일이 벌어지기도 한다. 1990년대에 그런지는 록음악의 익숙한 요소들을 가져다가 곡선 오른편에서 취한 가사, 퍼포먼스 기술과 혼합하여 수많은 추종자를 확보했다. 너바나, 사운드가든, 펄 잼 같은 그런지의 아이콘들이 보여준 성과가 그것이다. 이런 밴드들은 보컬, 리듬, 드럼 사운드에 참신한 요소를 가져오되 전통적인 기타 중심의 음색과 멜로디는 고수했다. 이와 달리 멜빈스 같은 밴드는 펑크, 매스 데탈, 다른 예술 음악 스타일에 훨씬 기울어져 있어서 앞선 밴드들이 이룬 상업적 성공을 누리지 못했다.

21세기에 이르러 록에 기반을 둔 몇몇 아티스트들은 미분음, 독특한 박자표, 말소리를 음악에 도입하여 곡선 오른편으로 한층 더 나아가고 있다. 호주 밴드 킹 기저드 앤 더 리저드 위저드의 음악에서 이 모든 것과 더불어 더 값은 것을 들을 수 있다. 그들의 앨범 《Polygondwanaland》에 수록된 〈Crumbling Castle〉을 추천한다.

캐나다 에드먼턴 출신의 남매 듀오 테니슨은 대체로 참신한 곡에 몇 가지 익숙한 요소들을 끼워 넣는 식으로 미지의 영역을 탐험하는 아티스트의 또 다른 예다. 그들이 2015년에 내놓은 동명 EP 수록곡 〈Like What〉에는 아날로그 전화 발신음 소리와 세상에서 가장 유명한 피아노곡인 〈젓가락 행진곡〉 멜로디가 담겨 있다. 이런 익숙한 요소들이 성긴 전자음을 배경으로 등장하는데, 전자음은 박자들이 알아보기 어렵게 뒤섞인 가운데 종종 거의 사라졌다가 다시 등장하곤 한다. 그래서 참신함을 마음껏 즐기고 싶은 청자들에게 더없이 아름답고 흥미롭고 영감을 주는 곡이다.

나는 음악적 모험을 즐기는 성향 덕분에 그렇지 않았다면 놓쳤을 보물을 만나게 되어 경력이 한층 풍성해졌다. 이와 관련하여 가장 중요한 예는 밴드 게기 타의 토미 조던, 그레그 커스틴과 작업하기로 한 것이다. 그들의 음악은 내가 들어본 어떤 음악과도 달랐다. 게기 타는 1994년에 데뷔 앨범 《Grand Opening》을 발매했다. 비평가들은 전위적인 음악 방식에 열광했다. 라디오 프로그램 담당자들이야 관습을 깨부수는 창조성을 싫어했지만 말이다. 앨범의 실험성은 참신한 노래 구조, 흔하지 않은 주제의 가사, 기발한 소리, 토미가 '셀프 샘플링'이라고 부른 방식—본인들의 이전 녹음에서 일부를 가져다가 새로운 음악으로 만드는 것—으로 드러났다. 그들의 비정통적인 접근법이 살짝 부담스럽기도 했지만,

나는 그들의 작업에서 천재성을 엿보거 즐거워했다.

게기 타가 가진 음악적 독창성의 여러 면모를 〈Ovary Z's〉라는 곡에서 들을 수 있다. 잠에서 깨어나는 꿈을 꾸고 월경을 겪는 남자가 노래의 주인공이다. 개인적인 몸의 문제가 문화적으로 민감한 주제임을 생각하면 발상 자체가 도발적이다. 게기 타의 45회전 음반 〈Giddy Up〉을 절반 속도로 턴테이블에 걸고 마이크로 그 소리를 잡아 곡에 활용했다. 〈Ovary Z's〉에서 남자는 잠에서 깨어나 정신을 차리려고 〈Giddy Up〉[노래 제목 'giddy up'은 달리는 말에 채찍질을 가하면서 내는 '이럇 이럇' 하는 소리다-옮긴이]에 바늘을 내린다. 그는 일어나 하품을 하고 샤워를 하러 들어가 문을 탕 닫는다. 음반이 튀어 "giddy up, giddy up, giddy up"을 계속 반복한다. 여전히 절반의 속도로. 그래서 마치 단잠에서 깨어나 둔하고 멍한 기분을 느끼게 한다. 바늘이 튀는 음반이 배경으로 물러나고, 가수는 자신의 기이한 꿈을 이야기한다.

'Ovary Z's'라는 제목도 여러 층위의 의미를 담고 있다. 여성의 생식기 난소('ovary')에서 나오는 난자('ova')를 가리키는 생물학적 용어와 잠을 나타내는 Z's를 결합한 이 제목은 얼핏 들으면 많은 사람들이 아침에 즐기는 한쪽은 다 익히고 다른 쪽은 살짝만 익히는 달걀 요리('오버 이지over easy')처럼 들린다. 음반은 저충실도 소리를 담고 있으며 사람들이 전통 음반에서 기대하는 잘 연마된 기량과는 거리가 멀다. 게기 타의 팬들도 그런 것은 상관하지 않앉을 것이다. 〈Ovary Z's〉는 익숙하지 않은 것을 선호하는 청자가 좋아할 만한 기발함으로 가득하다.

내가 프로듀싱을 가르치는 학생들이 본인의 재능을 알아보도록 도와주고 아울러 그들의 음악적 모험 성향을 측정하려고 그들에게 《Grand Opening》 앨범을 듣고 생각한 바를 적어내라는 과제를 내주었다. 애석하게도 그들의 보고서에는 '해괴망측한' '얼빠진' '기이한' 같은 형용사가 자주 보였다. 모험적인 아티스트와 프로듀서가 그토록 오해될 수 있다니 마음이 아팠다. 나는 학생들에게 이상하게 들리는 음반을 들을 때는 두 가지 가능성을 고려해야 한다고 일러둔다. 하나는 아티스트가 미숙하거나 실력이 모자라서 상업적인 음반을 만드는 방법을 몰랐던 것이다. 또 하나는 일부러 그렇게 한 것이다.

게기 타의 경우, 두 사람은 재능이 출중하고 훈련도 제대로 받았다.▶ 그러니 자기들이 무엇을 하고 있는지 **정확히** 알았다. 참신성-대중성 곡선 오른편에 놓이는 대다수 아티스트들과 마찬가지로 토미와 그레그도 음악의 경계가 어디까지 넓어질 수 있는지 밀어붙여 음악을 나아가게 하고 있었다.

새로운 음악의 인큐베이터

마지막으로 우리는 참신성-대중성 곡선의 맨 오른쪽에 이르렀다. 여기는 용들이 있는 곳이다. 가장 복잡하고 참신하고 **예측 불가한** 음반을 여기서 만날 수 있다. 전기 회로를 개조하여 소리의 실험을 우연에 맡기는 것을 제외하면,▶ 의식적으로 소리를 설계하는 음악 장르를 통틀어 가장 예측 불가한 장르는 프리 재즈다. 이 스타일과 연관되는 아티스트로는 오넷 콜먼, 앤서니 브랙스턴, 파로아 샌더스가 있다. 프리 재즈는 모든 재즈 음악에서 발견되는 즉흥의 요소를 취해 한층 더 확장하여 과감한 결과물을 만든다. 분간할 수 있는 어떤 주제나 구조에 전혀 얽매이지 않은 것처럼 들릴 때가 많다.

프리 재즈는 엘리베이터 음악과 정반대다. 프리 재즈의 리듬은 빨라졌다 느려졌다 하는 경향을 보인다. 코드 진행에 거의 의존하지 않는 음악이다. 멜로디 구조는 열려 있으며 조성의 규칙에는 느슨하게 연결될 뿐이다. 프리 재즈 음반에서 익숙한 것이라고는 악기밖에 없다.

재즈계의 거인 존 콜트레인의 부인인 피아니스트 앨리스 콜트레인의 〈The Sun〉에서 혁신의 소리를 맛볼 수 있다. 표현력이 풍부하고 아름답지만 음악에 담긴 아이디어는 질리언 웰치의 〈My First Lover〉에서 우리가 곧바로 알아보는 것보다 훨씬 덜 분명하고 난해하다. 〈The Sun〉은 우리 뇌가 처리하기 더 어렵지만 많은 청자들이 바로 그 이유로 더 매력적이라고 느낀다. 프리 재즈는 헌신적인 청중이 있다. 다만 참신함은 청자에게 그만큼 인지적 부담을 지우므로 대중적인 스타일에 비해 음반이 훨씬 적게 팔린다. 패턴을 파악하고 따라가기 힘든 음악이다. 프리 재즈 같은 고도로 복잡한 음악 스타일을 좋아하는 팬들은 복잡한 악절을 따라가고 외우는 데 기꺼이 정신적 노력을 들인다. 그래서 대단히 적극적이고 활발한 청자가 된다.

위험을 기꺼이 떠맡는 아티스트들은 상업 음악의 발달에 없어서는 안 되는 역할을 한다. 내가 함께 일했던 모든 아티스트들은 자기가 독창적인 예술 표현을 추구한다고 여겼다. 물론 청자들을 만족시켜야 한다는 제약도 느꼈지만 말이다. 더 실험적인 곡이 히트하리라고 믿을 만큼 순진한 사람은 거의 없지만, 대부분이 음악의 폭을 넓히는 대가로 상업적 실패를 감수하기로 한다. 음악 실험의 최전선에서 작업하며 매력적인 새로운 아이디어를 만들면 곧바로 모방하는 사람들이 생기고, 그 결과 새로운 음악 조류가 만들어진다. 그래서 영리한 팝 프로듀서와 아티스트는 주류 외곽에서 무슨 일이 벌어지는지 수시로 확인한다. 영향력이 있는 사람은 때가 된 좋은 아이디어를 알아보는 재능이 있다.

문화의 인큐베이터에서 꺼내 히트작이 된 것으로 케일, 롤플레잉 게임, 전동보드, 그리고 힙합이 있다. 랩의 선구자 칼턴 라이

든아워(일명 척 디)에 따르면, 힙합은 1973년 틀라이브 캠벨(일명 디제이 쿨 허크)이 브롱크스에 있는 자기 집 지하실에서 여동생을 위해 '백 투 스쿨 잼' 파티를 열었을 때 탄생했다 캠벨은 턴테이블을 가지고 레코드판의 드럼 섹션을 계속 반복하여 춤추기 좋은 긴 드럼 브레이크를 만드는 법을 알아냈다. 캠벨이 드럼 브레이크를 들려주자 캠벨의 친구 코크 라 록이 마이크를 잡고 친구들 이름을 부르며 즉석에서 만들어낸 가사로 랩을 했다. 이렇게 미약하게 시작한 랩의 혁명은 미국 동부와 서부 해안 지방에서 모방자들을 얻었고, 마침내 지난 반세기를 통틀어 전 세계에서 가장 큰 인기를 누린 음악 형식이 되었다.

우리 때는 정말 힙했다니까

지금까지 우리는 참신성-대중성 곡선의 **수평적** 차원과 **수직적** 차원을 살펴보았다. 이는 음악 스타일의 친숙도와 상업적 성공을 나타낸다. 하지만 곡선에는 또 하나, **시간적** 차원이 있다. 이것은 참신하다고 인식되는 음악 장르가 시간이 흐르면서 어떻게 바뀌는지를 나타낸다.

역사의 어느 순간에도 참신성-대중성 곡선은 독특한 모양을 잃지 않는다. 중간이 불룩한 벨 모양의 곡선은 2000년대에도 있었고, 1980년대, 1960년대, 심지어 1940년대, 1920년대에도 있었다. 이렇듯 곡선의 모양은 세대를 거쳐도 똑같이 유지되지만, 곡선 자체는 참신함의 축을 따라 오른쪽으로 조금씩 꾸준하게 이동한다. 여러 음악 혁신들이 시간이 지나면서 흔한 것이 되기 때문이다. 곡선의 정점, 그러니까 가장 인기 있는 음악 스타일은 익숙한 요소와 참신한 요소가 균형을 이룬 지점이지만, **이런 요소들이 어떻게 들리는지**는 청중이 새로운 스타일에 익숙해짐에 따라 계속해서 바뀐다.

참신성-대중성 곡선은 시대와 연관해서 봐야 한다. 20년 전에 획기적으로 들렸던 음반이 오늘날에는 관습적으로 들릴 수 있다. 그 스타일이 폭넓게 모방되었다면 틀림없이 그럴 것이다. 새로운 기술, 새로운 음반 제작 환경, 새로운 리듬 실험, 새로운 가사 유행으로 인해 2020년의 팝 음악은 내가 1960년대에 탑 40 라디오에서 들었던 음악보다 한층 더 혁신적이고 대담하고 복잡하다. 10대 청자가 듣기에 오늘날의 팝 음악은 전혀 혁신적이지 않을 수도 있다. 비교해볼 만한 것이 많지 않기 때문이다. 나이 든 청자들은 이미 수십 년에 걸쳐 들어온 수많은 음악이 있으므로 이런 샘플을 참조하여 참신함을 평가할 수 있다.

음반 제작자들은 새로운 악기 구성과 녹음 방식을 시도하면서 기존에 확립된 음악 규범을 끊임없이 업데이트한다. 전에 없던 음색, 새로운 리듬, 금기를 깨는 가사가 등장한다. 증명되지 않은 새로운 음반이 힘을 얻어 시장에서 매력이 있음을 입증하기 시작하면 더 많은 아티스트들을 새로운 스타일로 끌어들이게 된다. 그 결과 전체적으로 스타일의 복잡성이 올라간다. 아티스트들이 새로운 장르로 실험하면서 다양성이 증대되기 때문이다. 하지만 새로운 음악 스타일이 팝 차트에 처음 오르는 순간 반대의 흐름이 일어난다. **모방자**는 많아지고 **실험자**는 줄어든다. 시장의 압력으로 모방자들은 시장에서 통하리라 생각하는 것을 선택하므로 팝은 음색과 스타일에서 선택의 다양성이 줄어든다.

일례로 1970년대와 1980년대에 디스코와 뉴웨이브 음악이 청중을 막 끌기 시작했을 무렵에는 이런 음반들이 빠른 속도로 음색의 복잡함을 늘려갔다. 하지만 이런 스타일이 주류로 올라서자 디스코와 뉴웨이브 음반은 스타일 면에서 더 균등하고 결과적으로 빤하게 되어 벨 곡선 왼편에 현재의 자리를 갖게 되었다. 오래된 장르의 새 음반은 혁신이 줄어들어 이제 전통적인 형식에 적합해진다.

참신한 음악을 선호하는 청자는 언제나 많으므로 위험을 떠맡는 아티스트들의 번뜩이는 작품은 늘 존재한다. 이 중 몇몇은 시대정신에 맞아 적절한 순간에 도착하고 기세를 얻어 차세대 유행의 시발점이 된다.▶ 이런 일이 벌어지면 청자들에게 익숙한 기존의 음악 스타일들은 곡선 왼편으로 밀려난다. 음악이 발전하면서 이전 시대의 멜로디, 가사, 리듬, 음색 가운데 많은 것이 무뎌져

녹이 슨다. 가끔은 한때 사랑받았던 장르가 아예 사라지기도 한다. 래그타임과 글램 메탈이 그런 경우다. 1980년대 중반에 나는 프린스, 마이클 잭슨, 마돈나가 군림하는 것을 목격했다. 훵크의 영향을 받은 팝이 세상을 휩쓸었고 모두가 그들의 스타일을 모방했다. 요즘 내가 그들의 음반을 들으며 2020년대의 아이들에게 어떻게 들릴까 상상해보면 이렇게 말하고 싶어진다. **당시 우리가 했을 때는 정말로 힙한 음악이었다니까!**

거의 모든 직물로 온갖 의복을 만들 수 있듯이 그 어떤 노래든 다양한 방식으로 녹음할 수 있다. 음반 제작자가 주류 팝의 스타일과 테크닉을 받아들이기로 하면 그 노래는 히트곡이 될 가능성이 아주 높아진다. 성공하겠다는 마음이 강한 음반 제작자는 항상 이런 처방을 따른다고 생각하겠지만, 여기에는 위험이 따른다. 최신 유행을 좇다보면 아티스트에게 '원 히트 원더'나 '요즘 뜨는 음악'이라는 꼬리표가 붙어 경력이 망가질 수 있다. 참신함을 좋아하는 대중의 성향은 더 참신한 사운드를 내는 아티스트를 찾도록 사람들을 몰아가기 때문이다.

한 세대의 음악 감각은 어떤 음악을 듣고 자랐는지에 크게 좌우된다. 그러므로 음악은 계속 바뀌는 생명체와 같다. 팬데믹이 휩쓸었던 2020년은 버클리 학생들의 음악 취향이 드디어 대대적으로 바뀐 해이기도 했다. 2018년까지도 전통 록 음반을 만드는 학생들이 몇몇 있었다. 당연히 부모의 CD를 듣고 자란 영향이었다. 오늘날 전통 록에 관심을 두는 학생은 거의 다 사라졌다. 새로운 밀레니엄의 디지털 혁명으로 참신함을 추구하는 길이 봇물처럼 열려 음반 프로듀서 토니 버그가 "어처구니없이 보수적"이라고 한탄했던 음악 시대를 마침내 끝장냈다. 1990년대 그런지는 1970/1980년대 록과 근본적으로 다르지 않았다. 1990년대의 랩은 1980년대의 힙합과 완전히 동떨어진 것이 아니었다. 하지만 기술에 대혁신이 일어나 음반 제작자를 꿈꾸는 모든 사람의 손에 쓸 만한 녹음 장비가 들렸고, 그 결과 참신한 아이디어가 시장에 밀물처럼 들어왔다. 오늘날 음악을 배우는 학생들 대다수는 20세기에 만들어진 음반과 미적으로 크나큰 차이를 보이는 음반을 듣고 자랐다.

장비를 직접 꾸려 음악을 녹음하는 디지털 혁명으로 참신성-대중성 곡선이 전례 없이 빠르게 앞으로 옮겨지고 있다. 60대에 접어든 나는 드디어 편안한 기분으로 이렇게 말할 수 있다. **요즘 애들이 듣는 음악을 도대체 이해하지 못하겠어!**

참신함의 가격은 얼마?

셰릴은 레게를 사랑하고, 오마는 팝을, 앤드루는 예술 음악을 사랑한다. 이 장 서두에 나왔던 이들 셋은 참신성의 차원에서 가장 예민하게 반응하는 최적 지점이 다르다. 경험과 생활해온 과정과 우연한 사건의 조합이 저마다 다르기 때문이다. 이들이 각자 음악에서 경험하는 심적 보상과 불이익은 새로운 도전을 어떻게 바라보느냐에 달려 있다. 앤드루는 모험적인 음악을 좋아하는 성향이 셰릴보다 크며, 오마는 둘의 중간 어디쯤을 선호한다.

새로운 아이디어, 새로운 대상, 새로운 상황을 탐험하려면 뇌가 새로운 패턴을 배우고 인식해야 하며 이렇게 의식적 노력이 드는 신경 과정에는 시간과 에너지가 소요된다. 새로운 경험이 다 그렇듯 새로운 음악 스타일을 익히려면 지연된 충족이라는 대가를 기꺼이 지불할 수 있어야 한다. 음반이 획기적일수록 처음 듣고 단번에 재미를 느끼기 어렵다. 그러나 복잡한 새 구조를 여러 차례 접하고 나면 다음에 접할 때 예측하기가 더 쉬우며 거기서 즐거움을 얻기도 더 쉽다.

우리는 음악이 우리의 기대를 충족하고 우리의 기대를 위반하는 방식에서 즐거움을 얻는다. 무슨 일이 벌어질지(다음 드럼 비트가 언제 떨어질지, 다음 가사가 어떻게 될지, 다음 멜로디가 어디로 향할지) 안다고 생각할 때 아주 살짝 기대감으로 떨리는 것을 느끼며 우리의 예측이 옳은 것으로 판명되면 만족을 느낀다. 이렇게 음악이 기대와 맞아떨어지면—긴장감이 절정에 올랐을 때 후렴구가 등장하면—도파민을 분비하는 신경 회로를 자극하여 화학적 보상이 주어진다.

하지만 음악이 우리가 기대한 것과 맞지 않으면 어떻게 될까? 멋진 후렴구가 나오는 대신 드럼이 사라지고 보컬이나 화음이 계속 이어지기만 한다면? 혹은 프리웨이의 〈What We Do〉에서처럼 후렴구의 마지막 단어가 바뀌거나 멈추기를 거부하고 "wrong"이라는 단어가 주야장천 반복된다면? 프로듀서 저스트 블레이즈가 2002년에 이런 기술적 혁신을 유행시키면서 힙합과 대중음악을 21세기에 진입시켰다. 우리가 놀라움을 접하면 뇌에서는 특별한 일이 벌어진다. '실수'로 예측되는 것은 훨씬 더 큰 심적 보상을 끌어낼 수 있다.

끌어낼 수 있다고 했다. 조건이 붙는다. 모든 음악적 놀라움이 동등한 만족을 선사하는 것은 아니다. "인간의 마음은 새로운 아이디어를 접하면 몸이 이상한 단백질을 처리하는 것과 똑같은 식으로 반응한다. 한마디로, 거부한다." 저명한 영국 생물학자 피터 메더워의 말이다. 우리가 경험하는 잠재적 보상은 놀라움의 성격에 달려 있다. 예기지 않은 코드가 우리를 새롭고 뿌듯한 종착지로 데려갈까, 아니면 기이하고 불편하게 들릴까? 뜻밖의 브레이크다운_{음악의 흐름이 중단되고 보컬이나 화음만 이어지는 대목-옮긴이}은 긴장감을 고조시켜 더 큰 음악의 폭발을 이끌까, 아니면 우리가 몰입하려는 그루브를 망가뜨릴까? 통하는 반전이 있고 통하지 않는 반전이 있다. 여러분이 음악적 놀라움에서 얻는 만족은 장르에 대한 익숙함과 뜻밖의 요소를 즐기는 성향뿐만 아니라 놀라움이 충분한지 아닌지와도 관계가 있다. 셰릴 같은 청자는 자기가 사랑하는 전통적인 형식(레게)에서 미묘하거나 상대적으로 드물게 나타나는 주름에도 뿌듯함을 경험하는 반면, 앤드루는 음악을 들을 때마다 예기치 않은 것을 갈구한다.

맥길 대학의 로버트 자토르가 이끄는 연구팀이 음악의 참신함과 심적 보상 사이의 관계를 알아보는 기발한 뇌 영상 연구를 했다. 연구팀은 참가자들을 fMRI(기능성 자기공명영상) 뇌 스캐너에 눕힌 다음 다양한 대중음악 스타일로 된 익숙하지 않은 여러 곡을 들려주었다. 그리고 보상 경험에 관여하는 뇌 구조물인 중격의지핵의 활동을 들여다보았다. 뇌 스캔을 마치고 참가자들에게 방금 들은 노래의 곡목을 주고는 각각의 노래를 다시 들을 수 있다면 얼마를 지불할 용의가 있는지 0달러에서 2달러까지 금액을 매기도록 했다. 연구자들은 청자의 중격의지핵 반응을 바탕으로 청자가 얼마나 많은 돈을 걸지 예측할 수 있다는 것을 알아냈다. 익숙하지 않은 곡을 처음 들을 때 중격의지핵이 활발하게 활동할수록 그 노래를 다시 들으려고 지불하는 돈의 액수가 높았다.

이런 식의 뇌 영상 연구는 **좋아하는 것**과 **원하는 것**의 실제적인 차이를 보여준다. 좋아한다는 것은 뇌가 자극을 긍정적으로 평가하는 것이다. 원한다는 것은 그보다 강력하다. 뭔가를 원할 때 우리는 그것이 제공하는 보상을 얻고자 노력하고 자원을 가동한다. fMRI 연구자들은 참가자들이 음악을 처음 들을 때 청각적 뇌 부위와 결정을 내리는 뇌 부위 모두 활동성이 증가했음을 보여주었는데, 이것은 청자가 새로운 음악에 집중할 때 나타나는 충분히 예상 가능한 결과다. 그러나 이런 '분석적' 부위의 활동량은 청자가 노래를 다시 듣기 위해 얼마나 많은 돈을 쓸지 예측하지 **못했다**. 다시 말해 청자가 (분석적 뇌의 활동으로) 음악이 참신하다고 판단한 것을 보고 그 사람이 청취를 얼마나 즐길지 예측할 수는 없었다. 또한 청자는 참신성과 관련하여 저마다 다른 관계를 보였다. 어떤 청자는 한 음악을 듣고 참신함이 '과하다'고 느꼈는데 '부족하다'고 혹은 '적절하다'고 느낀 청자도 있었다.

모든 청자에게는 참신성의 '골디락스 지대'가 있으며 이런 최적 지점은 생리적으로 측정될 수 있음을 강하게 시사하는 연구 결과다.

제 모험심 점수는요…

모험을 즐기는 성향이 뇌에서 만들어지는 것이라면 이런 성향은 보통 사춘기에 일어난다. 전두피질(결정을 내리는 일을 하는 뇌의 가장 중요한 부위)이 다 자란 성인들은 대체로 새로운 뭔가를 시도하기에 앞서 신중하게 위험을 가늠하려 한다. 나이가 들어 일과 책임을 떠맡게 되면서 우리는 새로운 것을 탐구하는 데 시간과 주의를 덜 쏟는다. 성인이 익숙한 음악을 듣는 것을 즐기면 더 집중해야 하는 일에 인지력을 그만큼 더 쓸 수 있으므로 정신적 자원의 할당이라는 면에서 합당하다. 익숙한 음악을 선호하는 젊은이들도 마찬가지다. 모험을 추구하는 뇌를 다른 방향으로 돌릴 수 있다.▶

사실적/추상적 예술의 선호와 마찬가지로 위험 감수자냐 회피자냐 하는 것도 그 사람의 개성을 이루는 확고하고 일반적인 성향을 반영하는 것이 **아니다**. 개성의 특질이 다 그렇듯 참신함에 대한 성향도 맥락에 좌우될 때가 많다. 우리 모두는 어떤 상황에서는 보수적이고 어떤 상황에서는 모험적이다. 애플의 창립자 스티브 잡스는 미국에서 가장 선견지명이 있는 테크놀로지 기업가로, 사업의 혁신과 창조적 모험에 있어 경계를 뛰어넘은 인물로 유명하다. 일에서는 위험한 도박도 마다하지 않았지만 패션과 관련하여 그는 검은색 터틀넥과 청바지라는 보수적인 복장을 고수했다. 케이틀린 제너는 엄청난 사회적 위험을 감수하고 트랜스젠더임을 당당하게 밝혔지만, 많은 부분에서 전통적인 보수 성향의 정치 견해를 갖고 있다. 나로 말하자면 영화와 음악에서는 이례적인 것을 즐기는 편이지만, 음식과 관련해서는 대단히 보수적인 식성을 갖고 있다.

무엇이 음악에서 모험을 즐기는 개인의 성향에 영향을 미칠까? 스릴을 좇는 행동은 나이가 들면서 쇠퇴하는 경향이 있다. 많은 청자들이 어렸을 때 발견한 흥미진진한 새 음악을 중년이 되어서도 여전히 계속 듣는다. '감각 추구' 성향을 갖도록 영향을 미치는 유전적 요인으로 확인된 것도 몇 가지 있다. 심리학자 마빈 저커먼은 감각 추구 성향을 "다양하고 새롭고 복잡하고 강렬한 감각과 경험을 추구하려는 것, 그리고 그런 경험을 위해 신체적, 사회적, 법적, 재정적 위험을 기꺼이 감수하고자 하는 마음"이라고 정의한다.

자극과 지루함에 대한 개인의 태도를 알아보는 '감각 추구 성향 테스트'에서 높은 점수를 받은 사람은 감각 추구 성향이 낮은 사람보다 위험을 **낮게** 평가하고 위험한 행동에 대해 불안을 덜 느낄 거라 예상하는 경향이 있다. 하드코어 콘서트에서 청중을 향해 몸을 던지는 것, 경계를 확장하는 밴드를 직장 동료와 공유하는 것, 금지되거나 비난받은 음악을 찾아 나서는 것, 이 모두는 사랑하는 음악을 찾고자 감각 추구 성향을 발휘하는 것이다. 반면 어떤 사람은, 예컨대 레게를 좋아하는 내 학생 셰릴의 경우에는, 경계를 깨부수는 음악을 **피하려는** 욕망이 취향 형성에 가장 크게 관여한다.

행동심리학에 따르면 여러분이 관습적이지 않은 자극을 접하고 보상을 얻는다면, 특히 젊을 때라면, 색다른 자극을 또다시 찾아 나설 가능성이 크다. 이와 대조적으로 전에 익숙하지 않은 경험을 했는데 실망이나 혼란이나 혐오를 느꼈다면, 다음에 비슷한 선택에 놓일 때 안전한 길을 택하려 할 것이다.

　나는 캘리포니아 남부에서 자라면서 온갖 다양한 음악을 소개하는 다양한 라디오 방송을 통해 참신성-대중성 곡선 오른쪽에 있는 음반을 쉽게 접할 수 있었다. 참신한 음악 형식을 들으면 이보다 더 좋을 수 없었고 덕분에 행복한 기억을 많이 만들었다. 그래서 또 다른 음악의 개척자를 계속 갈망하게 되었다. 유년기와 사춘기를 거치면서 나는 이런 음악적 모험에 대해 감정적, 지적 보상뿐만 아니라 사회적으로도 보상을 얻었다. 20대 초반에 친구들과 킹 크림슨 콘서트에 간 적이 있다. 사실 그들의 정교한 프로그레시브 록은 '내 음악'이 아니었지만, 공연이 끝나고 내 안의 보상 체계가 위험을 회피하는 체계에게 이렇게 말했다. **거봐 그랬잖아! 정말 재밌는 음악이라고!** 익숙하지 않은 음악을 들으며 신이 난 친구들과 함께 있어서 기분 좋은 신경전달물질이 배출되었고, 그 결과 다양한 음악 스타일에 열린 마음을 갖도록 내 성향이 강화되었다.

　한편 나는 베지마이트를 처음 맛보았을 때를 결코 잊을 수 없다. 효모 추출물로 만든 짭조름한 스프레드인 베지마이트를 입에 넣자 마치 발을 헛디뎌 넘어지면서 얼굴부터 바닥으로 떨어진 기분이었다. 말할 수 없이 불쾌했다. 젊었을 때 이국적인 요리를 그렇게 이상적이라 할 수 없는 상황에서 몇 차례 더 접했고, 비슷한 반응을 했다. 위험을 회피하는 나의 체계가 이렇게 말할 기회를 잡은 것이다. **거봐 내가 경고했지! 다시는 그러지 말아!** 어쩌면 그냥 운이 나쁜 것이겠지만, 나는 이런 경험을 통해 음식과 관련해서는 안전하게 가는 법을 배우게 되었다. 음악은 계속 모험을 통해 보상을 얻으면서 말이다. 내가 어릴 때 이국적 요리를 접해 그 요리를 자연스럽게 좋아하게 되었다면, 혹은 낯선 요리를 좀 더 편안하고 격려하는 분위기에서 접했더라면, 식도락 취향이 자리를 잡았을지도 모른다. 하지만 그러지 못했다. 그 결과 나는 편안함을 느끼는 몇 가지 제한적인 음식만 받아들이게 되었다. 요즘도 나는 외식을 할 때면 '늘 먹는' 것을 싸가지고 갈 때가 많으며, 새로 들을 음악이 없나 검색할 때는 항상 '최신'에서 찾는다.

물론 여러분이 사랑하는 음악과 관련하여 그것을 **어떻게** 좋아하게 되었는지는 중요하지 않다. 그런 음악이 곡선 맨 오른쪽에 있든, 맨 왼쪽이나 중앙에 있든, 그걸로 음악에 대한 여러분의 열정이 얼마나 깊은지 알 수는 없다. 그저 여러분이 좋아하는 음악을 엿보는 또 하나의 창문일 뿐이다.

음치

음치란 서로 다른 음높이를 분간하는 능력이 손상된 상태를 말한다. 음치인 사람은 익숙한 멜로디를 알아보지 못하거나 익숙한 노래가 음이 맞지 않게 연주될 때 알아보지 못하는 경우가 많다. 절대음감보다 훨씬 흔해서 인구의 2퍼센트 이내에서 음치가 나타난다.

음치는 노래하는 능력에 손상을 일으킨다. 음치인 사람도 자신이 방금 들은 음은 똑같이 낼 수 있겠지만, 그 음이 맞는지 틀리는지 모르겠다고 보고하는 경우가 흔하다.

전문용어로 '실음악증amusia'이라고 하는 음치는 예외가 있지만 일반적으로 음성 지각 능력을 손상시키지 않는다. 다만 음치인 청자의 대략 30퍼센트는 마지막 음절의 음높이가 올라가는지 내려가는지 판단하지 못해서 주장과 질문을 구별하는 데 애를 먹는다.

진짜 음치는 꽤 드물지만 노래를 못하는 많은 사람들이 스스로를 음치라고 오해하고 있다. 실상은 음을 올바로 지각하는 능력이 아니라 음을 올바로 내는 능력에 손상이 일어난 것이다.

4장

멜로디: 감정의 너비

"멜로딕하지 않다"는 게 무슨 말이죠?

그냥 음들을 이어놓으면 멜로디 아닌 던가요?

_ 레너드 번스타인

♪ 플레이리스트

⟨What's Going On⟩ Marvin Gaye

⟨All or Nothing At All⟩ Harry James and His Orchestra ft. Frank Sinatra

⟨All of Nothing At All (Retirement Concert, in 2015 documentary Sinatra)⟩ Frank Sinatra

⟨It Was a Very Good Year (Live at The Sands, 1966)⟩ Frank Sinatra

⟨Nature Boy⟩ Nat King Cole

⟨Nature Boy⟩ John Coltrane

⟨Fire and Rain⟩ James Taylor

⟨Midnight Rider⟩ The Allman Brothers Band

⟨Happy⟩ Pharrell Williams

⟨Call Me Maybe⟩ Carly Rae Jepsen

⟨Nobody Gets Out Alive!⟩ Alec Empire

청취 프로필의 음악적 차원

2020년 말 『롤링 스톤』 잡지에서 '역대 최고 명반 500장'을 발표했다. 대중의 판단—음반 판매—도 중요하다는 암묵적인 합의하에 아티스트, 송라이터, 프로듀서, 음악 비평가, 업계 중역들로부터 후보를 추천받고 투표를 거쳐 선정한 연간 프로젝트였다. 최종 목록을 훑어가다보면 놀랍다는 반응—주버나일의 《400 Degreez》가 드디어 스투지스의 《Stooges》와 보니 레이트의 《Nick of Time》을 앞섰다—이 나오기도 하고, 예기치 못한 반응—앨리스 콜트레인의 모달 재즈 앨범 《Journey in Satchidananda》가 로레타 린의 《Coal Miner's Daughter》보다 순위가 높다—과 당연하다는 반응—너바나의 《Nevermind》가 6위다—도 나온다. 부인할 수 없는 사실은 목록에 든 500장의 앨범 모두가 폭넓은 청자들로부터 뜨거운 사랑을 받았다는 것이다 이런 앨범들 속에 부호화된 패턴에 어떤 비결이 있기에 그토록 많은 다양한 뇌를 사로잡았을까? 이 유명한 음악 작품을 사랑하는 청자들의 마음이 정확히 어디에 꽂힌 건지 분류할 방법이 있을까?

지금까지 우리는 청취 프로필의 세 가지 차원인 진정성, 사실성, 참신성을 알아보았다. 이 셋은 음악에만 국한되지 **않는다.** 진정성, 사실성, 참신성은 감각 양식에 특화된 단일한 연결망을 가동하는 것이 아니라 뇌의 여러 연결망을 동시에 가동하여 처리된다. 각각을 처리하는 뇌의 연결망은 비단 우리가 음반을 들을 때 감정적으로 반응하는 것에만 영향을 미치지 않는다. 영화, 소설, 춤을 포함한 모든 형태의 창작 예술에 대한 반응에 관여한다. 그러므로 우리는 진정성, 사실성, 참신성을 청취 프로필의 **미적 차원**이라고 부를 수 있다.

이어지는 네 개의 장에서 우리는 음악에 국한된 청취 프로필의 네 가지 차원을 살펴볼 것이다. **멜로디, 가사, 리듬,** 그리고 과소평가되는 차원인 **음색**이다. 미적 차원과 **음악적 차원** 사이에는 두 가지 중요한 차이가 있다. 미적 차원은 두 개의 항으로 구성된다. 우리는 각각의 미적 차원에서 최적 지점이 양쪽 극단(목 위와 목 아래, 사실성과 추상성, 참신함과 익숙함) 사이를 오가는 하나의 축에 놓인다고 상상할 수 있다.

이와 달리 음악적 차원은 두 개의 항이 아니다. 우리는 멜로디를 별개의 여러 특질을 가진 것으로 인식하며 특질마다 나름의 축이 있다. (엄격히 말하자면 청취 프로필의 네 가지 음악적 차원은 실은 '음악적 **공간**'이라고 해야 옳지만, 명료함과 일관성을 위해 차원이라고 하겠다.) 예를 들어 멜로디는 넓은 음역을 가질 수도, 좁은 음역을 가질 수도 있다. 스타카토(각각의 음이 앞의 음과 뚜렷하게 분리되어 경쾌하고 정확하다) 양식으로 표현될 수도 있고, 레가토(음들이 서로 연결되고 종종 겹치기도 하여 부드럽고 유려하다) 양식으로 표현될 수도 있다. 말소리를 흉내 내서 특정한 감정을 부를 수도 있고, 모호하게 들리는 방식으로 다양한 해석의 여지를 둘 수도 있다. 그러므로 우리는 멜로디의 차원에서 여러 특질에 대응하는 여러 개의 최적 지점을 갖는다. 마찬가지로 가사, 리듬, 음색의 차원에서도 여러 개의 최적 지점을 가질 수 있다.

미적 차원과 음악적 차원의 또 다른 핵심적인 차이는 음악적 차원은 각각을 단일한 뇌 연결망이 도맡아 처리한다는 것이다. 각각의 연결망은 별도의 심적 보상을 만들어낸다. 멜로디는 감정을 효과적으로 달아오르게 하므로 음반의 **심장**이라고 말할 수 있다. 단순한 멜로디로도 애석함, 자부심, 모험, 보답 없는 짝사랑 같은 섬세하고 복잡한 감정을 일으킬 수 있다. 가사는 뇌의 지식 체계를 활용하므로 음반의 **두뇌**를 맡는다. 리듬은 음반의 **엉덩이**가 된다. 음반의 그루브가 뇌의 운동 체계를 가동시켜 듣는 이를 움직이게 만든다. 음색은 색소폰의 날렵한 윙윙거림, 어쿠스틱기타의 낭랑한 울림, 디제리두│호주 원주민들이 연주하는 목관악기로 주로 원통형이며

길이가 상당히 길다-옮긴이|의 풍성한 저음처럼 음악적 소리의 정체성을 구성하는 원재료다. 그래서 음색은 음반의 **얼굴**이다.

송라이터나 프로듀서가 새로운 노래를 평가하면서 이런 음악적 차원 중 어느 것을 앞세워야 청자에게 최고의 보상을 안겨줄지 알아보는 간단한 방법이 있다. **샤워하면서 흥얼거리기 쉬운가?** 그렇다면 이 노래는 멜로디가 좋은 것이다. **종이에 써놓고 봐도 좋은가?** 그렇다면 가사가 괜찮은 것이다. **운동하면서 들을 때 머릿속에 들어오는가?** 그렇다면 이 노래의 으뜸가는 특징은 그루브가 된다.

여러분이 음반을 들을 때 각각의 음악적 차원은 여러분의 마음에 들려고 애를 쓴다. 특히 그 음반의 으뜸가는 특징이 여러분이 선호하는 차원이라면 말할 것도 없다. 뛰어난 가사에 열광하는 음악 애호가는 작사가로서 최고 반열에 오른 레너드 코언, 패티 스미스, 나스, 알렉스 터너, 행크 윌리엄스의 음반을 애청곡 목록에 올려둘 것이다. 음반에서 그루브를 가장 중시하는 사람은 아프리카 음반이나 라틴 음반을 꽤 많이 보유하고 있을 것이다. 음반을 이루는 다수의 요소가 여러분의 청취 프로필에서 다수의 최적 지점에 놓인다면, 여러분은 그 음반에 속절없이 매료될 수 있다. 『롤링 스톤』 투표에서 가장 높은 점수를 받은 마빈 게이의 걸작 《What's Going On》을 들으면서 많은 사람들이 경험한 것이 바로 그것이다.

베트남 전쟁이 막바지로 치닫던 1971년에 나온 이 앨범은 미국 사회를 갈라놓은 분열을 끝내자는 고통에 찬 외침이다. 많은 청자에게 타이틀 트랙 〈What's Going On〉은 주요 음악적 차원 세 가지에서 압도적인 보상을 안겨준다. 여기에는 마음을 쥐어짜는 멜로디, 사회적으로 통렬한 가사, 완벽하게 맞물려 돌아가는 불가항력적인 리듬이 있다.

드럼과 콩가 소리가 경쾌하고 기분 좋게 들린다. 리듬 기타가 합류하여 코드 진행을 맡으면서 곡에 긴장을 더하고 리듬 섹션의 축이 된다. 색소폰이 멜로디 주제를 힘차게 소개하고 뒤로 물러나면, 이제 마빈이 스웨이드처럼 부드러운 목소리로 첫 소절을 노래한다. "어머니, 어머니, 너무도 많은 당신들이 울고 있군요." 베이스는 가장 잘하는 일을 한다. 리듬과 화성이라는 두 가지 역할을 맡으면서 걱정과 희망이라는 부차적인 감정에도 동등하게 미묘한 음영을 더한다. 그 뒤로 현이 근사한 멜로디로 목소리를 높이며 싸움을 멈춰달라고 말없이 호소한다. 마빈이 말한다. "우리는 오늘 여기서 이해를 끌어내는 방안을 찾아야 해요." 백보컬이 조용하게 가세하여 마빈을 돋보이게 하지만, 음반이 계속 이어지자 그들은 파벌로 나뉘어 떠들고 대본을 무시한다. 혼란스럽고 각양각색인 사회의 모습과 똑같다. 그러고 나서 속죄다!

노래가 마지막으로 접어들 때 모든 목소리가 합쳐진다. 현악기가 빠르게 질주한다. 새처럼 점점 더 높이 올라가지만 결코 조성의 중심에서 벗어나지 않는다. 혹독한 압박감에 위로 올라가 해방구를 찾으려 한다. 멜로디, 가사, 리듬을 담당하는 뇌의 연결망이 일제히 서로 공감의 연결을 보이며 반응하는 청자들이 많다. 여러분의 몸은 그루브에 빠져 매혹적인 리듬에 흔들린다. 여러분의 가슴은 현이 연주하는 아름다운 멜로디에 이끌려 감정의 물살 깊은 곳으로 들어간다. 여러분의 정신은 음반이 발매되고 50년이 지난 지금도 가사가 주는 메시지가 통탄하게도 시의적절하다는 것을 깨닫는다. (음색에 대해서는 언급할 게 없다. 마빈 게이가 이 음반을 만들었을 때는 DAW가 등장하여 음색의 혁명이 일어나기 전이었다.)

이어지는 네 개의 장에서 우리는 청취 프로필의 네 가지 음악적 차원 하나하나에 어떤 매력이 담겨 있는지 알아보고, 여러분이 가장 예민하게 반응하는 최적 지점이 정확히 어디인지 알아내도록 도움을 줄 것이다.

멜로디의 천재, 프랭크 시나트라

1940년에 스물네 살의 프랭크 시나트라는 너무도 간절하게 세계 최고의 가수가 되고 싶었다. 그는 당시 가장 인기 있는 가수였던 빙 크로즈비를 모방함으로써 이 목표를 달성하려고 했다.

소리를 증폭하는 기술이 새로 개발되어 공연장과 라디오에서 활용되고 있었는데, 크로즈비는 자신의 보컬 스타일을 이런 기술에 맞게 조정한 최초의 메이저 가수였다. 이전 가수들은 공연장 맨 뒤에 있는 청자에게도 목소리가 들려야 했으므로 후두에서 성대 바로 위에 위치한 '가성대false vocal cord'의 일부를 협착하고 강한 폐활량으로 소리를 밀어낼 줄 알아야 했다. 그러나 전자적 기술의 발달로 가수들은 속삭임에 가깝게 목소리를 낮출 수 있었다. 가장 조용한 날숨도 마이크로폰으로 포착할 수 있었으니 말이다. 크로즈비는 '크루너crooner'라고 불린 이런 가수들의 선구자였다. 그는 새로운 기술을 활용하여 느긋하고 '쿨'한 보컬 스타일을 구축했고, 이를 통해 여성들을 매료시키고 야망 있는 젊은 시나트라를 포함한 남성들이 그를 따라 하고 싶게 만들었다.

1940년에 시나트라는 그럭저럭 괜찮은 성공을 거두고 있었다. 아직 일급 유명인은 아니었지만 라디오에서 그의 노래들이 나왔고, 해리 제임스 오케스트라의 리드 보컬리스트로 꾸준히 무대에 섰다. 당시는 빅밴드의 시대였다. 그러니까 공연의 스타는 어디까지나 밴드리더였지 가수가 아니었다. 1940년대의 카운트 베이시, 듀크 엘링턴, 토미 도시는 1960년대의 믹 재거, 재니스 조플린, 샘 쿡에 비교될 만한 인기를 누렸다. 누구나 아는 뮤지션은 하나같이 기교가 뛰어난 명연주자들이었다. 이와 달리 시나트라 같은 빅밴드 가수들은 악단에서 그저 악기에 불과한 존재였다. 그는 더 많은 인정을 받고 싶었다. 초기에 그는 크로즈비의 감미로운 크루닝 창법을 흉내 냄으로써 이런 목표를 이루고자 했다.

1940년에 해리 제임스 오케스트라와 녹음한 〈All or Nothing at All〉에서 시나트라의 부드럽고 감성적인, 하지만 명백히 다른 것을 모방한 면모를 들을 수 있다. 시나트라는 목소리가 아주 좋았지만, 그의 가창 스타일은 특별하다고 할 만한 것이 전혀 없었다. 그로부터 30년 뒤에 시나트라의 보컬은 확 달라졌다. 1971년 그가 로스앤젤레스 아만슨 극장에서 가진 은퇴 공연에서 같은 곡을 노래한 것을 들어보라.▶ 음악 전문가가 아니더라도 1971년에 부른 버전이 더 매혹적이고 진심으로 와닿고 독보적이라는 것을 알아볼 수 있다. 무엇이 달라졌을까? 1971년이 되기 한참 전에 프랭크 시나트라는 **멜로디**의 대가가 되어 있었다.

시나트라가 멜로디의 천재로 등극하게 되는 출발점은 1940년에 뉴욕의 카네기홀에서 본 클래식 음악회였다. 그는 언제나 자신의 노래 실력을 향상시킬 수 있는 새로운 아이디어를 찾고 있었다. 그날 밤 그는 전설적인 바이올리니스트 야사 하이페츠가 연주하는 브람스, 드뷔시, 라흐마니노프, 라벨을 들었다. 시나트라는 넋을 잃고 빠져들었다. 하이페츠는 멋진 운궁법으로 믿기 힘들 만큼 길고 풍성한 멜로디를 연주해 크루너에게 음악적 통찰을 안겨주었다.

시나트라는 하이페츠가 "활의 끝까지 갔다가 움직임에서 박이 끊어진다는 느낌 없이 계속 이어가는" 것을 보았다. 하이페츠는 진동하는 현들 위에서 활을 돌려가며 하나의 음을 중단 없이 계속 낼 수 있었다. 시나트라는 같은 기술을 인간의 목소리에 적용하면 어떨까 고민했다.

젊은 시나트라는 노래의 지구력과 에너지를 늘리는 보컬 연습을 하면서 수영과 달리기를 하고 클래식 음악을 들었다. 그는 보컬 코치 존 퀸런을 찾아갔다. 퀸런은 하이페츠가 활로 이룬 멜로디의 위업을 시나트라가 발성기관으로 똑같이 해내도록 도왔다.

호흡을 통제하고 악절을 더 길게 낼 수 있게 되면서 시나트라는 타이밍과 발음을 조정하는 더 많은 방법들을 손에 넣었다. 그는 수십 년간 가수 생활을 하면서 악절의 타이밍을 "기가 막히게 확실하게" 내는 법을 터득했다. 그래서 청중은 그가 노래하는 단어 하나하나를 집중하며 들었다. 그는 모든 단어에 강렬한 감정을 실었다. 또한 각각의 음소가 시작하고 끝나는 타이밍을 세심하게 통제했으며(일례로 〈All or Nothing at All〉에서 'all'이라는 단어를 길게 늘이면서 'a' 소리와 'll' 소리를 둘 다 뚜렷하게 강조한다) 어떤 음을 리듬 섹션보다 앞에 둘지 뒤에 둘지 선택하여 감정의 속도를 맞추었다. 이런 능력 덕분에 시나트라가 주도권을 쥐고 밴드를 이끌어 갈 수 있었다.

제임스 캐플런이 쓴 빼어난 두 권짜리 시나트라 전기에 보면 호보컨 출신의 깡마른 아이가 유일무이한 보컬 특징을 개발했음을 청중, 뮤지션, 밴드리더 모두가 인정했다고 한다. 시나트라의 최고 히트곡 몇 곡을 쓰기도 했던 전설적인 송라이터 새미 칸은 그의 가창 능력에 대해 이렇게 말했다. "프랭크는 악절을 엄청나게 오래 붙들고 있을 수 있었다. 거의 발작 직전까지 갔다. 그가 숨이 턱 막히면 온몸이 폭발할 것만 같았다."

1966년 실황 앨범 《In Concert: Sinatra at the Sands》에 수록된 〈It Was a Very Good Year〉에서 시나트라가 멜로디를 요리하는 솜씨를 들을 수 있다. 시나트라가 구사하는 악절의 호흡은 노래의 이야기에 굴곡이 일어날 때마다 우리를 거기에 집중하게 만든다. 젊은 퀸시 존스가 이끄는 카운트 베이시 오케스트라의 리듬에 주목하자. 그리고 시나트라가 밴드의 악절에 대해 자신의 악절을 어디에 놓는지 들어보라. 그는 젊음에서 노년으로 이어지는 삶의 낭만적 단계에 열의를 보이고자 할 때는 강박보다 먼저 치고 나가지만, 뛰어난 뮤지션들이 주도권을 쥐도록 하고 싶을 때는 박의 뒤로 물러난다. 특히 그가 열일곱 살을 묘사할 때 그의 타이밍에 주목하고, 그가 삶의 가을을 노래할 때 그의 타이밍이 어떻게 바뀌는지 들어보라. 이야기가 진행되면서 열의가 사라지는 것은 아니다. 그저 서두름이 사라질 뿐이다. 그는 음높이를 조절하여 마치 경주용 자동차 운전자처럼 멜로디의 곡선을 끌어안는다. 서른다섯 살을 노래하는 절에서 그는 "베에에에리이이 굿 이어" 하며 노련하게 음높이를 떨어뜨린다.

음높이를 떨어뜨려 악절이 끝남을 알리는 것을 음악 용어로 '점진하강declination'이라고 한다. 말할 때 음높이를 낮춰 문장의 종료를 알리는 것과 비슷하다. 점진하강이 한결같은 것은 초보 가수들의 특징이다. 초보 가수들은 악절이 시작할 때 보컬 에너지의 대부분을 쏟아내고 악절의 마지막에 도달하기 전에 힘이 달릴 때가 많은데, 시나트라는 그렇지 않다.

퀸런의 지도를 받아 시나트라는 멜로디를 통제하고 어떤 단어도 자신의 의도대로 정확한 양의 힘으로 노래하는 법을 터득했다. 그는 악절을 청자가 기대한 것보다 더 길게 끌어갈 수 있었고(힘이 좋다는 것을 은근슬쩍 알리는 것이다), 가끔은 하이페츠의 운궁법이 그랬듯이 호흡을 하려고 멈추는 것 같지 않으면서 하나의 악절에서 다음 악절로 부드럽게 넘어갔다(힘이 **훨씬 더** 좋음을 알리는 것이다!).

시나트라의 이런 기술은 청자의 주목을 끄는 데 효과적이었다. 덕분에 그는 사람들이 그의 노래를 들으면서 경험하는 감정을 마음껏 요리할 수 있었다.

오르내리는 음들이 만들어내는 감정

가장 단순하게 정의하자면 멜로디는 음악적 음높이들의 연속이다. 우리의 뇌가 음높이들의 연속을 처리하는 방식에는 어떤 것을 처리하는 방식과도 다른 특별한 무엇이 있다. 다음의 이어진

단어들을 읽으며 각각의 색이 눈앞에 번뜩인다고 상상해보라. 녹색-파란색-분홍색-녹색-파란색-분홍색-오렌지색-자주색-자주색-녹색-오렌지색-자주색-자주색-녹색. 단어들을 보며 어떤 감정을 느꼈는가? 대부분의 사람들은 아닐 것이다. 단어들을 한 번 보고 나서 똑같이 말할 수 있는가? 역시 아닐 것이다. 하지만 똑같은 순서의 단어들을 소리로 표현하면, 그러니까 각각의 색에 저마다 다른 음높이를 부여하면 우리가 잘 아는 동요 〈Three Blind Mice〉(세 마리 눈먼 쥐)의 멜로디가 된다. 이 멜로디는 모든 사람이 한 번만 듣고도 똑같이 따라할 수 있다.

음높이들의 연속으로 만들어지는 오르내림의 형태를 **멜로디의 윤곽**이라고 부른다. 예를 들자면 이런 식이다. **세 음 올라가고, 네 음 내려가고, 두 음 올라가고, 세 음 내려감.** 멜로디의 윤곽은 **멜로디의 음정**보다 정확도가 떨어진다. 서로 다른 두 멜로디도 윤곽은 똑같을 수 있다. 윤곽에서는 음정, 그러니까 멜로디의 한 음과 다음 음 사이의 거리가 구체적으로 명시되지 않기 때문이다. 윤곽은 우리의 뇌가 멜로디를 맨 처음 기억할 때 쉽게 암호화하는 '개략적인 스케치' 같은 것이다.

특정 멜로디의 윤곽을 그려보면 그 멜로디의 전반적인 인상을 얻을 수 있다. 〈Over the Rainbow〉의 첫 마디 멜로디는 급격하게 한 옥타브 상승했다가 상대적으로 좁은 간격으로 떨어지는 윤곽을 보인다. 〈Autumn in New York〉의 첫 마디는 완만하게 떨어지다가 부드럽게 상승하는 식이다. 멜로디의 윤곽의 형태로 그 노래가 청자에게 어떤 감정을 불러일으킬지 짐작할 수 있다. 상승하는 멜로디는 기대감이 커지는 느낌을 줄 수 있다. 덕분에 〈Over the Rainbow〉에 극적인 분위기가 만들어진다. 하강하는 멜로디는 회한이나 향수를 느끼게 할 수 있다. 〈Autumn in New York〉에서 아름답게 표현된 감정이 이것이다.

음반에서 멜로디는 대체로 리드 악기 연주자나 가수가 맡는다. 냇 킹 콜은 다들 재즈 시대의 거물로 인정하는 피아니스트이자 보컬리스트인데, 그 이유 중 하나로 그가 멜로디를 다루는 능

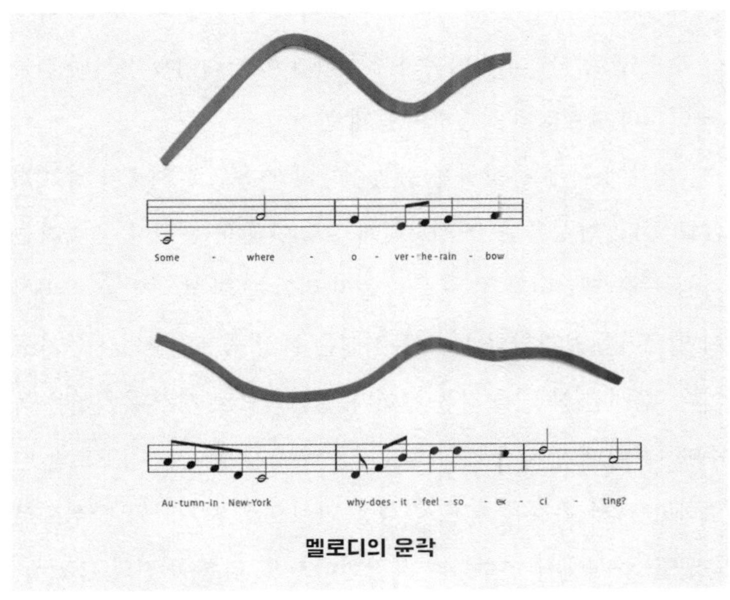

멜로디의 윤곽

란한 솜씨를 꼽는다. 1947년에 녹음한 오리지널 버전의 〈Nature Boy〉에서 그가 보컬 라인을 어떻게 처리하는지 들어보라. 피아노 도입부는 특별할 게 없다. 가수의 등장을 위해 무대를 비추는 역할을 한다. 멜로디 자체는 단순하고 달콤하고 애절하다. 〈Over the Rainbow〉처럼 이 곡도 처음에는 상승하는 음으로 시작하지만 "very far, very far, over land…" 하는 가사에서 보듯 짧은 악절을 반복하는 식으로 멜로디가 이어진다. 시나트라 때와 마찬가지로 우리는 콜이 부르는 모든 악절에서 귀를 떼지 못한다. 콜은 멜로디를 부드럽게 껴안으며 감정의 미묘함을 표현한다. 두 번째 절이 끝나고 독주 섹션에서 피아노와 현악기들이 멜로디를 넘겨받는 대목을 들어보라. 단순하고 흐트러짐 없는 콜의 피아노 독주는 주요 멜로디를 다시 반복하여 청자가 이 노래에서 가사나 리듬이 아니라 멜로디에 집중하며 듣게 한다.

음악에 자주 등장하는 음높이들의 연속으로 멜로디 말고 **화성**도 있다. 화성은 주요 멜로디에 그림자 같은 존재다. 편곡자는 가끔 주요 멜로디와 같은 윤곽을 따라가는 화성 라인을 작곡하여 멜로디를 보강한다. 재즈 뮤지션은 화성 즉흥연주의 전문가들이다. "실시간 작곡"을 하는 셈이다. 일반적으로 재즈 뮤지션은 독주에 나설 때 먼저 노래의 멜로디를 우리가 알아볼 정도로만 연주하고 나서 똑같은 코드 진행을 바탕으로 자기만의 방식으로 음들을 즉석에서 연주하기 시작한다.▶ 또 다른 버전의 〈Nature

Boy〉에서 즉흥적인 화성 연주의 탁월한 예를 들을 수 있다. 미국의 거장 색소폰 연주자 존 콜트레인이 1965년에 녹음한 버전으로, 이 곡은 사후 2018년에 발매된 앨범 《Both Directions at Once: The Lost Album》에 수록되어 있다.

콜트레인의 색소폰은 멜로디를 그저 참고하기 위한 틀로만 연주한다. 1960년대 대다수 청자들에게 〈Nature Boy〉는 냇 킹 콜을 포함한 여러 아티스트가 불러서 이미 큰 인기를 누린 곡이었으니 친숙했다. 그러므로 여기서 콜트레인의 목표는 잘 알려진 곡조를 **다시 돌아보도록** 하는 것이다. 이를 위해 그는 예기치 못한 화성의 음들을 연주한다. 마치 우리에게 다른 버전의 이야기를 전하려는 듯이. 콜트레인의 화성은 "자연인"이 어쩌건 사랑받은 멜로디가 말하는 것처럼 그렇게 상냥하지 않음을, 그가 더 어두운 여정을 거쳐 "이상한, 황홀해하는 소년"이 되었음을 암시한다. 멜로디가 "당신이 깨닫게 될 최고의 것은 / 그저 사랑하고 그 보답으로 사랑을 받는 것"이라는 가사를 지지한다면, 콜트레인의 창의적인 화성은 "대단히 멀리 돌아다닌" 소년에게 어울리는 은밀한 뒷이야기를 꺼내든다.

가끔은 화성이 주요 멜로디와 다른 윤곽을 갖는다. 새로운 방향으로 진행하여 숨겨진 의미를 전하거나 대위 멜로디를 만드는데, 음반 제작자는 이런 방법으로 하나 이상의 감정적 톤을 담을 수 있다. 버디 무비에 상이한 스타일의 두 배우를 기용하는 것과 비슷하다. 1970년에 나온 제임스 테일러의 명작 〈Fire and Rain〉을 들으며 여러분은 후렴구에 나오는 활로 켜는 더블베이스(저음)의 음들을 흥얼거릴 수 있다. 이런 화성의 음들은 보컬 멜로디를 보완하면서 동시에 반박한다. 그러다가 세 번째 절(2분경에 "Been walkin' my mind to an easy time"으로 시작하는 대목)에 이르러 베이스 소리가 이상하고 격렬해진다. 어둡고 집요한 음들이 이어지면서 노래에 음울한 서브텍스트를 더한다. 어떻게 된 일일까? 멜로디는 차분한 감정을 표현하면서 제임스가 수전을 다시 만날 수도 있다는 조심스러운 희망을 나타내지만, 베이스가 이끄는 화성은 끔찍한 일이 일어났음을 넌지시 알린다. 멜로디와 화성의 이런 긴장이 음반에 깊이 있는 감정을 부여한다. 마치 희극과 비극이 뒤섞인 무대 연극과도 같다.

콜트레인의 〈Nature Boy〉와 테일러의 〈Fire and Rain〉에서처럼 멜로디에 화성으로 대조를 주는 것은 음반에 미묘한 뉘앙스를 더하는 훌륭한 방법이 된다. 하지만 막강한 감정의 힘은 음반의 멜로디, 화성, 코드 진행—멜로디를 아래에서 지지해주는 골격—이 다함께 같은 목소리를 낼 때 얻어질 수도 있다. 좋은 예가 올맨 브라더스 밴드의 〈Midnight Rider〉이다. 밴드의 리더 듀앤 올맨은 한때 미국 남부에서 표현력과 감정이 가장 풍부한 기타리스트라는 소리를 들었다. 그의 동생 그레그가 포크, 블루스, 알앤비, 컨트리 음악을 참고하여 3분짜리 이 노래를 작곡했다. 노래하는 자가 어떤 존재(법을 빠져나가는 무법자)인지 선언하는 역할을 멜로디가 어떻게 수행하는지 들어보라. 코드 진행은 집요하게 반복적이다. 그레그가 자신이 처한 상황을 노래로 전하고 나서도 코드는 결코 변하지 않는다. 꿋꿋하게 자리를 지키면서 당당하고 확고한 멜로디를 상기시킨다. (많은 알앤비 음악이 이렇게 하나의 차선을 지키면서 집요한 반복을 통해 감정을 고조시키는 방식을 취한다.)

미국 남부의 또 다른 신동으로 프로듀서이자 송라이터 퍼렐 윌리엄스가 있다. 명민한 그의 싱글 〈Happy〉는 2013년에 대대적인 인기를 누렸다. 이 노래를 잘 모른다면 "Because I'm happy…"로 시작하는 후렴구를 끝까지 쭉 들어보라. 이제 후렴구 멜로디를 가사 대신 '라 라 라 라'를 넣어 불러보자. 어쩌면 깜짝 놀랄지도 모르겠다. 멜로디만으로는 기쁨을 채우기에 충분하지 않다. 그보다는 드럼, 베이스, 가사, 멜로디, 화성이 긴밀하게 어우러져서 억누를 수 없는 순전한 희열감을 전한다고 하는 것이 옳다. 소절과 소절 사이에 들어가는 활기찬 기타 반주가 이끄는 코드 진행, 그리고 아찔한 고음의 백보컬 하모니를 통해 행복을 표현하는 것은 **노래**라기보다는 **음반**이다.

〈Happy〉로 이렇게 해보았다면 칼리 레이 젭슨의 중독성 강한 2012년 히트곡 〈Call Me Maybe〉의 후렴구어도 똑같이 해보자. "I just met you, and this is crazy / But here's my number, so call me, maybe"라는 가사 대신 '라'를 넣어 불러보자. 이번에는 멜로디

만으로 가사에 담긴 쾌활한 느낌을 전한다는 것에 동의할 것이다. 살짝 주저하며 아슬아슬한 모험을 감행하는 행복이 느껴진다.

멜로디는 단순한 모습을 하고 있지만 그럼에도 폭넓은 감정들을 일으킬 수 있다. 그저 오르고 내리는 음들의 연속으로 짙은 슬픔을, 차분한 뿌듯함을, 벅차오르는 감격을 자아낸다. 멜로디가 이렇게 우리를 **느끼게** 만들 때 뇌에서는 무슨 일이 벌어지고 있을까?

자꾸 말하니 노래가 된다?

1990년대 초에 새로 얻은 보스턴테리어 강아지 지나를 대상으로 간단한 실험을 한 적이 있다. 그릇에 음식을 담아주기 전에 나는 〈O Christmas Tree〉의 멜로디를 가사가 아니라 '디 디 디'로 불러주었다. 잠잘 시간이 되면 디즈니 애니메이션 「이상한 나라의 앨리스」에 나오는 〈I'm Late〉를 마찬가지로 '디'로 노래했다. 가족을 방문하러 갈 때는 옛날 만화 영화 「베티 붑」에서 그램피 교수를 찾아가는 대목의 노래를 불렀다. 강아지 공원으로 산책을 나가기 전에는 배리 매닐로우의 〈Copacabana〉를 불렀다.

나는 지나가 과연 멜로디를 배울 수 있는지 알고 싶었다. 지나는 멜로디를 듣고 올바른 방향(부엌, 위층, 뒷문, 앞문)으로 나아갈까? 나는 훈련에 몇 달이 걸릴 거라 생각했지만, 실제로는 일주일 걸렸다. 내가 익숙한 멜로디를 노러하면 지나의 눈이 동그래졌다. 개를 키우는 사람이라면 누구나 다 아는 기대에 찬 행복한 얼굴을 하고는 나와 올바른 장소 사이에서 왔다 갔다 했다. 지나의 행동이 멜로디 때문이 아니라 활동할 시간이 되어서라고 의심할지도 모르겠지만, 나는 자신 있게 아니라고 달할 수 있다. 나는 대단히 바쁜 음반 제작자여서 정해진 일과 없이 오랜 시간 불규칙하게 일했다. 식사든 잠이든 야외 산책이든 시간 날 때마다 닥치는 대로 했다. 그러니 지나는 멜로디를 듣고 그것이 무슨 활동을 나타내는지 알았다.

지나처럼 많은 동물 종이 음들의 연속에서 의미를 알아보는 능력을 갖고 있다. 하지만 동물 소통 전문가들은 여러 종들이 발성을 만들고 사용하고 이해하는 방식에 묘한 비대칭이 있다고 말한다. 저명한 생태학자 로버트 세이파스와 도로시 체니는 "학습되는 유연한 발성"이 일부 조류와 포유류에서만 발견된다고 썼다. 타고난 몇 가지 발성을 생애 동안 조정하는 능력은 드물게 나타난다. 다양한 언어적 표현을 계속 바꿔가며 낼 줄 아는 인간과 달리, 동물의 세계에서는 짖는 소리, 외침, 울음소리, 으르렁거림, 짝을 유인하는 소리가 어릴 때부터 죽을 따까지 똑같은 경향을 보인다.

그러나 발성의 **이해**는 인간 외의 동물에서도 상당히 유연하며 경험을 통해 수정되기도 한다. 많은 종들이 음들의 연속으로 소통되는 의미를 학습하기 위한 신경 하부구조를 갖추고 있다. 지나는 내가 하는 것처럼 멜로디를 **만들** 수는 없었지만, 서로 다른 멜로디를 구별하는 데는 어려움이 없었으며 각각의 멜로디에 다른 행동으로 반응할 수 있었다. 초기 인류 단계에서 멜로디를 의도, 감정과 연결하는 능력이 세밀하게 마련되었다.

진화 신경과학에서 오래된 질문으로 이런 것이 있다. 음악과 언어 중 무엇이 먼저 생겨났을까? 현재 나온 증거들을 보면 공진화 쪽으로 무게가 쏠린다. 서로가 서로의 발달을 촉진했다는 것이다. 멜로딕한 신호음을 통해 감정을 표현하고 끌어낸다고 알려진 종들이 많다. 정보와 감정 둘 다 전달했던 초기 인류의 발성을 가리키기 위해 이론가들은 '음악언어musilanguage'라는 용어를 만들었다. 직관에 부합하는 발상이다. 신경 영상 연구들을 보면 사회적 신호(가령 보디랭귀지나 사람의 목소리 톤)를 처리할 때 우리 뇌가 보이는 활동이 음악적 신호를 처리할 때의 활동과 상당히 비슷하다고 한다. 인간과 동물의 경우에 높고 명확한 톤을 연이어 소리 내는 것은 행복하거나 친사회적인 맥락에서 자주 일어나며, 낮은 음높이의 소란스러운 톤을 내는 것은 공격적이거나 위협적인 맥락에서 더 자주 일어난다. 음이 점차 올라가며 짧게 나는 신호음은 주위를 환기시키는 효과가 있으며, 반면 음높이가 내려가며 길게 나는 신호음은 마음을 진정시킨다. 불협화 음정은 인접한 두 음을 번갈아내는 비상 사이렌 소리에서 보듯 두려움을 자아낸다. 우리는 개나 말 같은 동물과 목소리를 이용하여 소통하려 할 때 본능적으로 이런 지식에 기댄다.

과학자들은 동물이 멜로디에 어떻게 반응하는지를 연구할 때 대체로 인간 음악을 들려준다. 그거 말고 '동물 음악'을 들려준다면 어떨까? 어떤 종의 감정에 들어맞는 템포, 음색, 멜로디 음정을 갖춘 음악을 과학자들이 만들어넌다면? 그러면 예컨대 원숭이는 인간 음악보다 원숭이 음악에 더 큰 애착을 느낄까?

연구자 찰스 스노든과 데이비드 테이가 솜털머리타마린 원숭이를 대상으로 이 문제를 알아보았다. 타마린은 남아메리카 콜롬비아에 사는 다람쥐 크기의 원숭이로 인간 음악보다 침묵을 더 좋아하며, 다만 강제로 듣게 하면 전자음악가 알렉 엠파이어의 선동적인 〈Nobody Gets Out Alive!〉가 나오는 구역보다 플루트로 연주하는 러시아 자장가가 나오는 구역에 머무는 편을 택한다. 타마린 원숭이는 인간의 음악에 관심을 보이지 않으므로 동물 종은 인간의 음악보다 그들이 선천적으로 타고난 청각적 틀에 맞는 멜로디를 들을 때 더 강력하고 두드러진 감정 반응을 보일 수 있다는 가정을 실험하기에 안성맞춤인 종이다.

스노든과 테이는 첼로로 연주한 두 가지 멜로디를 준비했다. 특정 하모닉 주파수를 강화해 타마린 원숭이의 가청 범위 내에 들도록 조정하고 그들의 목소리 음색에도 맞추었다. 떠들썩하고 기분 좋은 멜로디에는 그들이 긍정적인 상황에서 내는 음정과 유사한 멜로디 음정을 담았다. 위협적인 멜로디는 그들이 겁에 질렸을 때 내는 발성과 유사하게 음높이가 올라가며 템포가 더 빨랐다. 실험 결과 원숭이들은 연구자들이 희망했던 대로 이런 맞춤식 멜로디에 반응을 보였다. 위협적인 멜로디를 들을 때는 각성과 경계심이 증가했고, 평화로운 정글의 하루처럼 들리는 멜로디에는 한층 차분하고 친사회적인 행동을 보였다. 같은 팀에서 고양이로도 비슷한 연구를 하여 고양이 역시 자신들 발성의 멜로디 윤곽과 비슷한 음악을 선호한다는 것을 입증했다.

인간과 동물이 목소리로 멜로디를 사용하는 방식에는 중요한 차이가 있다. 이 차이는 우리 인간만이 갖는 음악 지능을 여실히 보여준다. 인간은 목소리를 사용하여 **본인이 느끼고 있지 않는 감정도** 다른 사람에게 일으킬 수 있다. 어머니는 지치고 불안함을 느끼는 상태일지라도 부드럽고 조용한 멜로디를 노래하여 아기를 달랠 수 있다. 기쁨에 들뜬 수상자는 무대에서 의식적으로 겸손함을 전하는 목소리 억양을 취함으로써 겸손하게 보이도록 할 수 있다. 운율—우리가 목소리에 집어넣는 멜로디와 리듬의 강세—로 (때로는 자연스럽게, 때로는 신중하게, 때로는 기만적으로) 감정을 전하면 상대방에게 공감한다는 것을 알릴 수 있다.

인간의 청각 회로가 언제 진화했든 간에 우리 고막에 닿는 음성 신호는 뇌 안에 나란히 놓이는 여러 연결망으로 전달되며, 각각의 연결망이 음파의 독특한 성질을 하나씩 맡는다. 여기에는 감정적인 톤도 포함된다. 이런 연결망 중 하나는 음파에 담긴 멜로디의 음향적 패턴을 처리한다. 또 하나는 가사의 음향적 패턴을 처리한다.

한 중년 남성이 차 안에서 신호등이 바뀌기를 기다리며 어리사 프랭클린과 함께 "유. 메이크. 미. 필. 라이크. 어. 내-추-럴 우-먼!"을 큰 소리로 따라 부르는 것을 이것으로 설명할 수 있다. 그 남성은 여성의 힘을 노래하는 **가사**보다 자신감 넘치는 **멜로디**를 느끼고 있을 가능성이 크다. 멜로디와 가사가 동시에 양쪽에서 처리되므로 그의 마음은 억양이냐 정보냐를 두고 고민하다가 억양에 집중하기로 한 것으로 보인다. (우리의 뇌가 입력되는 음악을 자동으로 나누는 것은 "가사를 전혀 듣지 않는다"는 많은 멜로디 애호가들의 주장에 힘을 실어준다.)

멜로디와 말의 흥미로운 신경 분할을 처음으로 밝혀낸 과학자는 음악심리학자 다이애나 도이치였다. 그녀는 어느 날 책상 앞에 앉아 녹음기에 대고 연구 요약문을 읽고 있었다. 다음과 같은 문장이 있었다. "여러분에게 들리는 소리는 실제 소리와 다를뿐더러 때론 말이 되나 싶을 만큼 이상하게 행동하기도 합니다." 녹음한 것을 다시 틀었을 때 그녀는 예기치 않은 뭔가를 알아챘다. 이에 호기심을 느낀 그녀는 이상한 점을 보다 면밀하게 파헤치는 실험을 준비했다.

도이치는 대학생들을 두 그룹으로 나눠 녹음된 문장을 들려주었다. A 그룹은 "때론 이상하게 행동하기도 합니다sometimes behave so strangely"라는 구절을 듣고 나서 들은 대로 똑같이 말하라는 그녀의 지시를 따랐다. 도이치의 영국식 억양까지 어설프게 흉내 내며 그 구절을 정확하게 반복했다. B 그룹 역시 "때론 이상하게 행동하기도 합니다"라는 구절을 들었다. 다만 여기에 반전이 있었으니 이들에게는 구절을 여러 차례 반복하여 순환 고리를 이루도록 만들어 들려주었다. 그런 다음 들은 것을 그대로 반복하라고 지시하자 그들은 구절을 **노래로 불렀다.** 완벽하게 똑같은 구절을 어떤 이들은 **말**로 듣고 어떤 이들은 **멜로디**로 들은 것이다.

다이애나 도이치 실험

여러분도 우리의 웹사이트 ThisIsWhatItSoundsLike.com에서 직접 실험해볼 수 있다.

무슨 일이 벌어지고 있었던 걸까? 보스턴 대학의 신경과학자 스티븐 그로스버그에 따르면 우리 뇌는 도이치의 목소리라는 음향의 연속체를 별도의 두 신경 경로로 나눈다. 하나는 멜로디를 처리하는 경로이고 다른 하나는 말을 처리하는 경로다. 처음에 우리 마음은 말의 정보적 내용, 그러니까 도이치가 말한 단어들의 **의미**를 우선으로 두고 집중한다. 당연한 일이다. 말은 우리 인간이 듣는 소리 가운데 단연코 가장 중요하니까. 그러나 말을 처리하는 경로는 유용하고 특이한 버릇이 있다.

말의 모호함을 마음이 융통성 있게 다루도록 하려고 말의 경로는 습관화habituation라고 하는 과정을 가동하여 처음에 알아들은 뜻을 자동으로 '잊는다.' (우리가 요리하면서 쥐어짠 레몬 냄새를, 혹은 지붕에 떨어지는 빗소리를 점점 덜 알아채게 되는 것도 똑같은 습관화 과정 때문이다.) 말의 습관화는 우리가 처음에 해석한 것이 잘못되었을 때 "잠깐, 뭐라고?!" 하는 반응을 보이며 재해석하도록 돕는다. "Fireman Helps Dog Bite Victim"이라는 신문 헤드라인을 보고 '개가 희생자를 물도록 소방관이 도왔다'는 뜻이 아니라 '개에 물린 희생자를 소방관이 도왔다'는 뜻으로 알아차리기까지 시간이 잠깐 걸리는 것이 그런 예다. 하지만 말의 습관화는 동일한 구절이 계속해서 반복되면 예기치 못한 부작용을 낳는다.

습관화로 인해 우리 마음은 "때론 이상하게 행동하기도 합니다"라는 구절을 듣자마자 했던 해석을 점차 잊는다. 구절이 반복되면 그 구절을 새로운 언어적 의미로 재해석하는 것이 아니라(하긴 처음에 제대로 이해했으니 그럴 필요가 없다) 구절의 의미에 집중하던 것을 차차 멈추고 두드러지는 또 다른 음향적 패턴으로 주의를 돌린다. 바로 멜로디다. 멜로디는 우리 뇌에서 말의 경로보다 더 오래되고 더 원시적인 경로로 처리된다. 우리 마음이 반복되는 단편적인 말의 억양으로 관심을 돌리면 이제 우리는 차후에 반복될 때마다 언어적 의미를 '잊고' 멜로디를 듣는다. "때론 이상하게 행동하기도 합니다"를 음악으로 듣고 나면 자동으로 그렇게 듣게 되는 것이다. 설령 몇 달 뒤에 그 구절을 다시 듣더라도 말이다.

도이치의 연구로 명확해진 것이 하나 있다. 우리의 뇌는 가사를 처리하는 것과 독립적으로 멜로디를 처리한다는 사실이다.

프랑스의 기악곡은 왜 프랑스어처럼 들릴까

독일 아기 요리스가 세상에 태어난 지 나흘째 되던 날, 마이크를 든 연구자 한 명이 찾아가 아기가 자기 기분이 어떤지 알려주기를 참을성 있게 기다렸다. 어머니가 기저귀를 갈아주자 마침내 요리스가 불편한 듯 몇 차례 울음을 터뜨리며 반응을 보였다. 어머니는 연구자 카틀렌 베름케를 향해 웃으며 아들의 울음이 독일어로 들렸다고 했다. 베름케도 여기에 동의했다.

베름케는 뿌듯해하는 어머니에게 단순히 정중한 격려를 건넨 것이 아니었다. 몇 년 전 그녀의 연구팀은 전 세계에서 모은 신생아 울음 50만 개를 분석했다. 베름케는 출생 직후의 아기들이 모국어로 우는 것처럼 들린다는 놀라운 발견을 했다. 프랑스 아기는 올라가는 멜로디의 윤곽으로 우는 경향을 보였다. 독일 아기는 하강조로 우는 경향을 보였다. 이런 상이한 윤곽은 프랑스어와 독일어의 상이한 운율과 맞아떨어졌다.

임신 마지막 3개월에 태아의 청각계는 양수 속을 떠다니면서 먹힌 소리를 들을 수 있을 정도로 발달한다. 이 단계에 뇌의 발달은 간단한 멜로디 억양을 학습할 수 있을 정도가 된다. 신생아가 어머니의 익숙한 목소리를 낯선 목소리보다 선호하는 이유 중 하나다. 이제 공기로 전달되는 소리의 세계에 들어서면 가족이 모국어로 하는 말의 운율이 우리가 듣는 방식에, 그리고 그 직후에는 우리가 소리를 내는 방식에 영향을 준다. 말을 모방하는 신생아의 능력은 근본적으로 인간의 멜로디 감각과 연관된다. 와아아아아! 하고 소리를 길게 빼며 이웃을 깨우는 소리조차 멜로디와 연관성이 있다.

태어나고 첫 몇 달 동안 신생아의 멜로딕한 울음은 점차 복잡해지며 자신의 문화적 환경에서 자주 접하는 음악의 음정을 닮아가기 시작한다. 베름케는 "울음을 통해 음악성을 이루는 기본 요소들과 언어 능력을 이루는 기본 요소들이 모두 펼쳐진다"고 말한다. 실제로 아기가 자궁에서 배우는 멜로디 억양과 나중에 그 아기가 작곡가가 되었을 때 만들어내는 음악 유형 간에는 연관성이 있다.

서양 언어 가운데 프랑스어는 영국식 영어보다 멜로디의 고점이 더 빈번하게 나타난다. 음악과 언어를 연구하는 학자들이 오랫동안 짐작해왔던, 프랑스의 기악 음악은 프랑스어처럼 **들리고** 영국의 기악 음악은 영어처럼 **들린다**는 생각이 실험을 통해 확인되었다. 중국어와 베트남어 같은 성조 언어(음의 높낮이가 달라지면 단어의 뜻이 바뀌는)는 비성조 언어에 비해 음정이 넓고 윤곽의 변화가 심한 편이다. 성조 언어 화자가 작곡하는 음악도 같은 특징을 보인다. 비록 수많은 음악 청자들이 전 세계 곳곳의 멜로디를 찾고 좋아하지만, 모국어를 닮은 멜로디가 우리에게 가장 익숙하게 들리며 가장 호소력이 크다. 태어나기 전부터 우리 마음이 이런 멜로디의 윤곽을 받아들이고 있었기 때문이다.▶

우리가 나고 자란 문화의 멜로디를 뿌리 깊게 선호한다는 사실은 우리가 낯선 멜로디는 자연히 싫어할 가능성이 크다는 뜻이기도 하다. 사람들이 '외국' 음악이라고 여기는 것에 애정을 덜 드러낸다는 경험적 관찰로 이를 확인할 수 있다. 슬프게도 이런 구별로 인해 군대에서 음악을 강압의 무기로 사용하는 일이 벌어졌다. 이라크 전쟁 때 포로로 억류된 비협조적인 이라크 군인들에게 신문에 앞서 메탈리카의 〈Enter Sandman〉 같은 헤비메탈과 보라색 공룡 바니가 부르는 〈I Love You〉 같은 미국 동요를 장시간 번갈아 들려주었다.

이라크 도시 팔루자를 재탈환하는 과정에서 미국 군인들은 포탑 위에 스피커를 쌓아놓고 그들이 좋아하는 록과 랩 음악을 요란하게 틀었다. 한 군인은 이런 전략을 두고 소리의 "연막탄"이라면서 "우리는 적들을 당황하게 만드는 소리를 찾는 일에 참으로 창조적"이었다고 덧붙였다. 하지만 그들이 음악을 곤봉처럼 휘두른 최초의 미국인은 아니었다. 오페라 애호가였던 파나마의 독재자 마누엘 노리에가는 AC/DC, 머틀리 크루, 레드 제플린 같은

요란한 록 음악 공세에 일주일 동안 시달리다가 결국 바티칸 대사관에서 투항했다.▶

청취 프로필에 관해서라면 어떤 청자에게 푸르른 녹지가 어떤 청자에게는 끔찍한 지옥이 될 수도 있다.

영화음악으로 멜로디의 최적 지점 찾기

멜로디의 차원에서 여러분의 최적 지점은 어디에 놓이는가? 여러분에게 개인적으로 보상을 안겨주는 멜로디에 초점을 맞추기 위해 음반 소개 모임의 무대를 영화관으로 옮겨보자.

대부분의 영화음악에는 영화의 감정적 톤을 표현하고자 작곡된 생동감 있고 기억에 남는 멜로디를 담은 주제곡이 있다. 영화는 인간이 느끼는 모든 감정을 다 보여주므로 영화음악은 무척 다양하다. 주제곡에 가사가 들어가는 경우는 거의 없다. 인물들 간의 대화를 포함하여 영화에서 벌어지는 중요한 액션을 방해하기 때문이다. 물론 가사는 우리가 멜로디를 기억하는 데 도움이 된다. 그래서 영화음악 작곡가는 관객이 다음 날에도 흥얼거릴 수 있도록 언어의 힘에 기대지 않고 확실하게 '말하는' 주제곡을 쓰려고 애쓴다. 이런 이유로 영화 주제곡은 멜로디와 관련한 여러분의 최적 지점을 알아보기에 더없이 좋은 자료가 된다.

　청취 프로필에서 멜로디의 차원을 이루는 세 가지 독자적인 축을 살펴보자. 음역(넓은 음역이냐 좁은 음역이냐), 아티큘레이션(레가토냐 스타카토냐), 복잡성(단순한 멜로디냐 복잡한 멜로디냐)이 그것이다. 여러분은 각각의 축마다 최적 지점을 가질 수 있다(혹은 없을 수도 있다). 먼저 멜로디의 음역을 살펴보자. 멜로디는 낮은 음에서 높은 음으로 치솟았다가 다시 떨어지는 넓은 음높이 음정을 가질 수도 있고, 이웃하는 몇 가지 음높이로만 진행하는 좁은 음역에 머물 수도 있다.

　개인적으로 나는 위아래로 훑으면서 진행하는 낭만적인 멜로디를 좋아한다. 미셸 르그랑이 작곡한 영화 「42년의 여름」의 주제곡이 그런 예다. 1971년에 어머니가 지병으로 돌아가셨을 때 나는 열네 살이었다. 「42년의 여름」은 그해에 개봉했고, 영화 주제곡은 혼란스러운 내 감정을 위로하는 것 같았다. 영화는 제2차 세계대전 당시 낸터킷이라는 마을을 배경으로 한다. 남편을 전쟁터로 떠나보낸 젊은 신부에게 반한 열다섯 살 소년 허미가 주인공이다. 비록 내가 처한 문제는 상사병이 아니었지만, 멜로디는 어른을 잃은 비극과 뒤섞인 개인의 고통을 아름답게 전했다. 이 곡이 그토록 애절하게 들리는 이유 중 하나는 멜로디의 악절이 매번 서둘러 끝나는 느낌을 준다는 것이다. 분명 허미보다 나이가 그렇게 많지도 않으면서 어쩔 수 없이 고향을 떠나 완전히 다른 삶으로 내몰린 군인의 이야기에 완벽한 음악이다. 젊은이들의 삶에서 자연스러움과 부자연스러움이 겹쳐지는 것을 한없이 슬프면서도 희망적인 넓은 음역의 멜로디에 담았다.

나와 달리 공저자 오기는 일반적으로 테크노나 랩 음악에 어울리는 더 좁은 멜로디를 좋아한다고 밝혔다. 필립 글래스가 영화 「코야니스카시」를 위해 작곡한 주제곡에서 이런 멜로디를 들을 수 있다. 미니멀리즘적인 멜로디의 윤곽은 음들이 계속해서 한정된 폭 내에 머물며 반복적으로 펼침화음을 구사하는데 시작했던 지점에서 조성적으로 결코 멀리 나아가지 않는다. 1982년에 개봉한 이 실험적인 영화는 등장인물과 내러티브 없이 도시와 자연의 풍경을 느린 화면과 빠르게 돌아가는 편집으로 보여준다. 대화가 나오지 않으므로 집요하게 반복적이고 풍부한 이미지를 환기시키는 글래스의 사운드트랙이 주도권을 잡고 영화를 보는 관객의 감정적 반응을 이끌어간다. 영화의 이미지들이 평화롭지만 경외감을 자아내는 자연 풍경에서 사람들로 정신없이 부산스러운 대도시 모습으로 넘어가는 동안 멜로디는 느리지만 꾸준하게 속도와 볼륨을 높인다. 끝없이 순환하는 좁은 음역 내에 머무는 글래스의 멜로디를 듣고 있으면 마치 살아 있는 지구가 갈수록 불안한 활력징후를 내는 것처럼 느껴진다. 지구의 호흡과 맥박이 걷잡을 수 없이 소용돌이치는 것 같다.

아티큘레이션은 여러분이 선호도를 가질 수 있는 또 하나의 멜로디의 축이다. 어쩌면 여러분은 영화 「뷰티풀 마인드」의 주제

곡을 좋아할지도 모르겠다. 음들이 부드럽게 이어지는 레가토 양식으로 된 곡이다. 영화는 조현병을 앓고 있는 노벨상 수상 수학자의 삶을 따라간다. 주제의 온화한 멜로디는 유약함을 나타내지만 아울러 손 바로 너머에 있는 뭔가를 잡으려는 수수께끼 같은 열망도 나타낸다. 주요 멜로디를 듣고 있으면 더 높아지지 않는데도 상승하는 느낌이 든다. 마치 마우리츠 코르넬리스 에스허르의 판화나 빙글빙글 도는 이발소 간판을 쳐다보는 느낌이다. 셰퍼드 톤Shepard tone|음을 이루는 성분들의 음량을 인위적으로 조절하여 무한히 올라가거나 내려가는 느낌이 들도록 만든 것-옮긴이이라고 하는 청각적 착각이다.▶ 영묘한 여성의 목소리가 플루트와 경쾌한 현악기 소리 주위를 계속 맴돌며 다른 현악기 소리들이 저 아래에서 고동친다. 제임스 호너가 작곡한 이 주제곡은 아름다움도 지나치면 해로울 수 있음을 상기시킨다.

나는 유려한 멜로디를 좋아하지만, 오기는 음과 음 사이가 분리되는 스타카토 멜로디에 흥미를 보인다. 영화 「폭력 탈옥」의 주제곡이 그런 예다. 기타 줄을 튕기며 달콤하면서 씁쓰름한 멜로디가 연주된다. 폴 뉴먼이 플로리다 교도소에 수감된 죄수로 나오는데 그는 탈옥을 시도하다가 결국 사살당한다. 주제곡의 멜로디는 영화의 줄거리를 따라간다. 침착하게 서두름 없이 기대감을 품은 표정으로 시작했다가 점차 조급해지고 삐걱대고, 마지막에는 어둡고 먹먹하고 해결에 이르지 않는 하모니카 음으로 끝난다.

랄로 시프린이 작곡을 맡은 스코어는 아카데미 주제가상 후보에 올랐다.

여러분은 멜로디의 복잡성이라는 축에서 가장 선호하는 최적 지점을 가질 수도 있다. 어떤 청자는 다양한 분위기를 넘나드는 멜로디를 즐긴다. 팀 버튼의 영화 「가위손」에 나오는 대니 엘프먼의 주제곡을 들어보자. 음악은 다정하게 시작하여 모험적인 궤적을 그리며 나아가다가 속도를 늦춰 갈망을 표현하고, 긴장감이 깃든 순진함을 보이며 끝난다. 누군가의 순수함이 곧 끝날 수도 있음을 암시하는 듯하다. 그리고 실제로 영화는 나이 많은 발명가가 만든, 손 대신 가위가 달린 매혹적인 인조인간 에드워드 가위손의 이야기다. 에드워드는 언덕에 있는 발명가의 저택에서 캘리포니아 교외로 내려와 친구를 사귀고 적을 만들고 사랑에 빠지고, 결국에는 저택으로 다시 쫓겨 돌아가 영원히 혼자 살지도 모르는 운명을 맞는다. 엘프먼은 복잡하게 엉킨 멜로디의 주제곡으로 극적인 굴곡이 있는 줄거리를 따라간다.

어떤 청자는 단순하고 매혹적인 악절에서 그다지 크게 벗어나지 않는 멜로디를 좋아한다. 블레이크 에드워즈 감독의 1979년 영화 「텐10」에서 낭만적인 장면에 사용된 모리스 라벨의 〈볼레로〉가 완벽한 전형이다. 전해지는 말에 따르면 라벨은 친구 앞에서 손가락 하나로 피아노를 두들기며 이 멜로디를 연주했다고 한다. 그는 악절에서 반복되기를 갈망하는 뭔가가 느껴진다고 했다.

그래서인지 그의 곡은 멜로딕한 주제를 계속 반복하는 식으로 진행하며, 반복할 때마다 악기를 달리하고 보강하여 집요한 리듬이 점차 커지고 극적으로 바뀐다. 멜로디는 결코 바뀌지 않는다. 다만 층을 이룬 오케스트레이션과 역동적인 타악기의 가세로 곡의 힘을 늘린다.

영화가 끝나고 머릿속에 가장 오래 남았던 주제곡을 떠올려보라. 그런 다음 그런 멜로디들이 어떤 공통점을 갖고 있는지 찾아보면 여러분의 최적 지점을 알게 될 수도 있다. 주제곡과 관련하여 특정한 선호가 있다면, 그것은 멜로디가 여러분의 청취 프로필에서 핵심적인 차원이라는 뜻일 수도 있다.

공감각

공감각은 하나의 지각 유형(예컨대 소리)이 다른 지각 유형(예컨대 형상)을 불러 여러 지각을 동시에 경험하는 신경적 상태다. 톤-색깔 공감각자는 특정 음높이의 음을 들으면 특정한 색을 '보는' 경향이 있다. 이렇게 흔하지는 않지만 냄새, 맛, 촉감이 관여하는 공감각도 있다.

공감각을 일으키는 정확한 신경 기전에 대해서는 논란이 있지만, 증거들을 보면 어린 시절 경험에서 유래하는 것 같다. 형형색색의 장난감 실로폰이나 시청각 음악 교재를 갖고 논 아이들은 건반의 색이나 교재 페이지의 색을 음의 소리와 연결하여 생각할 수 있다. 이런 연결이 충분히 강력하면 각각의 자극을 처리하는 청각적 연결망과 시각적 연결망 사이에, 그리고 언어 범주화를 담당하는 연결망과도 신경 연결이 만들어진다. 그 결과 공감각 경험이 일어난다.

5장

가사: 정체성의 터전

가끔 노래들은 원래의 의미가 아니라

누군가에게 필요한 의미로 다가오기도 해요.

_보노, 「내 삶에 든든한 힘이 되어준 노래 60곡」

〈Be-Bop-a-Lula〉 Gene Vincent and the Blue Caps

〈Harlem Shake〉 Baauer

〈A Fifth of Beethoven〉 Walter Murphey & the Big Apple Band

〈Also Sprach Zarathustra〉 Deodato

〈Some Day My Prince Will Come〉 Dave Brubeck

〈Remember Me〉 Miguel ft. Natalia Lafourcade

〈Be Our Guest〉 Angela Landsbury, Jerry Orbach & the Chorus

〈50 Ways to Say Goodbye〉 Train

〈Stand!〉 Sly and the Family Stone

〈Kiss from a Rose〉 Seal

〈You Are Not Alone〉 Michael Jackson

〈This Is What Makes Us Girls〉 Lana Del Rey

〈American Pie〉 Don McLean

〈Me and Julio Down by the Schoolyard〉 Paul Simon

〈Call and Answer〉 Barenaked Ladies

〈Fight the Power〉 Public Enemy

〈I Before E Except After C〉 Yaz

〈Surf's Up〉 The Beach Boys

〈No Surrender〉 Bruce Springsteen

〈In My Room〉 The Beach Boys

〈Don't Stop Believin'〉 Journey

〈drivers license〉 Olivia Rodrigo

〈Before He Cheats〉 Carrie Underwood

〈D-I-V-O-R-C-E〉 Tammy Wynette

〈Always On My Mind〉 Willie Nelson

비-밥-어-룰라

번뜩이는 재치로 유명한 영국 작가 A. A. 길이 "공개적인 장소에서 가장 망신스러웠던 일"을 잡지 『베니티 페어』에 털어놓았다. 1990년대 중반 웨일스에서 열린 헤이 문학 페스티벌에서 예술에 관한 논쟁이 벌어졌다. 길은 역사학자 노먼 스톤과 한편이 되어 영국 소설가 살만 루슈디, 『뉴요커』의 에세이스트 애덤 고프닉과 맞붙었다. 길과 스톤은 미국 문화의 영향력이 확산되는 것을 나머지 세계가 저지해야 한다고 주장했다. 루슈디와 고프닉은 정반대 입장을 취했다.

불운하게도 길이 먼저 발언에 나섰다(나중에 그는 이 행위를 "괜한 헛수고cretin's errand"라고 이름 붙였다). 당시의 일을 그가 다시 털어놓았을 때 서두 진술의 상세한 내용은 기억에서 지워진 뒤였지만, 아무튼 그의 요점은 미국 문화가 "거실에서 교양 있는 지적인 대

화bon-mot를 주고받는 미학"이라는 위대한 전통을 망가뜨리고 있
다는 것이었다. 셰익스피어, 미켈란젤로, 모차르트의 고전 작품들
로 요약되는 유럽 문명의 "고급 예술"을 가리키는 것이었다. 길은
그러고 나서 무슨 일이 벌어졌는지 이렇게 전한다.

우리가 과격한 입장을 내고 나자 루슈디가 마이크를 향해 몸을
숙이고 잠시 멈추더니 반쯤 감은 눈으로 꽉 들어찬 극장을 살
피며 조용하고 분명한 목소리로 이렇게 말했어요. "비-밥-어-
룰라, 그녀는 내 애인이에요, / 비-밥-어-룰라, 그냥 하는 말 아
니에요, / 비-밥-어-룰라, 진짜 내 애인이라고요."

환호성이 터졌다. 웅성거림이 잦아들 무렵 논쟁은 끝났다. 루
슈디의 수는 "절묘한 승리"였다고 길이 나중에 인정했다. 그저 초
창기 미국 로큰롤 노래의 무의미한 가사를 인용하는 것으로 자신
의 주장을 효과적으로 전했으니 말이다. "미국은 문명을 외면하
거나 벗어나지 않았어요. 훨씬 더 심오한, 훨씬 더 현명한 뭔가를
했어요. 문명이 행할 수 있는 길을 바꿔놓았습니다."
  "비-밥-어-룰라"라는 표현이 시시하게 들릴 수도 있지만,
1956년에 풍성한 앞머리를 자랑하는 젊은 록 스타 진 빈센트가
리듬에 실어 노래했을 때 이 말은 미국 10대들에게 중요한 모든
것을 나타냈다. 루슈디가 편 전략에는 사춘기 청소년들이 마음속

에만 담아두던 필요와 욕망을 표현한 것이 중요한 문화적 성취였다는 확신이 담겨 있었다. 로큰롤은 자주 알쏭달쏭한 가사에 힘입어 젊은 세대에게 욕망과 반항을 나타내는 그들만의 암호를, 부모 세대는 감히 꿰뚫어볼 수 없는 암호를 선사했다. 진 빈센트의 〈Be-bop-a-lula〉는 음악예술에서 전례가 없는 진정성으로 사춘기 경험에 말을 건넸다. 그리고 루슈디는 이렇게 음악이 다룰 수 있는 폭이 확장되면서 세대의 미학이 풍성해지고 개인화되었다고 믿었다. 비록 유럽 지식인들의 교양인 문화와는 닮은 점이 없었지만 말이다.

보컬이 있는 음악이 21세기 팝 차트를 휩쓸고 있다. 바우어의 〈Harlem Shake〉가 2013년에 1위를 차지했는데, 이는 13년 만에 빌보드 싱글 차트 10위권에 진입한 기악곡이었다. 인간의 (음악) 역사 내내 기악곡이 늘 인기가 있었음을 생각하면 놀라운 일이다. 1970년대만 해도 영화 주제곡, TV 주제곡, 심지어 클래식 기악곡을 활용한 디스코 음반도 차트 10위권에 들었다. 디스코 버전의 베토벤(월터 머피 앤 더 빅 애플 밴드의 〈A Fifth of Beethoven〉), 재즈-훵크 스타일로 편곡한 슈트라우스(데오다토의 〈Also Sprach Zarathustra〉)가 큰 인기를 끌었다. 그러나 기악곡에 대한 사회의 관심은 1990년대에 쪼그라들었고 당분간 회복될 조짐이 없다.

이 장에서 우리는 인간 고유의 특징이 가장 잘 묻어나는 음악적 보상인 **가사**의 차원을 살펴보려고 한다. 몇몇 다른 종들이 멜로디를 지저귀거나 리듬으로 박자를 나타내지만, 말을 만들 수 있는 종은 오로지 호모 사피엔스뿐이다. 말은 가슴에 사무치는 열망을 표현하는 독보적인 수단이다. 가사는 난생처음으로 낭만적 끌림의 복잡함을 경험하거나 늙어감의 치욕과 회환을 붙잡고 고심하는 우리의 모습을 담아 사람들에게 들려주고 이해시킬 수 있다.

많은 청자들에게 가사는 음반에서 가장 울림이 큰 차원이다. 여러분이 마음에 드는 새로운 노래를 만났을 때 곧바로 구글에서 가사를 찾아보는 사람이라면 가사에 집중하며 듣는 청자일 수 있다. 좋아하는 노래의 가사를 막힘없이 외울 수 있다면 거의 확실히 그렇다. 그런 청자는 가사가 불러일으키는 생생한 심상이 없는 음반에 대해 감탄을 할 수는 있겠지만 열광하지는 않는다.

우리가 음악적 심상화에 대해 알아본 연구에서 사람들이 음악을 들을 때 마음의 눈으로 보는 심상의 종류 중 두 번째로 흔한 것이 가사의 이야기와 관련된 이미지였다.▶ 참가자들은 자신이 가장 좋아하는 음반을 들으면서 무엇을 보는지를 이렇게 설명했다.

"노래 가사에 사람들이나 나를 투영해봅니다."

"가사에 어울리는 이야기를 상상해요."

"가사가 묘사하는 이야기가 내 삶과 어떻게 연결될지 생각해요."

"노래가 묘사하는 상황에 나를 두고 그 감정을 느껴봅니다."

"가수가 누구이고 무엇을 노래하는지 머릿속에 그려보고, 둘이 어떤 관계인지 생각합니다."

1983년 가을의 어느 날, 내가 프린스와 일하기 시작하고 몇 달밖에 지나지 않았을 때, 나는 가사가 청자와 강렬한 사적 연결을 만든다는 것을 몸소 체험했다. 우편둘 트럭이 미네소타 세인트루이스 파크에 있는 우리 리허설 창고 앞에 서더니 팬레터를 잔뜩 담은 캔버스 가방 한 무더기를 화물 운반대에 담아가지고 왔다. 프린스의 의상을 만드는 디자이너가 쓰는 거대한 작업 테이블 위로 가방들이 쌓였다. 수천 통의 편지가 테이블과 바닥으로 쏟아졌다. 라벤더색 봉투에 담긴 편지, 반짝이는 색종이를 붙인 편지, 스티커로 아름답게 꾸민 편지, 크레용으로 칠한 편지, 심지어 선물을 넣어 불룩한 편지도 있었다. 소셜 미디어가 등장하기 전에는 수백만 명의 '팔로워'를 갖는 것이 이런 모습이었다.▶

요즘이야 팬이 아티스트에게 트윗을 보내거나 페이스북에 의견을 다는 데 몇 초면 충분하지만, 당시에는 편지 하나하나가 상당한 일이었다. 프린스의 주소를 알아내고(인터넷이 등장하기 전에는 결코 쉽지 않았다), 종이와 봉투와 우표를 마련하고, 손으로 소감을 적고(잘못되면 처음부터 다시 쓰고), 조금이라도 더 눈에 띄려고 봉투를 장식하고, 우체통을 찾아서 편지를 넣어야 했다. 그러고도 프린스는 고사하고 어느 누군가가 편지를 읽으리라는 보장이 없었다. 자신이 프린스 음악과 연결되었다는 감정을 표현하지 않고서는 참을 수 없었기에 그런 수고를 마다하지 않았던 것이다.

프린스가 밤에 떠나고 난 뒤에 나는 그가 키우는 밴드인 타임의 멤버 둘과 자리에 남았다. 산더미처럼 쌓인 캔버스 가방을 보며 위압감을 느꼈다. 이런 편지들이 어떻게 처리될지 알 수 없었다. 다만 어마어마하게 많은 양으로 볼 때 누군가가 읽을 가능성이 극히 희박하다는 것은 분명했다. 우리는 호기심에 편지 몇 통을 뜯어서 큰 소리로 읽어보았다.

대부분은 10대들이 보낸 것 같았다. 프린스의 《1999》 앨범에서 영감을 받아(그가 《Purple Rain》으로 슈퍼스타에 오르기 전이었다) 노래 제목을 엮어서 스토리를 만든 경우가 많았다. 예컨대 "숙녀 택시 운전사"가 모는 차를 타고 여러분을 "무아지경의 흥분"에 빠뜨리는 "국제적 연인"을 만나러 가면 "뉴욕의 모든 비평가들이 당신을 사랑한다"는 식이었다. 편지에는 가슴 뭉클한 무언가가 있었다. 그들은 프린스에게 아무것도 묻지 않았다. 그저 자신들이 그에게 공감했음을, 그가 쓴 가사가 자신들에게 와닿았음을 말하고 싶었던 것뿐이다.

이것은 인간 본연의 충동이다. 가사는 우리로 하여금 다른 사람의 눈을 통해 삶을 경험하고 있다고 느끼게 만든다. 그리고 우리는 자연스럽게 다른 사람이 된다는 것이 어떤 건지 상상하는 기회를 찾는다. 다른 사람처럼 생각하고 다른 사람처럼 움직이고 말하는 모습을 상상하려 한다. 팬레터 모험이 있고 몇 달이 지난 후 멋진 봄날이 생각난다. 우리는 또다시 리허설 창고에 있었고 녹음 세션을 준비하며 마이크를 조정하는 중이었다. 날씨가 워낙에 좋아서 몇몇 뮤지션과 레볼루션의 멤버들, 타임의 멤버들이 야외에서 농구 경기를 했다. 창고의 열린 문을 통해 그들의 소리가 들렸다. 나는 그토록 다르게 말하는 것이 어떤 기분일지 상상했다. 마이크 스탠드를 옮기면서 그들이 주고받는 말을 혼잣말로 해보았다. "요, 나쁜 자식!" "아기 침대에 서랍을 달았어!" "너 죽었어!" 하며 말이다. 프린스가 내 뒤로 살금살금 다가와 무척 재밌어하는 줄은 미처 몰랐다. 그는 함박웃음을 지으며 코트에 있는 뮤지션들에게 소리쳤다.

"헤이, 다들 수전이 여기서 너희들을 어떻게 흉내 냈는지 들어봐! '요, 나쁜 자식!'"

나는 당혹스럽긴 했어도 전혀 창피하지 않았다. 나 혼자 조용히 한 역할 놀이가 프린스의 주목을 끌었다는 점이 살짝 겸연쩍었다. 하지만 나는 가사 애호가들이 방에서 음반을 따라 부르면서 하는 무언가를 했을 뿐이다. 다른 사람의 말을 해보고 그렇게 말하는(혹은 노래하는) 기분을 상상하는 것 말이다.

가사가 가진 힘은 이렇듯 막강하다. 우리에게 잠시나마 다른 사람이 되는 경험을 선사한다.

이상해… 슬픈데 신나

　멜로디의 장에서 보았듯이 우리가 말소리나 가사 같은 언어의 소리를 들을 때 우리의 뇌는 소리의 멜로딕한 내용(**억양**)과 의미적 내용(**정보**)을 재빠르게 나눈다.▶ 억양과 정보는 다른 뇌 연결망에서 처리하므로 우리는 무엇에 집중할지 의식적으로 선택할 수 있다. 대부분의 사람들은 선호가 있다. 본능적으로 보컬리스트가 부르는 가사에 집중하거나, 아니면 가사는 아예 무시하고 멜로디 감상에 집중하거나.

　디즈니 영화에 나오는 노래 두 곡이 이런 차이를 여실히 보여준다. 먼저 소개할 곡은 멜로디가 가사를 압도하는 노래로, 디즈니 초창기인 1937년의 영화 「백설 공주와 일곱 난쟁이」에 나오는 〈Someday My Prince Will Come〉이다. 완벽한 남자가 구해주기를 기다린다는 가사는 문화적 유효 기간을 한참 전에 넘겼지만, 아름다운 멜로디가 이 노래를 재즈의 스탠더드로 만들었다. 데이브 브루벡, 마일스 데이비스, 그 외에 수많은 뮤지션들이 이 멜로디를 기악곡으로 연주했다. 이와 비교할 노래는 2017년의 영화 「코코」에 나오는 〈Remember Me〉다. 로버트 로페즈와 크리스틴 앤더슨-로페즈가 함께 만들었는데, 쇼팽을 연상시키는 멜로디는 듣기 좋은 정도지만, 세상을 떠난 사랑하는 사람이 늘 곁에 있다는 가사 덕분에 이 노래는 들을 때마다 눈시울을 적시게 된다.

우리는 의식적으로 판단하여 음반의 멜로디에, 혹은 가사에 주목할 수 있지만, 우리의 뇌는 또한 둘 다 (리듬, 음색과 더불어) 통합하여 온전한 청취 경험으로 만들 수도 있다. 그리하여 우리가 느끼는 보상이 일치하고 증대된다. 〈Be Our Guest〉를 들으면 가사, 멜로디, 리듬이 우리의 의식에서 서로 손을 잡고 나아가는 것 같다. 하워드 애슈먼과 앨런 멩컨이 작곡한 이 유명한 곡은 디즈니의 1991년 영화 「미녀와 야수」에 나온다. 하나 없는 다른 하나를 상상하기 어려울 정도로 가사와 멜로디가 서로를 **강화한다.**

노련한 송라이터는 뇌가 양방향으로 동시에 작동할 수 있다는 것을 암묵적으로 이해한다. 그들은 〈Be Our Guest〉에서처럼 가사와 멜로디가 서로를 보완하도록 할 수 있고, 아니면 각각의 음악적 차원이 서로 다른 것을 표현하도록 하여 노래의 감정을 전개할 수도 있다. 밴드 트레인이 〈50 Ways to Say Goodbye〉라는 곡에서 한 그것이다. 가수는 우리에게 여자친구가 떠나서 상심했다고 말한다. 그는 차마 누구에게도 털어놓지 못하고 그녀가 떠난 이유를 길게 변명한다. 가사를 보면 그는 고통스럽다. 팻 모너핸은 "내 마음은 마비되었어" "내 자존심에 난 상처가 지금도 따끔거려 / 넌 나의 전부였어" 하고 노래한다. 하지단 멜로디는 사뭇 다른 메시지를 전한다. 빠른 템포가 가볍고 쾌활한 분위기를 이어간다. 마리아치 밴드의 관악기와 어쿠스틱기타 반주는 코믹한 드라마에 어울릴 법하다. 비통한 가사에도 불구하고 멜로디는 팻이 괜찮다고 말한다.

음악이 뇌로 들어가면 가사와 멜로디로 나뉘었다가 다시 합쳐진다는 사실은 둘 중 하나를 지각하는 능력이 (가령 뇌 손상으로) 망가지면 다른 하나로 충격을 경감할 수도 있다는 뜻이다. **실어증**은 일반적으로 뇌졸중이나 그 밖의 뇌 손상을 겪고 나서 언어를 이해하는 능력이 망가진 신경적 상태다. 대부분의 뇌에서 언어를 처리하는 신경망은 왼쪽 귀 바로 위인 좌측 측두엽에 있고, 멜로디를 처리하는 신경망은 오른쪽 귀 위인 우측 측두엽에 있다. 이런 대칭성 덕분에 좌반구의 언어 신경망이 망가지면 우반구의 멜로디 신경망을 이용하여 회복을 도울 수 있다. 멜로디 억양 치료melodic intonation therapy는 실어증 환자에게 말하고 싶은 것을 **노래**로 부르도록 하여 손상된 말하기 회로를 우회한다.

노래하기는 말하기보다 더 섬세하다. 우반구는 멜로디 처리에 특화되어 있어서 뇌에 들어오는 소리를 좌반구보다 더 오랜 시간에 걸쳐 통합한다. 우리가 말하는 속도를 늦춰 단어 하나하나를 또박또박 전하면 그 소리는 말보다 노래에 더 가깝게 들린다. 우반구는 각각의 음높이를 처리하여 멜로디로 조직할 때와 마찬가지로 한 문장에 있는 **모든** 단어들을 집합적으로 처리한다. 그러므로 실어증 환자가 말을 노래로 부르면 각각의 단어들을 엮어서 하나의 언어적 '덩어리'로 만드는 데 도움이 된다.

멜로디를 처리하는 뇌의 연결망은 개별적인 음소도 통합하여 하나의 멜로딕한 단어로 만들 수 있다. '럽love'은 단음절의 말이지만 세 개의 음절로 노래할 수도 있다. 각각의 음소에 독자적인 음을 부여하여 '을lll-어uhhh-브vvv'라고 노래하면 된다. 음소의 아티큘레이션을 세심하게 통제하는 것은 시나트라가 멜로디를 통제하는 것에서 보았듯이 기교적인 음악 장치일 뿐만 아니라 유용한 치료 기술이기도 하다.

말할 때 우리는 질문을 하려는지, 사실을 진술하려는지, 명령을 내리려는지 미리 안다. 발성의 음높이, 타이밍, 강세를 의도에 맞게 선택한다. 그래서 전체적인 발화는 의도에 따라 특정한 멜로디의 윤곽을 갖는다. 예를 들어 "네가 **창문을** 열었어?"는 "**네가** 창문을 열었어?"와 다른 질문이다. 언어 장애가 있는 환자가 멜로디 억양 치료를 받으면서 자신이 말하고자 하는 것에 대해 특정한 멜로디의 윤곽을 의식적으로 고르면 언어 기능을 되찾는 데 도움이 된다는 연구가 있다. 치료사가 실어증 환자에게 "강아지를 쓰다듬을래"라고 말하도록 가르친다고 해보자. 먼저 환자에게 단어들의 **감정**을 전하는 단순한 멜로디를 고른 다음 무의미한 음절 '라 라 라 라 라 라 라 라 라'를 붙여서 노래하라고 권할 수 있다. 점차 실제 음절을 닮은 소리가, 예컨대 '가 가 자 라 싸 다 다 와 라' 하는 음절이 무의미한 음절을 대체해간다. 이런 식으로 연습을 계속하면 전체 문장을 성공적으로 발음하는 능력이 좋아진다.

리듬도 손상된 언어 기능을 되찾는 데 도움이 된다. 손동작은 말을 할 때도 노래할 때도 흔하게 사용된다. (어떤 뇌과학자들은 호모 사피엔스가 진화하기도 전에 고인류에게서 제스처와 말소리 사이에 연결이 만들어졌다고 믿는다.) 문장을 이루는 각각의 음절마다 박을 두드리면, 특히 우반구를 통제하는 왼손으로 두드리면, 이런 원시적인 신경 연결의 도움으로 말소리의 시간을 잴 수 있어서 일관된 템포로 발음하게 된다.

생리적으로 손상된 언어 기능을 '고치는' 방법이 여럿 존재하는 이유 중 하나는 언어 신경망이 뇌의 다른 많은 부위들, 예컨대 시각, 청각, 미각, 후각, 통증, 쾌감, 욕정, 사랑, 사회 인지, 기억, 계획, 꿈 등을 담당하는 신경망과 긴밀하게 얽혀 있기 때문이다. 이런 무차별적인 연결성 덕분에 우리는 다양한 치료 방법을 가동하여 언어 기능의 결함을 보완할 수 있다.

아울러 우리는 언어를 사용하여 자기 정체성의 복잡함을 표현할 수도 있고, 다른 정체성을 실험할 수도 있다.

노련한 작사가의 영업 비밀

베트남 반전 시위가 미국 사회를 뒤흔들고 인종 폭동이 막바지에 이르렀던 1969년 여름에 나는 사춘기 소녀였다. 외적, 내적 변화들로 숱한 질문이 떠올랐다. 수업을 같이 듣는 남자아이들은 외국으로 나가 싸우게 될까? 내가 존경하는 사회 지도자들은 모두 암살당할까? 학교를 자퇴하는 게 더 나을까? 인종 간의 평등이 왜 안 된다는 거지? 그해에 적절한 가사가 내 영혼에 안전벨트를 채우듯 찰칵 걸렸다. 슬라이 앤 더 패밀리 스톤의 〈Stand!〉가 라디오에서 흘러나왔다.

일어나요! 당신이 원하는 모든 것은 진짜예요.
당신이 끝내야 해요, 협상은 없어요.

내가 슬라이의 목소리에 담긴 믿음과 낙관에 꽂혀 거실에 얼어붙은 듯 서 있던 장면이 생각난다. 그가 말하는 것이 세상에 전해진다면 모든 것이 잘 되리라는 생각이 들었다. 〈Stand!〉의 리듬은 균일한 힘으로 전진한다. 관악기를 같은 신시아와 제리가 분위기를 고조시키며 슬라이의 멜로디 라인을 거든다. 로즈가 나뭇잎 사이로 비치는 햇살처럼 강렬한 목소리로 그가 방금 말한 것을 환하게 비춘다. 그리고 마지막 후렴구 중간에 래리가 치고 나가 휭크 그루브를 연주한다. **이제 춤을 춰야지!**

그해에 지금도 소중하게 여기는 음반이 여러 장 나왔지만 〈Stand!〉만큼 감정적으로 내게 와닿은 음반은 없다. 그 이유는 가사 때문이다.

개인의 정체성은 시간과 상황에 따라 바뀌는 역동적인 현상이다. 정체성은 우리가 어떤 사람이 되고 싶은지, **될 수 있는지** 알아보려고 하는 젊은 시절에 가장 극적으로 요동친다. 정체성은 사회적 행위(예컨대 상대방의 담론에 "동의해!" 하고 거드는 것)이기도 하고 미적 행위(예컨대 핫팬츠는 괜찮지만 미니스커트는 용납하지 않는 것)이기도 하다. 음악, 특히 가사는 우리가 탐험하고 채택할 페르소나를 잔뜩 담고 있는 백과사전과도 같다. 가사는 우리가 다른 사람의 말을 '입어보며' 나의 페르소나에 어울리게 맞출 수 있는지 알아보는 개인적인 옷장이 된다. 내가 타임의 멤버들이 말한 그대로 해보았을 때 그랬듯이 말이다.

우리가 스스로를 위해 구축하는 정체성은 우리가 수집하고 좋아하는 것들에 반영된다. 그렇기에 내가 먹는 음식, 즐기는 취미, 푹 빠져 있는 음악 장르가 급격하게 달라지면 나를 아는 사람들은 나의 정체성과 관련하여 중요한 무언가가 바뀌었다고 이해한다. 개인의 정체성 개념이 음악 선택과 연결되어 있음을 보여준 경험 연구가 있다. 가령 평생 클래식 음악만 듣다가 갑자기 팝 음악만 듣기를 원하는 상황 같은 것 말이다. 최근의 한 연구에서 참가자들에게 어떤 상황을 던져주고 이웃, 직업, 종교, 미적 선호도에 급격한 변화가 일어났다고 상상하게 했다. 그런 다음 "그래도 같은 사람이라고 할 수 있을까요?" "그런 극적 변화가… 친구들과의 관계에 어느 정도로 영향을 미친다고 생각해요?" 하고 질문했다. 음악 장르 간의 차이가 클수록—예컨대 평생 펑크만 듣다가 갑자기 가스펠만 듣고 싶어졌을 때—자기 정체성의 변화가 더 크게 인식되는 것으로 나타났다.

데드헤드|미국 록 밴드 그레이트풀 데드의 공연을 따라다니는 열성 팬들-옮긴이, 레이브, 고스 등의 하위문화는 대체로 **개념**을 공유하는 집단이다. 남들과 구별되는 독특한 패션과 독특한 음악은 이런 팬들이 받아들인 가치 체계를 드러낸다. 2004년 『뉴욕 타임스』에 실린 「나를 알려면 나의 아이팟을 보라」라는 제목의 글에서 저널리스트 존 슈워츠가 이런 관점을 표명했다. 새로운 테크놀로지의 경향을 다룬 이 에세이의 첫 문장은 이렇다. "의도한 건 아니지만 나는 켄의 머릿속에 들어가게 되었다." 켄이 존에게 아이팟을 팔았는데, 그 아이팟에 자기가 만들어둔 음악 라이브러리를 삭제하지 않은 것이다. 존은 켄의 플레이리스트를 들으며 몰래 엿듣는 기분이었다고 했다. 그렇게 내밀했던 것이다. "아이팟을 떠나서 보면 켄은 사근사근하지만 말수가 적었다. 그러나 그의 선곡은 내가 전혀 알아채지 못했던 날뛰는 열정을 보여준다. (…) 그를 더 잘 알게 되었다. 그래서 좋다."

청취 프로필을 구성하는 일곱 가지 차원 가운데 가사는 정체성에 접근하는 가장 직접적이고 정교한 통로가 된다. 새로운 앨범을 들으며 특정 그루브나 혁신적인 소리 설계에 매료되다가도 가사가 나와 맞지 않는 이념이나 가치를 표현한다면, 그 앨범을 거부하거나 적어도 다른 사람이 보지 못하게 감출 수 있다. 얼마 전에 젊은 저널리스트와 이런저런 이야기를 나누다가 우리 둘 다 솔란지의 2016년 앨범 《A Seat at the Table》을 좋아한다는 것을 알게 되었다. 하지만 그는 솔직하게 말했다. "친구들과 있을 때는 그 앨범을 절대로 듣지 않습니다." 내가 이유를 묻자 그가 이렇게 설명했다. "남자들은 다른 남자들과 어울릴 때 여자 가수의 앨범을 듣지 않아요. 당신도 그러지 않잖아요." 나는 웃음을 참으며 이렇게 대꾸하면 어떨까 상상했다. **그 마음 나도 알지. 내가 존 레전드의 새 앨범을 좋아한다는 걸 여자들이 안다면 날 어떻게 생각하겠어? 나는 망신을 당할 거야!**

한 남자의 생각이 모든 남성 음악 애호가들의 태도를 대표하지는 않는다. 하지만 나는 그의 의견에 타당한 점이 있다고 본다. 우리가 사랑하는 음악의 가사는 **우리가 어떤 사람인지** 나타내는 것으로 널리 받아들여진다. 그리고 대다수 가사 애호가들의 경우 실제로 그렇다. 가사에는 산문에는 없는 특별한 성격이 있어서 문학보다 정체성 교환이 훨씬 더 용이하다. 구조가 느슨한 가사는 내면의 생각을 소리 내어 말하는 것과 닮았다. 가사에서 화자는 혼잣말을 했다가("과감한 남자가 내게 필요해") 다른 사람에게 말하는 식으로("춤추지 않을래요?") 관점을 자주 바꾼다.

이렇게 보면 팝의 가사는 생각을 마음속에 담아두는 발달 단계에 아직 이르지 못한 아이가 남의 시선을 의식하지 않고 하는 말과 유사하다. 저술가이자 교육자인 팀 머피는 이렇게 말한다.

"과감하게 말하자면 음악과 노래는 음악 비평가들에게나 특정한 의미를 갖고 있으며, 나머지 우리들에게는 그저 무수히 많은 의미를 갖는다." 이런 생각은 "비-밥-어-룰라"가 의미하는 것을 **느끼기만** 한다면 정확히 무슨 뜻인지 이해할 필요가 없다는 살만 루슈디의 믿음과 연결된다. 노래 가사는 우리의 의식 속에서 합리성, 특정성, 논리가 이상할 정도로 없는 감정의 공간에 기거할 수 있다.

머피는 사람들로 북적이는 거리에서 누군가가 "이봐, 당신!" 하고 외치면 대개는 다른 사람을 부르는 것임을 알더라도 일단은 본능적으로 돌아보게 된다고 지적한다. 하지만 음반의 가사를 들을 때는 '당신'이라는 말이 **당신**을 가리킨다는 본능적인 가정을 결코 의심하지 않는다. 우리의 마음은 가사에서 '나' 또는 '당신'의 자리에 자동으로 자신을 둔다. 때로는 그러고 싶지 않아도 말이다.

1990년대 중반에 함께 작업했던 한 젊은 드러머가 애인과 헤어져 고통스러운 시기를 겪고 있었다. 어느 날 아침 그가 스튜디오로 들어오더니 투덜거렸다. **"어째서 모두가 나에 대한 노래를 부르는 거냐고?!"** 라디오에서 나오는 실의 〈Kiss from a Rose〉와 마이클 잭슨의 〈You Are Not Alone〉 같은 막강한 사랑 노래가 힘든 시간을 보내던 그에게는 견디기 어려웠던 것이다.

노련한 송라이터는 가사가 내면의 생각을 말하는 경험과 연결된다는 사실을 이용한다. 머피는 팝 음악 작사가들이 대체로 시간, 공간, 인물을 익명으로 두기 때문에 청자가 가사를 개인의 사연으로 삼기가 더 쉽다고 지적한다. 오늘날 가사를 쓰는 작사가들은 보통 정확한 사건을 자세히 기술하기보다 감정이나 상황의 순간적인 묘사에 치중한다. 훌륭한 사기꾼이 거짓말에 속아 넘어가기에 충분한 정도의 디테일만 포함시키듯이 송라이터 또한 청자가 노래라는 허구적 영역의 진정성을 믿게 할 정도의 디테일만 제공한다.

라나 델 레이의 〈This Is What Makes Us Girls〉가 내게 그런 경우다. 이 곡의 가사에서 그녀가 묘사하는 생생한 이미지들, 예컨대 10대 아이가 "동네 술집 테이블에서 춤을 추고," 가장 친한 친구의 "사슴 같은 눈에서 마스카라가 번지고," 남자애들이 "휘파람으로 유혹하고" "얼음을 띄운 팹스트 블루 리본 맥주"를 마시는 광경은 내가 개인적으로 해본 적은 없지만 (나도 한때 10대였으므로) 너무도 잘 아는 상황을 떠올리게 한다. 델 레이 덕분에 이런 것을 보고 느끼는 것이므로 나는 이 노래를 실제 있었던 기억만큼이나 소중하게 아낀다.

재능 있는 송라이터는 청자가 음반을 즐길 때 가사를 따라가면서 상상력이 가동된다는 것을 안다. 가사를 처리하면서도 우리의 마음은 심상과 기억과 감정을 펼친다. 〈This Is What Makes Us Girls〉를 들으면서 나는 술집에서 흘러나오는 네온불빛으로 줄무

니가 그려진 축축한 아스팔트를, 얕은 개울가를 따라 이어진 난
간을 본다. 아이들이 웃고 달리고 소리치는 것을 듣고, 여름날 공
기 중에 떠도는 담배, 향수, 살충제, 마리화나 냄새를 맡는다. 이
런 것은 노래에 나오지 않는다. 델 레이의 가사가 내 상상력을 부
추겨 빈칸을 채운 것이다. 노래가 이어지는 4분 동안 나는 그곳에
산다.

작사가는 이런 모호함을 의도적으로 이용하여 더 몰입하는
경험을 선사한다. 청자가 직접 이야기를 만들어 빠진 부분을 채
우도록 권하는 것이다. 사실성의 장에서 추상화를 살펴보면서 보
았듯이 모호함은 관객이 의미를 찾으려는 과정에서 여러 가능성
들을 탐험하도록 만든다. 추상화에서 패턴을 감지하는 것이 보상
을 안겨주는 것과 마찬가지로 노래가 무슨 내용인지 이해했다고
믿으면 만족감이 들 수 있다. 아울러 이런 만족감은 그 내용을 '알
아차리는' 공동체에 자신도 속한다는 소속감을 안겨줄 수 있다.

돈 매클레인이 1971년에 발표한 〈American Pie〉는 미국음반
산업협회가 선정한 "20세기 최고의 노래 365곡" 가운데 5위를 차
지한 8분 30초짜리 대작이다. 이 노래는 수수께끼 같은 가사로 유
명하다. 예컨대 이런 대목이다.

궁정광대가 왕과 여왕 앞에서 노래했네,
제임스 딘에게서 빌려온 옷을 입고.

매클레인이 이야기가 있는 시로 노래를 만든 최초의 작사가는 아니었다. 그 이전에 밥 딜런이 있었다. 하지만 〈American Pie〉는 더 많은 청자의 상상력을 사로잡았고 많은 사람들이 노래의 모든 구절을 외우는 '세대의 송가'가 되었다. 다채로운 가사는 난해하면서 진지하여 사회적, 정치적 갈등의 근본 원인을 표명하는 것처럼 보였다. 지금도 팬사이트에 들어가면 사람들이 노래에 담긴 모든 비유의 상징적 의미를 어떻게 인식하는지 볼 수 있다. 지난 40년 동안 매클레인은 무슨 의도로 이 곡을 만들었는지 밝히기를 확고하게 거부했다. 노래가 무슨 의미인지 묻는 질문에 그는 자주 이렇게 답했다. "내가 다시 일하지 않아도 된다는 뜻이죠."

그러다가 2015년에 매클레인은 작사 당시 직접 쓴 〈American Pie〉 가사 원본을 경매에 내놓으면서 크리스티 경매 카탈로그에 들어가는 글에서 불가해한 가사는 "집 안에서 즐기는 놀이가 아니"라고 밝혔다. 카탈로그를 위한 인터뷰에서 그는 이렇게 말했다. "기본적으로 〈American Pie〉는 세상이 잘못된 방향으로 가고 있다는 겁니다. 목가적인 분위기가 시들고 있다는 겁니다. 여러분이 제대로 받아들였는지 모르겠지만 어떻게 보면 도덕에 관한 노래입니다." 매클레인이 그동안 내내 가사에 대한 설명을 피한 것은 좋은 생각이었다. 그가 내놓은 설명이 많은 팬들의 해석만큼 흥미롭지 않기 때문이다.

오래전에 나는 운 좋게도 폴 사이먼의 부인이던 (그리고 지금도 부인인) 싱어송라이터 에디 브리켈의 엔지니어로 일할 기회를 잡으면서 가사의 모호함이 가진 위력을 실감했다. 널리 사랑받는 사이먼의 명곡 중 하나인 〈Me and Julio Down by the Schoolyard〉의 가사에 보면 "어머니가 파자마 차림으로 경찰서에 달려갔다"고 나온다. "나와 훌리오가 학교 운동장에 있는 것을 보고" 나서 말이다. 둘이 무엇을 했을까? 가사에는 "불법적인 일"이라고만 되어 있다. 내가 에디와 일하게 되었다고 당시 매니저에게 말하자 그가 맨 처음 한 말이 이랬다. "그렇다면 제발 그녀에게 말해서 폴에게 그와 훌리오가 학교 운동장에서 뭘 하고 있었는지 물어봐줘요!"

나는 가사를 문자 그대로 받아들여서는 안 된다는 것을 알기에 당연히 묻지 않았다. 흥미로운 질문거리를 던지는 가사가 있지만, 폴 사이먼 같은 뛰어난 작사가는 모든 질문에 일일이 답해서는 안 된다는 것을 안다.

아티스트의 가짜 페르소나

가사는 송라이터의 세계를, 그들의 가치 체계와 관점을 우리에게 드러낸다. 그리고 가사가 계속해서 자기인식 신호를 울려대면 우리는 작사가를 개인적으로 아는 사람처럼 느낄 수도 있다. 그러나 송라이터에게는 청자와 절대로 공유하지 않는 사적인 열망과 두려움이 담긴 자기만의 정체성이 있다. 그래서 완벽하게 허구인 가사를 쓰는 경우도 많다.

대부분의 경우 청자는 노래 가사가 작사가의 실제 경험을 어느 정도나 표현하고 있는지 알 도리가 없다. 작사가는 언제나 노래나 기발한 구절을 어떻게 생각해냈는지 알리려고 하지는 않는다. 사후에 음반이 발표되면 프로듀서와 밴드 멤버들이 가끔 인터뷰를 하다가 노래가 무엇에 관한 것인지 알려달라는 요청을 받는다. 이때 솔직한 대답은 하나의 뮤즈는 존재하지 않는다는 것이다. 정사, 결별, 통찰, 실망, 예감 등 그 어떤 것도 가사의 출발점이 될 수 있다. 하지만 일단 글을 쓰기 시작하면 창작이 주도권을 쥘 때가 많다.

음반 프로듀서 입장에서는 (초보 작사가가 저지르기 쉬운) 진실하지만 지루한 '일기장'보다 그럴 듯하게 꾸민 이야기를 선호할 때가 많다. 사실과 허구를 섞으면 청자의 경험과 닮은 무언가가 나올 가능성이 더 크다. 진정성의 장에서 보았듯이 가사의 단어 하나하나가 전부 진짜이지 않아도 진정성의 감각을 활용하면 청자와의 유대감을 만들 수 있다. 내 남동생 존이 언젠가 털어놓기를 내가 공동 프로듀서를 맡은 베어네이키드 레이디스의 《Stunt》 앨범에 수록된 〈Call and Answer〉라는 결별 노래를 무척 좋아한다고 했다. 살짝 당혹스러웠다. 자신의 유일한 사랑과 수십 년째 결혼 생활을 이어가고 있어 남들의 부러움을 사는 존이 그 가사에 강하게 공감한다니 말이다. 그는 이렇게 말했다. "나는 누구와도 결코 헤어지지 않겠지만, **만약에 헤어진다면** 그런 노래를 부르고 싶었을 거야."

송라이터 입장에서 보면 가사를 통해 완전히 진짜처럼 느껴지는 상상의 경험을 제공하는 것보다 좋은 것은 없다. 그래서 나는 스티븐 더피와 공동으로 곡을 쓴 스티븐 페이지에게 남동생의 반응을 털어놓았다. 그는 활짝 웃으며 재밌어했지만 약간 당황한 듯 보였다. 노래는 완전한 허구였다. 그와 더피가 지어낸 것이었다.

로스앤젤레스 선셋 사운드 스튜디오에서 길게 이어진 녹음 세션이 끝났을 때 나는 아티스트의 진짜 정체성과 그의 가사에 표현된 정체성이 일치하지 않는 사례를 또다시 경험했다. 나는 프린스의 테이프와 녹음 장비를 챙기는 중이었다. 젊은 직원이 나를 도우면서 프린스에 대해 질문했다. 그 직원은 프린스를 한 번도 만난 적이 없었다. 나는 그의 질문에 대답했고, 누구를 가장 좋아하는지 그에게 물었다. 그는 브루스 스프링스틴이라고 했다. 이유를 물었다. 보스의 송라이팅 스타일에 관해 두슨 말을 하지 않을까 기대했다. 하지만 그의 말은 이랬다. "브루스가 나를 만난다면 마음에 들어 할 것 같아요. 자리에 앉아 맥주를 마시면서 이야기를 나누겠죠. 하지만 프린스는 왠지 내 여자친구를 채어갈 것 같은 기분이에요." 프린스의 가사를 떠올려보면 그렇게 생각하는 것도 무리는 아니었다.

프린스의 많은 노래들이 곧바로 들이댄다. "당신의 유일한 존재가 되고 싶어요" "당신은 엉덩이가 멋지군요" "당신의 몸을 만지게 해줘요, 베이비, 당신을 느끼고 싶어요" 그의 이런 가사는 스프링스틴이 부르는 "나쁜 욕망을 품었어요" "빌려온 총일 뿐이야, / 우리가 어둠 속에서 춤을 춘다 해도"보다 더 직접적이다. 숨은 속뜻은 똑같다 해도 말이다. 그런데 실생활에서 프린스는 대인 관계에 무척이나 성실한 사람이었다. 청자가 갖고 있는 그에 대한 인상이 내가 아는 사람과 일치하지 않아서 살짝 서글펐다.

여러분이 송라이터의 가사에 표현된 정체성을 받아들이면 자신의 정체성이 확장되거나 바뀌는 것을 느낄 수 있다. 소울 음악은 내게 인종차별로 겪는 고립감을 들여다보는 창문이 되었고, 가끔은 나와 삶의 경험이 완전히 다른 사람의 관점으로 세상을 보게 했다. 퍼블릭 에너미의 새 앨범 《Fear of a Black Planet》을 사 들고 귀가한 날, 나는 〈Fight the Power〉를 크게 틀어놓고 들으며 황홀경에 빠졌다. 곡의 편곡, 소리 설계, 퍼포먼스, 엔지니어링이 혁신적이고 짜릿했다. 내가 한 번도 들어보지 못한 것이었다. 하지만 다음 가사가 나왔을 때 나는 주먹을 불끈 쥐고 자리에서 일어나 빈방에 대고 "그래!" 하고 소리쳤다.

녀석은 진짜 인종주의자였어, 따져볼 것도 없어.
망할 자식, 엿이나 드셔, 존 웨인이랑.

누군가가 영화의 아이콘 존 웨인을 깎아내리는 것은 전에 딱 한 번 들었을 뿐이다. 앞선 세대에게 그는 미국의 전설적인 영웅이었다. 1940년대와 1950년대 남자아이들에게 미국의 남성다움을 대표하는 상징적 존재로 떠받들어졌다. 그가 영화에서 주로 맡은 역할이 아메리칸 원주민들을 학살하는 것이었지만 말이다. 그런데 존 웨인의 영웅 자격을 두고 의심을 품은 사람이 나뿐만은 아니었다. 〈Fight the Power〉와 척 디가 앨범에서 작업한 가사를 들으며 그에게 동료 의식을 느꼈다. 문화적 혈통에서는 그와 공통점이 거의 없었지만 우리가 다다른 결론에는 비슷한 점이 많았다.

가끔은 아티스트가 가짜 페르소나를 대놓고 만들기도 한다. 얼터에고에게 들어맞는 생각과 감정을 노래로 표현하기 위함이다. 팬들은 이런 캐릭터에 매력을 느낀다. 특히 1970년대 글램록 밴드 키스나 조지 클린턴의 횡켄슈타인 박사처럼 독특한 외양을 채택한 캐릭터들이 많은 사랑을 받았다. 비욘세는 한 앨범에서 사샤 피어스라는 얼터에고를 등장시켜 일렉트로 팝 음악을 시도했는데 우리가 아는 스타의 모습과 완벽하게 들어맞지 않았다. 가스 브룩스는 컨트리 색깔을 버리지 않으면서 록 음악을 마음껏 구사하고자 검은색 아이라이너에 머리를 기른 크리스 게인스라는 얼터에고를 내세웠다. 니키 미나즈는 수많은 얼터에고를 만들었는데 팬들이 가장 좋아하는 것은 런던 출신의 게이 남자 로만 졸란스키다. 라몬스는 실제로는 친인척 관계가 전혀 아닌 네 멤버에게 동일한 정체성을 부여하여 조이 라몬, 디 디 라몬, 조니 라몬, 토미 라몬으로 활동했다.

보다 최근에 엘리자베스 울리지 그랜트는 그녀가 관심 있는 가사 주제에 더 몰입하고자 '라나 델 레이' 캐릭터를 만들었다. 그녀가 라나를 처음으로 선보인 무대는 2012년 TV 쇼 「새터데이 나이트 라이브」였다. 그녀의 퍼포먼스를 두고 '자신감이 없다' '불안하다'며 소셜 미디어에서 조롱한 이들이 있었다. 나는 그런 식으로 보지 않았다. 다만 그녀가 전개하는 캐릭터가 아티스트 엘리자베스와 완전히 통합되지 않은 것 같았다. 그녀의 무대는 '데이비드 보위' 캐릭터가 처음 만들어지던 데이비드 존스의 활동 초창기를 생각나게 했다. 레지널드 드와이트가 '엘튼 존'이라는 예명으로 활동하던, 허먼 블런트가 '선 라'로 활동하던 초창기도 그랬다. 이런 공공연한 정체성은 꾸며낸 매너리즘과 무대 의상, 그리고 결정적으로 아티스트의 노래 가사를 통해 자리를 잡기까지 시간이 걸렸다.

가사는 청취 프로필의 음악적 차원 중 유일하게 음악을 만드는 사람과 청중이 양방향으로 주고받는 관계를 만들 수 있다. 대부분의 청자들은 아티스트의 노래에 대해 새로운 멜로디나 리듬을 만드는 것으로 반응할 수 없다. 그러나 누구든 아티스트에게 말로 답할 수는 있다. 팬들이 가사를 통해 송라이터에 대해 알아가듯 송라이터 역시 팬들이 보내는 편지나 온라인 댓글로 그들에 대해 알게 된다. 송라이터는 자신이 세상에 내보내는 것이 "나의 작은 조각"에 불과하다는 것을 인식한다. 자신의 믿음, 생각, 감정, 관심, 꿈을 불완전하게 드러내며 종종 왜곡하기도 한다. 하지만 공감과 약간의 지혜만 있다면 송라이터는 괜이 자신을 만날 때 기대하는 것이 이런 '조각'임을 알아차린다.

꽤 오래된 일인데 조각가인 내 친구 팀 브루크너가 그의 우상인 존 레넌을 만나 다음 프로젝트의 아트워크를 논의하는 일생일대의 기회를 잡았다. 팀은 아침에 포트폴리으를 들고 부엌에서 기다리면서 독 안에 든 쥐처럼 안절부절못했다. 전설적인 인물을 만나면 무슨 말을 해야 할지 생각하느라 정신이 없었다. 가정부가 시리얼과 접시와 우유를 팀 앞에 갖다 놓았다. 레넌이 들어와 그의 앞에 앉아 자기 접시를 챙겼고 콘플레이크 상자를 둘 사이에 놓았다. 팀은 자신의 우상이 우유를 시리얼 접시에 따르는 것을 두근거리는 마음으로 지켜보았다. 그러자 레넌이 고개를 들고 살짝 웃으며 강한 리버풀 억양으로 이렇게 말해 긴장감을 깼다. "아! 콘플레이크 위에 앉았네요!" 그 말에 팀이 놀라서 입이 벌어졌던 모양이다. 레넌도 입을 벌리더니 손가락으로 턱을 밀어 올렸다고 한다.

레넌은 젊은 손님에게 자기가 쓴 가사를 인용하면서 이렇게 말하고 있었던 것이다. **당신이 나를 쳐다볼 대 무엇을 보는지 알아요. 당신이 나를 알아보는 곳이 우리가 만나는 거리입니다.**

무의미한 가사에도 의미는 있다

　가사와 멜로디가 따로 처리되는 덕분에 무의미한 구절로 가사를 만들어도 청자와 연결될 수 있다. 음악학자들은 무의미한 가사를 음절적 무의미와 명제적 무의미, 이렇게 두 종류로 나눈다. 음절적 무의미는 각각이 의미가 없는 소리들의 조합이다. "비-밥-어-룰라"처럼 듣기 좋고 서로 어울리는 소리가 그런 예다. 음절적 무의미는 대중음악 역사를 통틀어 시대마다 히트 음반에 자주 등장한다. 로이 오비슨의 〈Ooby Dooby〉, 비틀스의 〈I Am the Walrus〉에 나오는 "구 구 구줍" 하는 대목, 폴리스의 〈De Do Do Do De Da Da Da〉, 핸슨의 〈MMMbop〉, 닉 조너스와 니키 미나즈의 〈Bom Bidi Bom〉 등등. 학자들에게는 이런 무의미한 소리가 반항이나 전복을 나타내겠지만, 팬들에게는 개인 클럽으로 초대하는 암호와 같다.

　가끔 송라이터들은 일단 무의미한 가사를 적어둔 다음 좀 더 말이 되는 가사로 바꿔가는 식으로 작업하기도 한다. 아일랜드 록 밴드 U2에 흥미로운 예가 있다. 리드 싱어 보노는 리허설 때 스캣 창법으로 흥얼거리며 리듬과 코드 진행에 어울리는 음절을 찾는 것으로 유명하다. "우리는 그걸 봉골리즈라고 불러요." U2의 《Songs of Experience》 앨범에 참여했던 영국의 음반 프로듀서 앤디 발로의 말이다. "그는 기본적으로 경치나 마시고 있는 커피잔에 관한 말들을 만들어냅니다. 채널을 맞추는 거죠. 우리는 거기서 괜찮게 들리는 것을 찾아서 이어 붙입니다." 가끔은 가사로 대체되어야 하는 무의미한 음절이 다른 요소들과 잘 어울려 보여서 몇 차례 리허설 후에 그냥 두기도 한다.

두 번째 종류의 무의미한 가사는 명제적 무의미다. 개별 단어는 타당하거나 의미가 있지만 단어들을 조합했을 때 관습적인 문법에 어긋나거나 비논리적이고 터무니없는 것을 가리키는 경우다. 오기는 1980년대 일렉트로팝 밴드 야주의 〈I Before E Except After C〉를 좋아한다. 밴드 멤버들(그리고 프로듀서의 어머니)이 오디오 장비 사용설명서를 읽은 다음 녹음된 단어들을 재배열하여 무의미한 패턴으로 만든 것이다.

명제적 무의미의 보다 시적인 예는 비치 보이스의 걸작 〈Surf's Up〉에서 발견된다. 브라이언 윌슨의 정신병 징후(아직 진단을 받기 전이었다)를 여기서 볼 수 있다고 주장하는 사람들이 있다. 나는 이 음반을 들을 때마다 소름이 돋는다. 어색한 단어 조합(예컨대 "비둘기가 둥지를 튼 탑의 시간Dove nested towers the hour was"이라든지 "젊은이들이 자주 안겨주는 활력The young and often spring you gave")에도 불구하고 곡이 무엇을 표현하고 있는지 알 것만 같다. 나에게 〈Surf's Up〉은 위대한 송라이터가 삶을 부여잡으려고 애쓰는 모습을 보여주는 노래다. 이런 연약함이 대단히 감동적으로 와닿는다.

영원히 반복될 테마

가사에서 음악적 보상을 얻는 사람들은 어렸을 때 들은 노래에서 처음으로 자기 모습을 알아보았을 가능성이 크다. 사춘기와 음악은 마치 아이스크림과 핫퍼지처럼 함께 간다. 아동기와 성년기 사이에 놓인 달콤하고 변덕스러운 그 시기, 정체성을 찾으려는 노력이 가장 활발한 그 시기는 음악에 담긴 언어적 메시지에서 위안을 얻고 기쁨을 누릴 수 있는 시간이다.

오늘날 사춘기 청소년들에게는 무엇을 생각하고 말해야 할지, 어떤 존재가 될지 알아내는 일에 도움을 주는 음악이 널리고 널렸다. 또래랑 같이, 또는 혼자서 즐길 수 있는 음악이 많다. 대부분의 10대들에게 팝 음악 가사는 학교나 집에서 완전히 터놓고 대할 수 없는 섹스, 마약, 우울, 불안, 따돌림, 사랑의 감정, 폭력 같은 상황을 다룬다. 그러니 팝 음악은 진지하지만 혼란스러운 문제에 대한 정보를 주는 주요 창구가 될 수 있다. 브루스 스프링스틴은 〈No Surrender〉의 가사에서 이런 정서를 제대로 포착했다.

우리는 학교에서 배운 것보다, 베이비
3분짜리 음반에서 더 많이 배웠지.

학술지 『음악심리학』에 1960년부터 2010년까지 미국 탑 40

히트곡들의 가사 주제를 분석한 글이 실렸다. 1960년대 이후로 팝 음악에서 지배적인 주제는 로맨스와 섹스였다(다만 세월이 흐르면서 섹스로 좀 더 기울어지는 추세를 보였다). 춤, 약물 사용과 남용, 신분이나 물질적 부 같은 라이프스타일을 묘사하는 가사는 21세기에 접어들면서 가파르게 늘었다. 사회 변화, 종교, 개인의 정체성, 가족, 친구에 관한 가사는 세월이 흘러도 일정한 비중을 유지했다. 하지만 폭력의 이미지를 다룬 가사는 1990년대 들어 급증했다. 랩 음악이 폭력 묘사와 관련하여 가장 극적인 상승을 나타냈다(1979년과 1997년 사이에 27퍼센트에서 60퍼센트로 늘었다). 1990년대 후반의 가사는 폭력을 힘, 남성성, 부와 연관시켜 긍정적으로 묘사한 경우가 많았다.

그러나 전 세계에서 가장 인기 있는 노래의 상당수는 젊음의 불안과 고립감을 담은 가사다. 세상에 나 혼자라는 사춘기의 심정을 제대로 표현한 곡으로 비치 보이스의 1963년 히트곡 〈In My Room〉이 있다. 10대를 막 넘긴 브라이언 윌슨이 친구 게리 어셔와 함께 쓴 곡이다. 초창기 비치 보이스의 많은 노래들이 그렇듯 무척이나 단순한 가사여서 오직 젊은이만 쓸 수 있고 젊은 청자들만 (혹은 마음이 젊은 사람만) 완전하게 이해할 수 있다.

윌슨은 평생 광장공포증에 시달렸다. 비록 이 노래는 질병이 발현하기 전에 쓰였지만, 윌슨과 어셔는 각자 자신의 방이 안식처라는, 내가 나로 **존재하면서** 나를 **바꾸는** 용기를 낼 수 있는 유일한 공간이라는 속 깊은 감정을 건드렸다. "이제 날이 어둡고 혼자지만 / 그래도 난 두렵지 않아" 하는 구절은 순수하고 정제된 감정의 표현이다. 어렸을 때는 공개적으로 말하지만 성인이 되고 나서는 억누르거나 불신하는 진실이다.

저니의 보컬리스트이자 송라이터 스티브 페리는 『롤링 스톤』과의 인터뷰에서 〈In My Room〉이 그에게 위안을 주었다고 말했다. "10대 시절 내가 겪었던 고립감에 바치는 송가였습니다. 나는 그냥 방에 혼자 있고 싶었어요. 그곳에서는 편안한 마음으로 음악을 연주할 수 있었으니까요." 페리와 밴드 동료 조너선 케인이 〈In My Room〉의 순수함에서 영감을 얻어 자신들의 이상주의 송가인 〈Don't Stop Believin'〉을 작곡하는 모습이 눈에 선하다. CBS 뉴스의 짐 액설로드는 이 곡에 대해 "저니의 곡으로 시작했을지 모르지만 이제 우리 모두의 노래가 되었다"고 말했다.

어째서 다 내 이야기 같은 거야

과학자들은 자기일치성self-congruity이라는 심리학 개념을 사용하여 음악 청자들이 (가사나 외양을 보고 판단한) 나의 성향과 일치하는 아티스트를 선호한다고 주장해왔다. 이런 생각이 2020년에 발표된 대규모 연구로 확인되었다. 연구 자료는 음악과 사회적 정체성의 문제를 살펴보는 증거가 되었다. 음악 청자들은 자신의 성격 특성을 반영하고 강화하며 자신의 심리적 필요나 사회적 필요를 다루는 아티스트와 음반을 선택한다고 답했다.

그러나 심리적 필요는 살아가는 동안 바뀐다. 10대 시절에 마음에 와닿았던 많은 가사가 나이가 들면 시급하거나 매력적으로 느껴지지 않는다. 반대로 어렸을 때 무시하고 넘어갔던 노래가 세월이 흐를수록 점점 중요하게 여겨지기도 한다.

2021년 초에 올리비아 로드리고의 대 히트곡 〈drivers license〉가 스포티파이에서 휴가 시즌을 제외하고 하루 스트리밍 최고 횟수를 기록한 노래가 되었다. 예쁜 멜로디에 보컬도 진실하지만 가사를 놓고 보면 설익고 반복적이다. 삶의 무게와 경험이 더해지지 않아서 그저 똑같은 말을 단어만 살짝 바꿔 계속 되풀이할 따름이다. 젊은이들의 연애 관계에서 겪는 순진한 경험을 제대로 반영하고 있다.

사춘기 마음은 또래의 마음에 무척이나 예민하게 반응한다. 10대는 아이나 성인보다 사회적 평판을 훨씬 더 중요하게 여긴다. 뇌 영상 연구에서 성인에게 "남들이 당신을 어떻게 생각하는지" 상상하게 하고, 이어 "스스로 어떻게 생각하는지" 상상하게 하자 해당 뇌 영역의 활동이 일부만 겹쳤다. 하지만 10대에게 두 가지 관점에서 스스로를 생각하게 했을 때는 두 영역의 활동이 확연히 겹치는 양상을 보였다. 신경계에서 10대가 스스로를 생각하는 것은 남들이 자신을 생각한다고 여기는 것과 거의 동일하다는 뜻이다. 효과적인 사회 인지는 자기인식에 달려 있으며 둘 다 사춘기 내내 계속 만들어진다. 10대들은 10대 송라이터가 쓴 대 히트곡의 가사를 비판적으로 분석하기보다 "이렇게 생각하고 말하고 행동하는 거야" 하고 알려주는 청사진으로, 심적 안정을 얻으려고 덮는 담요로 받아들인다.

사춘기를 지나 성년기에 접어들면 새로운 도전을 만나게 된다. 그중 가장 중요한 것이 적절한 짝을 고르는 일이다. 삶의 경험이 점차 쌓이면 가사의 복잡한 의미를 알아차리는 데 도움이 된다. 예컨대 캐리 언더우드의 〈Before He Cheats〉에서 "그는 아마 그녀에게 과일 주스를 사주겠지, / 위스키를 못 마시니까" 같은 구절에 담긴 속뜻을 이해하려면 대부분의 10대들보다 더 성숙한 관점이 필요하다. 이런 가사는 가수가 어떤 사람인지(자신은 위스키를 마실 수 있다), 어째서 "루이빌의 강타자처럼 양쪽 헤드라이트를 박살냈는지" 말해준다. 연인이 바람을 피워 괴로워하는 사람은 모든 걸 자기 탓으로 돌릴 수도 있다. 그러나 캐리 언더우드처럼 사랑스러운 사람이 같은 문제로 괴로워한다고 상상하면, 부정은 개인의 문제가 아니라 인간의 문제임을 깨닫고 마음을 편히 갖게 된다. 태미 위넷의 〈D-I-V-O-R-C-E〉 같은 결별 노래는 이혼이 구체적인 현실이거나 조만간 닥칠 예정인 사람이 진가를 제일 잘 알아본다.

나이 든 청자에게 가장 와닿는 또 하나의 로맨스 노래로 윌리 넬슨이 불러서 유명해진 〈Always On My Mind〉가 있다. 가사는 시간이 한참 흐르고 나서 돌아본 사랑의 복잡함과 후회의 감정을 담고 있다. "사소한 것들도 말하고 행했어야 했는데, / 시간을 내기가 그리 어려웠는지" 하는 구절은 미묘함보다 명료함을 선호하고 잘못을 하더라도 고칠 시간이 많은 젊은 청자들에게는 그리 의미심장하게 와닿지 않는다. 이 노래의 가사는 기회를 잃어버린 청자들에게 훨씬 큰 울림을 갖는다.

가사는 우리의 기억을 들춤으로써 사회적 삶을 돕는다. 실제로 자전적 기억은 청자가 좋아하는 음악을 들을 때 경험한다고 말한 심상화 유형 가운데 가장 흔한 종류다. 많은 사람들이 자기 과거에서 장면을 돌아보기를 즐기며, 음악을 듣는 주요 이유로 언급하는 것이 바로 추억의 욕망이다.

우리가 장기 기억의 창고에서 개인적으로 의미 있는 순간을 불러올 때는 사회 인지와 연관된 뇌 부위인 내측전전두피질이 가동된다. 자전적 기억은 노스탤지어라는 기분 좋은 감정을 일으킬 수 있으며 그러고 나면 외로움에서 놓였다는 안도감이 생겨난다. 음악 청취는 기억 회수의 자연스러운 과정을 촉진시켜 스트레스를 받거나 고립된 시기에 든든한 사회적 동반자가 될 수 있다.

문화의 맥락이 달라져도 노스탤지어의 보상이 일어난다. 새로 발매되는 음반은 당시 인기 있는 다른 모든 음반과 비교되기 마련이다. 어떤 음반은 처음 나왔을 때 시큰둥하게 들릴 수도 있다. 하지만 시간이 한참 흘러 다시 들으면 그 음반을 처음 들었을 때의 시간과 장소가 자동으로 떠오를 수 있으며, 그 결과 과거의 청각적 기억에 놀랄 만큼 우호적인 분위기가 만들어진다. 여러분의 마음은 특정한 음악적 질에 비판적으로 굴기보다 처음 그 음반을 들었을 때의 환경을 생각하며 추억에 젖는다.

가사는 청취 프로필의 다른 어떤 차원도 하지 못하는 방식으로 우리의 자아 인식에 활기를 불어넣는다. 노력("저 언덕을 뛰어 올라가")이나 기원("우리는 얼음과 눈의 나라에서 왔지")이나 꿈("나는 내가 되고 싶은 것은 뭐든 될 수 있다는 걸 알아")을 단순히 표현하는 것으로 모호한 감정에 구체적인 단어가 실리면 우리의 정체성은 여기에 닻을 내린다. 우리는 자신의 은밀한 두려움과 갈망을 표현하는 가사에 가장 강력하게 마음이 움직인다. 마약을 하고 나서 환각 상태로 끼적인 글이든, 대형 오페라의 장엄한 찬가든, 관능적인 유혹의 발라드든, 껄끄러운 삶의 단면을 보여주는 거리의 시든, 여러분이 가장 즐기는 가사는 여러분이 어떤 존재인지, 무엇을 높게 평가하는지, 그리고 가끔은 여러분이 어떤 존재가 되고 싶은지를 반영한다.

소름 반응

많은 사람들이 음악을 들을 때 소름이 돋는 경험을 한다. 이것은 생리적 현상으로 공식 명칭은 털이 곤두선다는 뜻의 '입모piloerection'다. 소름은 공감 능력과 연결되는 자동 반응이다. 여성들과 음악가들이 남성들과 비음악가들보다 음악을 들을 때 소름이 돋는 경험을 하기가 더 쉽다.

소름은 음악의 어떤 측면, 예컨대 예기치 못한 화성이라든가 갑작스러운 크레셴도, 귀를 찢는 고음이 고통을 겪는 아이나 동물으 소리처럼 들릴 때 일어날 수 있다. 어떤 연구자들은 사랑하는 사람과 분리되는 경험이 생리적으로 발현된 것이 소름일 수 있다고 주장한다. 청각적 위협과 연결하여 설명하는 사람도 있다. 소름을 일으키는 음악이 실제 위험 신호가 아님을 깨닫고 나면 즐거움이 따를 수 있다. 마치 놀이공원의 탈것이 기분 좋은 '가짜 위험'의 느낌을 선사하는 것과 비슷하다.

음반 제작자들은 악기나 목소리의 볼륨과 선명도를 키우는 식으로 소름 반응을 끌어내려고 하지만, 이런 기법이 모든 우형의 음악과 모든 청자에게 다 통하는 것은 아니다. 음악과 감정에 관한 한 확실한 것은 존재하지 않는다.

6장

리듬: 움직임의 모양

음반에서 음악을 듣지 말고 리듬을 들어라.

_ 샘 필립스, 음반 프로듀서

♪ **플레이리스트**

⟨Stoned and Starving⟩ Parquet Courts

⟨It's Gonna Be a Beautiful Night⟩ Prince

⟨Suavemente⟩ Elvis Crespo

⟨Get Ur Freak On⟩ Missy Elliott

⟨Everybody (Backstreet's Back)⟩ Backstreet Boys

⟨No Woman No Cry⟩ Bob Marley & The Wailers

⟨Lose Control⟩ Missy Elliott ft. Ciara & Fat Man Scoop

⟨Smokin out the Window⟩ Bruno Mars, Anderson.Paak & Silk Sonic

⟨Killing in the Name⟩ Rage Against The Machine

⟨Levitating⟩ Dua Lipa feat. DaBaby

⟨HandClap⟩ Fitz and the Tantrums

⟨Poinciana (Live at The Pershing, Chicago, 1958)⟩ Ahmad Jamal Trio

⟨Yo Perreo Sola⟩ Bad Bunny

⟨Stay Flo⟩ Solange

⟨Lust For Life⟩ Iggy Pop

내 몸에 가장 잘 어울리는 탁투스

음반 소개 모임을 계속 이어가자. 내가 가장 좋아하는 음악적 차원인 리듬을 살펴볼 시간이다. 다음 음반은 여러분의 몸이 리듬을 어떻게 **느끼는지**에 초점을 맞추고자 고른 것이다. 여러분이 좋아하고 말고는 상관없다. 여러분의 몸이 노래에 자연스럽게 동조하는 지점이 어디인지 알아보려는 것이니까. 음악을 들으면서 가장 강력하게 끌리는 리듬의 박에 주목하라. 그리고 **손가락으로 그 박을 두드려보라.**

이제 파케이 코츠의 〈Stoned and Starving〉을 들어보자.

이 음반은 서양 음악에서 가장 흔한 박자인 4분의 4박자로 되어 있다. 4분의 4박자란 노래의 구성 단위('마디')마다 네 박(공식 용어로 하면 네 개의 4분음표)이 들어간다는 뜻이다. 하나-둘-셋-넷, 하나-둘-셋-넷 하는 식으로 말이다. 〈Stoned and Starving〉

에서 각 마디의 네 박은 킥드럼과 스네어드럼이 번갈아 연주한다. 킥-스네어-킥-스네어, 킥-스네어-킥-스네어, 이렇게 된다. 그리고 리듬 기타와 하이햇이 8분음표를 연주한다. 그러니까 킥드럼, 스네어드럼과 함께 연주하면서 아울러 그 사이의 박도 연주하여 하-나-두-울-세-엣-네-엣, 하-나-두-울-세-엣-네-엣이 된다.

자 그렇다면 여러분은 본능적으로 손가락을 어느 박에 맞춰 두드렸는가?

어쩌면 여러분은 스네어드럼을 따라 한 마디에 두 번씩(하나-**둘**-셋-**넷**, 하나-**둘**-셋-**넷**) 두드렸을 것이다. 그렇다면 **백비트(약박)**로 리듬을 느낀 것이다. 킥드럼에 맞춰 손가락을 두드렸다면(**하나**-둘-**셋**-넷, **하나**-둘-**셋**-넷) **강박**으로 리듬을 느낀 것이다. 혹은 마디마다 네 번, 모든 4분음표에 맞춰(**하나**-**둘**-**셋**-**넷**, **하나**-**둘**-**셋**-**넷**) 두드렸을 수도 있다. 아니면 음반에서 가장 빠르게 진행되는 박인 하이햇 소리에 맞춰(**하**-**나**-**두**-**울**-**세**-**엣**-**네**-**엣**, **하**-**나**-**두**-**울**-**세**-**엣**-**네**-**엣**) 두드렸을 것이다.

나로 말하자면 이 음반의 리듬을 백비트로 느낀다. 하지만 공저자 오기는 강박으로 느낀다. 이렇듯 청자마다 음반의 리듬을 지각하는 방법은 각양각색인데, 이는 **여러분이 경험하는 리듬이 거의 전적으로 주관적**이라는 이 장의 핵심 교훈과 통한다.

열 명에게 다들 아는 노래의 멜로디를 흥얼거리거나 가사를 말해보라고 하면, (거의) 동일한 반응 열 개가 나올 것이다. 그러나

열 명에게 노래에 맞춰 춤을 추라고 하면, 모두가 노래의 리듬을 해석하는 것이 일치하지는 않음을 보게 된다. 노래의 박자와 템포는 객관적인 속성이어서 악보에 정확하게 표기할 수 있지만, **리듬**은 심리적인 속성이다. 이 리듬에서 '진정한' 박은 어디에 오는가, 하는 질문에 다들 일치하는 답이 없는 경우가 많다.

음악 이론가들은 특정 음반에서 사람마다 박을 느끼는 지점을 다르게 해석하는 것을 가리키고자 '탁투스tactus'라는 말을 사용한다. 탁투스는 '촉각tactile'과 연결된다(그러고 보면 리듬이 우리 몸을 **건드리는** 것도 같다). 모든 사람은 실크의 감촉이 부드럽다고, 삼베의 감촉이 거칠다고 경험한다. 하지만 데님, 코듀로이, 저지니트 같은 보다 복합적인 직물의 감촉은 사람마다 다르게 경험된다. 개인의 촉각에 따라 같은 직물을 남들보다 더 부드럽거나 거칠게 느낄 수 있다. 스웨이드는 내게 부드러운 느낌이지만, 오기는 적당하게 거칠다고 한다. 마찬가지로 단순하고 일정한 리듬에 대해서는 대부분의 청자들이 공통된 탁투스를 느끼지만, 보다 복잡한 리듬이라면 저마다의 방식으로 박을 느낄 수 있다.

여러분이 음악에 맞춰 몸을 움직이는 방식은 음악과 여러분의 몸, 유일무이하게 배선된 여러분의 뇌가 대단히 개인적인 관계로 얽혀 있음을 보여준다. 〈Stoned and Starving〉에서 강박에 맞춰 두드리는 청자는 마디 안의 네 박 모두에 맞춰 두드리는 청자와 다른 탁투스를 느끼며, 이 둘은 여덟 번 두드리는 하이햇 소리에 맞추는 사람과 다른 탁투스를 느낀다. 리듬 지각이 이렇게 다양함을 실험을 통해 확인할 수 있다. 청자에게 메트로놈의 균등한 소리를 주고 이에 맞춰 두드리라고 하면 모두가 동일한 탁투스를 경험한다. 메트로놈이 한 번 똑딱거릴 때마다 한 번 두드린다. 모두가 합의할 수 있는 '객관적인' 박인 셈이다. 메트로놈의 객관적인 박과 〈Stoned and Starving〉에서 우리가 지각하는 주관적인 박의 차이점은 청취 프로필에서 리듬의 차원과 관련하여 중요한 뭔가를 말해준다. 그것은 음반 제작자가 열심히 활용하는 바이기도 하다.

　　녹음 스튜디오에서 리듬은 두 가지 유형의 연주 제스처로 표현된다. **강세**(강하게 두드리는 박)와 **타이밍**이 그것이다. 강세는 음악이 어떻게 마디로 구성되는지 추정할 수 있는 단서가 된다. 우리는 강세를 통해 잠재의식적으로 박을 세며 (참신성의 장에서 배운 대로) 음악 구조의 변화를 예측한다. 또한 강세는 음반에 가장 잘 어울리는 춤의 유형을 나타내는 용도로도 사용된다. 여러분이 리듬의 차원에서 가장 예민하게 반응하는 최적 지점은 여러분이 몸을 움직이기 좋아하는 방식과 딱 맞아떨어지는 지점에 강세가 놓이는 음반들에 있을 가능성이 크다. 물론 모든 음악이 **강세 리듬**을 갖는 것은 아니다. 댄스 팝, EDM, 테크노는 균일하고 강세가 없는 리듬, 즉 **메트로놈 리듬**으로 되어 있다. 하지만 설령 음반에 강세가 없어도 청자는 자기 몸에 가장 잘 어울리는 탁투스를 여전히 알아본다.

음반을 들으며 우리가 지각하는 탁투스에 대한 감정은 **타이밍**이라는 연주 제스처로부터 영향을 받기도 한다. 특히 드러머가 몸으로 그루브를 통제하는 사실적 음반을 들을 때 그러하다. 클릭 트랙(템포 설정을 위해 메트로놈의 똑딱거림이 미리 녹음된 트랙)을 들으며 녹음에 임하는 드러머는 노래의 처음부터 끝까지 템포가 일관되게 이어지도록 하려는 생각에서 외부에서 나는 소리에 기대는 것이다. 여기에는 장점이 있다. 청자가 음향적 사건들을 더 정확하게 예측하도록 해준다. 예컨대 다음 박이 **정확히** 언제 올지 알 수 있으므로 긴장이 섹션 단위가 아니라 노래 전체에 걸쳐 서서히 높아지도록 만들 수 있다. 그러나 클릭 트랙은 원치 않은 제약을 가할 수도 있다.

우리가 음악을 들으며 얻는 즐거움의 상당 부분은 긴장과 이완으로부터 나온다. 조였다 풀었다 하며 기대감을 쌓고 해소시키는 것이다. 긴장과 이완은 박의 세기(강세)뿐만 아니라 타이밍을 바꾸는 것으로도 표현될 수 있다. 일반적으로 드러머는 섹션의 마지막에 다다를 때 속도를 높여 긴장을 자아내고, 다음 섹션이 시작될 때 속도를 살짝 늦춰 후련함을 선사한다. 클릭 트랙은 리듬에서 이런 탄력적인 시간 운용을 제거할 수 있다. 하지만 노래의 템포가 일관되더라도 프로듀서가 드러머에게 스네어를 '박보다 살짝 뒤에 두거나' 하이햇을 '밀도록' 요구하여 탄력성을 마련할 수 있다. 밥 딜런, 조지 해리슨, 에릭 클랩튼과 작업했던 위대한 세션 드러머 짐 켈트너는 톰톰으로 리듬을 채우는 솜씨가 발군이다. 현란한 타이밍으로 톰톰을 두드리면서도 강박을 놓치는 법이 없다. 이런 연주 제스처는 트랙에 윤기를 더한다. 롤링 스톤스의 드러머 찰리 와츠는 "최소한의 동작으로, 박을 살짝 뒤로 늦추면서 연주"한다는 평을 받으며, 그의 이런 리듬 운용은 "미묘하여 아무나 따라 할 수 없다." 이렇게 살짝 변화를 준 덕분에 어떤 음반을 들으면 여러분이 몸을 들썩이게 되는 것이다.

테크노는 되고 라틴 음악은 안 되고

디지털 박수가 없던 시절에 음반 제작자들은 낡은 방식으로 박수 소리를 녹음했다. 사람들을 마이크 주위에 모이게 한 다음, 박에 맞춰 함께 손뼉을 치도록 했다. 프린스와 그의 팀이 미니애폴리스의 집에서 녹음했을 때 우리에게는 '박수 트랙'을 녹음할 뮤지션들이 항상 있었다. 하지만 로스앤젤레스의 선셋 사운드 스튜디오에서 작업했을 때는 가끔 심부름꾼이나 프런트 사람들을 동원해야 했다.

프린스가 '영혼의 박수'라고 하면 **하-나-두-울-세-엣-네-엣**, 이렇게 8분음표마다 손뼉을 치라는 뜻이었다. 그는 무대에서도 횡크 곡을 연주하며 청중의 참여를 유도하고자 영혼의 박수를 자주 요구했다. (《Sign o' the Times》 앨범에 수록된 〈It's Gonna Be a Beautiful Night〉에서 그가 5분 15초에 "준비되었나요, 파리? 영혼의 박수!" 하고 소리치는 것을 들을 수 있다.) 언젠가 선셋 사운드에서 영혼의 박수를 녹음할 일이 있었다. 프린스, 밴드 멤버 둘, 보조 엔지니어, 프런트의 젊은 여성 직원이 헤드폰을 쓰고 마이크 주위에 모여 박수를 치기 시작했다.

모든 것이 순조롭게 진행되나 싶었지만 여성 직원의 박수 소리가 점차 박에서 벗어나기 시작했다. 당황한 나는 테이프를 멈추고 돌려서 다시 시작했다. 이번에도 그녀는 처음에는 잘하다가 갈수록 박수가 엇나갔다. 프린스가 나에게 멈추라는 신호를 보냈다. 그는 무표정한 얼굴로 그녀를 쳐다보고 팔을 들어 문을 가리켰다. 내가 처음으로 **박치**를 만난 순간이었다.

음정에 맞게 노래하지 못하는 사람(음치)이 있듯 박을 따라가지 못하는 사람도 있다. 박치는 신경과학자들에게 귀중한 자산이다. 자동차 정비공이라면 차가 어떻게 작동하는지 배우는 최고의 방법이 작동하지 **않는** 차를 들여다보는 것임을 안다. 마찬가지로 리듬 지각이 어떻게 이루어지는지 이해하는 방법 중 하나는 리듬 지각이 고장 나서 아무리 노력해도 박에 맞춰 춤추지 못하는 사람을 연구하는 것이다.

심리학자 제시카 필립스-실버와 이자벨 페레츠가 이끄는 음악 인지 연구팀이 2011년에 박치에 관한 일련의 실험을 했다. 그들은 음악에 맞춰 박을 세지 못하는 사람을 모집한다는 광고를 냈다. 실망스럽게도 광고를 보고 찾아온 대부분의 자원자들은 진정한 박치가 아니었다. 그들은 진심으로 자기가 리듬감이 없다고 믿었지만, 막상 실험실에서 테스트를 하자 최소한 괜찮은 수준의 탁투스를 보였다. 모든 자원자가 노래에서 지각되는 박에 맞춰 제대로 두드릴 줄 알았다. 연구자들에게 다행히도 딱 한 명 예외가 있었다. 스물세 살의 학생 마티외였다.

마티외는 음악을 사랑했다. 음악과 춤 레슨도 받았을 정도였다. 하지만 그는 리듬을 찾는 일이 항상 힘들었다고 털어놓았다. 음높이나 멜로디에는 전혀 문제가 없었다. 음치를 판단하는 기준으로 널리 채택되는 몬트리올 실음악증 진단 검사(MBEA)에서 그는 여섯 개의 테스트 중 다섯 개를 쉽게 통과했다.▶ 청자에게 한 쌍의 멜로디를 들려주고 같은 멜로디인지 다른 멜로디인지 말하도록 하는 테스트들이다. 그러나 MBEA에서 마티외에게 난공불락인 테스트가 하나 있었다. 대부분의 음치들조차 쉽게 통과하는 것으로, 짧은 피아노곡을 듣고 행진곡 리듬(**하나**-둘, **하나**-둘…)인지 왈츠 리듬(**하나**-둘-셋, **하나**-둘-셋…)인지 알아맞히는 테스트다.

MBEA를 받고 난 뒤에 마티외와 서른세 명의 자원자들은 각자 세 가지 다른 출처(메트로놈, 무용수, 메렝게 음반)로 리듬을 듣고 몸을 움직이는 테스트를 받았다. 마티외는 메트로놈에 동작을 맞추는 능력이 수준급이었다. 일정한 똑딱거림을 따라가는 데 어려움이 거의 없었다. 무용수의 동작을 **눈으로 보며** 자신의 동작을 일치시키는 데도 문제가 없었다. 그러나 그래미 수상자 엘비스 크레스포의 메렝게 음반 〈Suavemente〉(마디당 두 박이 들어가는 2/4박자의 곡)를 들려주자 모든 것이 허물어졌다.

마티외는 리듬을 찾으려고 할 때 박에 맞춰 움직이는 것이 아니라 박과 박 **사이에서** 움직이는 경향을 보였다. 연구자들이 무용수를 다시 데려와 노래에 맞춰 움직이도록 하자 마티외는 이번에도 리듬에 맞출 수 있었다. 그러나 두 용수가 동작을 멈춰 마티외가 오로지 자신의 귀에 의존해야 하는 상황이 되면 그는 또다시 박을 놓치고 말았다. 리듬이 두드러지는 음악을 듣는데도 그는 탁투스를 느끼지 못했다.

마티외는 다른 종류의 음악(스윙, 테크노, 이집트 타악기, 월드뮤직, 댄스 팝, 록 댄스, 라운지 댄스)을 듣고 동작을 일치시키는 테스트도 받았다. 그는 댄스 팝과 테크노(컴퓨터로 만드는 메트로놈 리듬이 주가 되는 장르)에서는 그럭저럭 잘했지만, 다른 장르의 음악에는 박을 제대로 맞추지 못했다.

박을 지각하는 것만큼 인간에게 자연스러운 행동이 많지 않음을 생각하면 박치의 사례는 너무도 이상하다. 박자를 맞추는 운동 기능이 발달하지 않은 생후 다섯 달 된 유아도 리듬감 있는 음악을 들려주면 몸을 움직인다. 대부분의 유아들은 이렇게 음악에 반응하는 충동을 억누르지 못한다. 다만 몸이 협응하여 동작을 그루브에 완전히 일치시킬 수 있으려면 네 살은 되어야 한다. 이것을 보면 호모 사피엔스는 규칙적인 간격을 두고 일어나는 사건에서 주관적인 리듬을 끌어내기 위한 신경 하부구조를 타고나는 것 같다. 신경제어 회로가 뇌의 인지 능력을 따라잡는 데 몇 년이 걸린다.

성년기에 이르면 대부분의 사람들이 대단히 뛰어난 리듬 지각 능력을 갖춘다. 심지어 다양한 층위의 박들(생물학자이자 인지과학자인 테쿰세 피치가 "시간의 나무들"이라고 칭한)로 이루어진 복잡한 음악 구조를 듣고도 춤추기 좋은 리듬을 끌어낼 수 있다. 미시 엘리엇이 2001년에 발표한 중독성 강한 댄스 히트곡 〈Get Ur Freak On〉의 앞부분을 유심히 들어보자. 세 가지 다른 타악기 리듬이 등장한다. 가장 두드러지는 것은 인도의 한 줄짜리 현악기 툼비의 소리다. 프로듀서 팀발랜드가 이 음반을 통해 서양에 대대적으로 유행시킨 악기이기도 하다. 다음으로 롤랜드 TR-808 드럼머신으로 찍어낸 디지털 킥드럼 소리가 있다. 강박과 백비트 모두를 연주한다. 마지막으로 타블라(인도의 북)가 두드려대는 8분음표, 16분음표, 32분음표 묶음이 있다. 다 합치면 마디 하나에 타악기로 두드려대는 음이 최소한 서른네 개다. 킥드럼이 4분음표마다 딱딱 떨어지는 대부분의 일렉트로닉 댄스 음악과 비교하면 광란의 폭풍이다. 〈Get Ur Freak On〉이 전 세계적으로 인기를 누렸다는 사실은 인간이 격정적으로 휘몰아치는 이런 박들에서 어려움 없이 그루브를 끌어내고 여기에 맞춰 춤을 춘다는 것을 말해준다.

대부분의 인간이 그렇다는 말이다. 리듬감이 없는 마티외는 대체 어찌 된 일일까? 그는 어떻게 해서 메트로놈에는 박을 맞출 줄 알면서 메렝게의 생동감 있는 박에는 쩔쩔매는 걸까? 이 수수께끼에 대한 답은 전혀 예기치 못한 곳에서 발견되었다.

세상에서 가장 유명한 앵무새 춤꾼, 스노볼

"인간은 음악의 박에 자연스럽게 동조하는 유일한 종이다." 저명한 음악 인지 연구자 아니루드 파텔은 2007년에 출간한 저서 『음악, 언어, 그리고 뇌』에서 이렇게 말했다. 파텔의 선언은 조금의 논란도 일으키지 않았다. 당시만 하더라도 대단히 복잡한 음향적 패턴에서 리듬을 끌어내기 위해서는 무척 정교한 신경 회로가 필요하며 호모 사피엔스의 뇌만이 그것을 달성했다고 다들 믿었다.

파텔의 주장이 나오기 전까지 리듬 지각 이론은 일반적으로 **편승**entrainment(메트로놈 리듬에 맞춰 움직이는 것)과 **박자 감응**beat induction(강세 리듬에 맞춰 움직이는 것)을 구별하지 않았다. 두 가지 정신적 능력 모두 규칙적으로 일어나는 사건을 듣는 신경 회로 내에 장착되어 있다고 믿었다. 요컨대 과학자들은 우리 뇌의 생체 시계, 그러니까 매일 반복되는 생리적 주기(예컨대 수면-각성 주기)에 동조하는 신경계가 음악에서 표현되는 리듬에도 동조한다고 믿었다. 편승을 하는(즉 메트로놈에 동조하는) 몇몇 동물이 있지만 박자 감응을 하는(〈Get Ur Freak On〉에 동조하는) 존재는 오로지 인간뿐이라는 것이 세간의 인식이었다.

그러다가 파텔이 스노볼을 알게 되면서 모든 것이 바뀌었다.

대학원생들이 파텔에게 30센티미터 크기의 큰유황앵무가 등장하는 유튜브 동영상을 소개했다. 스노볼은 동영상에서 그저 춤만 추는 것이 아니었다. 닭벼슬 머리를 하고 실력을 뽐내는 비보이처럼 멋지게 그루브를 타고 있었다. 한 동영상에서 스노볼이 평범한 교외 가정의 가죽 의자 위에 당당하게 걸터앉아 있다. 백스트리트 보이스의 〈Everybody (Backstreet's Back)〉이 흘러나온다. 드럼 소리가 한두 마디 동안 사라지자(**브레이크다운**) 스노볼이 움직임을 멈추고… 그루브가 재개하자 비로소 고개를 다시 까딱거린다. 댄스플로어의 인간과 마찬가지로 스노볼도 동작에 자주 변화를 준다. 오른쪽으로 왼쪽으로 몸을 흔들고, 음악 소리가 커지면 움직임이 요란해진다.

곧 다른 동영상들이 이어졌다. 퀸, 마이클 잭슨, 심지어 독일

폴카도 등장했는데 스노볼은 이 모든 음악에 맞춰 그루브를 탔다. 광고업계가 이런 녀석을 놓칠 리가 없었다. 스노볼은 타코 벨 광고에 출연하여 살짝 차분한 루퍼트 홈스의 노래 〈Escape (The Piña Colada Song)〉에 맞춰 최선을 다해 몸을 흔들었다. 베스트셀러 생태 저술가 사이 몽고메리가 스노볼의 이야기를 동화로 만들었다. 자그마한 앵무새는 곧 지구에서 가장 유명한 비인간 춤꾼이 되었다.

스노볼의 동영상이 나오기 전에도 과학자들은 일부 동물이 인간의 동작을 **모방**할 수 있다는 것을 알았다. 음악에 맞춰 고개를 까딱거리기 시작하면 바다사자나 코끼리가 여러분과 함께 몸을 흔들 수 있다. 그러나 동물이 음악의 리듬을 파악하여 자기만의 탁투스를 찾고 움직임을 선택한다는 생각은 파텔이 보기에 "개가 신문을 큰 소리로 읽는 것"만큼이나 터무니없는 이야기였다. 그는 과학자답게 의심의 눈초리로 무장한 채 스노볼의 춤 동영상에 접근했다.

스노볼의 주인은 인디애나주 다이어에 있는 '새 애호가들만Bird Lovers Only'이라는 보호소의 소장 이레나 슐츠였다. 파텔은 슐츠가 카메라 밖에서 새에게 신호를 보내는 것일 수도 있다고 생각했다. 혹은 스노볼이 보이지 않는 곳에 있는 인간 춤꾼을 따라 했을 수도 있고, 아니면 슐츠가 스노볼에게 보상을 주면서 복잡한 루틴을 따라 하도록 열심히 훈련을 시켰을 수도 있다. 진실을 알기 위해 파텔은 슐츠에게 연락했고, 슐츠는 그가 스노볼의 행동을 직접 살펴보도록 보호소로 초대했다.

슐츠는 전에 스노볼을 돌보던 사람이 "10대가 된" 새를 보호소에 넘길 수밖에 없었던 사정을 파텔에게 들려주었다. 젊은 주인은 떠나면서 앵무새가 춤추는 것을 좋아한다고 무심하게 한마디 했다. 슐츠와 남편은 스노볼이 음악에 맞춰 빙글빙글 도는 모습을 처음 목격했을 때 그 장면을 비디오로 찍어 유튜브에 올렸다. 그러니 스노볼은 훈련을 받은 것이 아니었다. 녀석은 춤곡이 귀에 들리면 자신의 리듬 감각에 따라 음악에 맞춰 움직이는 것을 참지 못했다. 이런 퍼포먼스에 대해 맛있는 간식이나 인간이 관여하는 그 어떤 보상도 받지 않았다. 녀석의 열정은 자발적이었다. 정황을 보건대 베이스와 드럼 소리가 스노볼을 춤추지 않을 수 없게 만든 이유는 우리와 같았다. **기분이 좋아지기 때문이다.**

동영상 하나로 스노볼은 탁투스가 인간의 전유물이라는 관념을 뒤엎었다. 하지만 앵무새의 능력은 연구자들이 상상했던 것 이상이었다. 스노볼이 구사할 수 있는 춤 동작이 무려 **열네 개**나 되었다. 몸을 들썩이고, 발을 구르고, 옆으로 걸음을 옮기고, 발끝을 까딱이고, 『보그』 독자가 감탄할 만한 포즈를 취했다. 자기가 듣는 박에 어울리는 동작을 구사할 수 있었다. 동작의 기발함이라는 면에서 녀석을 따라잡지 못할 사람들이 숱하게 많다.

파텔은 스노볼의 춤에서 특히 과학적으로 중요한 두 가지 특징에 주목했다. 먼저 음악이 빨라지거나 느려지면 스노볼은 박에 맞춰 자신의 동작을 조절했다.▶ 이것은 동조화의 요건이다. 춤을 추려면 박과 박 사이의 간격을 파악해서 타악기가 타격하는 순간을 미리 내다보고 동작을 준비해야 한다. 이보다 훨씬 더 인상적인 특징은 박이 완전히 사라져도 스노볼이 박을 놓치지 않았다는 사실이다. 브레이크다운 동안 박을 이어가려면 마음속으로 계속 리듬을 들어야 한다. 그래야 드럼이 다시 등장할 때 박을 맞출 수 있다. 이로써 스노볼은 박자 감응을 확실하게 보여준 최초의 비인간이 되었다.

편승은 수동적인 재능이다. 수도꼭지에서 나오는 물이든 자동차의 방향 지시등이든 똑딱거리는 시계 소리든 일정 간격으로 반복되는 단순한 신호에 맞춰 몸을 움직이기만 하면 된다. 흐름이 멈추면 편승이 멈추고 청자의 동작도 멈춘다. 이와 달리 박자 감응은 능동적인 재능이다. 이를 위해서는 우리의 마음이 복잡하고 모호한 청각적 패턴에서 나만의 탁투스를 **창조하여** 브레이크다운 동안 박이 사라져도 '마음의' 리듬을 이어가야 한다. 〈Everybody (Backstreet's Back)〉에 맞춰 춤추는 동영상 32초에서 보듯 스노볼은 브레이크다운에 능숙하게 대처한다. **머릿속** 그루브에 맞춰 계속 까딱거린다. 침묵이 끝나고 드럼이 갑작스럽게 들어오는 순간에도 그의 동작은 여전히 완벽하게 동조한다

스노볼은 창의적인 동작으로 과학자들을 멋쩍게 했으며 인

간만이 가능하다는 자부심에 상처를 주었다. 이제 우리가 말할 수 있는 것은 인간이 박자 감응을 할 수 있는 유일한 **영장류**라는 것이다. 왠지 놀랍게 들리겠지만 원숭이와 유인원은 박을 맞추지 못한다. 침팬지 하나와 보노보 하나가 편승을 한다고 보고되었는데, 그들의 동조화 능력은 선호하는 하나의 템포에 한정되었다. 스노볼과 로넌이라는 이름의 캘리포니아 바다사자처럼 다양한 템포를 오가는 복잡한 리듬 패턴에서 박을 맞추고 브레이크다운 동안 박을 이어가는 능력을 보인 침팬지는 (지금까지는) 없다.

마티외가 박치가 된 사정

그렇다면 자그마한 새의 놀라운 춤 솜씨는 마티외의 박치와 관련하여 어떤 실마리를 던져줄까? 파텔과 공동 연구를 진행한 존 아이버슨은 스노볼의 춤 솜씨에서 착안하여 '청각적 예측을 위한 동작 시뮬레이션'(ASAP)이라고 하는 영향력 있는 박자 감응 이론을 만들었다. ASAP는 우리의 주관적인 리듬 지각(저마다 다른 탁투스)이 뇌의 생체 시계를 다른 용도로 가져다가 쓴 결과물이 **아니라고** 본다. 그보다는 우리의 청각계와 운동계를 연결하는 특별한 신경 고리의 작용으로 본다. 애초에 이런 고리는 왜 존재하는 걸까? 인간과 앵무새는 음악에 맞춰 몸을 흔들기 위해 특별한 뇌 회로를 진화시켰을까? 파텔과 아이버슨은 짐작되는 단서를 제시한다. 우리의 청각계와 운동계 둘 다 보디랭귀지, 말하기, 노래하기를 포함한 사회적 의사소통에 기여한다는 사실이 그것이다.

인간의 경우 청각계와 전운동피질을 연결하는 밀집된 경로가 존재한다. 전운동피질은 우리의 등작에 관여하는 뇌 부위로, 우리가 소리를 내는 동안 입술과 혀, 후두의 움직임도 여기서 담당한다. 청각피질과 하두정소엽을 연결하는 또 하나의 양방향 경로가 있다. 하두정소엽은 **소리가 나에게 무엇으로 들리는지** 판단하고 위협에 재빠르게 반응할 수 있도록 근육의 움직임을 담당하는 뇌 부위다. 다른 영장류들에는 이런 양방향 경로가 상당히 위축되어 있다.

ASAP에 따르면 규칙적인 간격을 두고 벌어지는 음향적 사건을 들을 때마다 우리 안에서는 박에 맞춰 움직이려는 충동이 일어난다고 한다. 우선 청각피질이 맥박을 포착했음을 전운동피질에게 알린다. 그러면 전운동피질은 운동피질에게 박에 맞춰 손가락을 두드리거나 고개를 끄덕이라고 지시한다. 여러분이 몸을 리듬에 맞춰 움직이는 동안 청각피질은 다음 박이 언제 올지 예측하는 두정엽과 정보를 주고받는다. 두정엽이 타이밍을 예측하면 청각피질은 한층 더 리듬에 집중한다. 여러분이 두드린 것이 박의 도착과 일치하는지 평가한다. 박에 동조한다면, 축하한다! 여러분은 리듬을 탄 것이다! 그렇지 않으던 청각피질은 엇갈림을 인지

하고 운동피질에게 동작의 속도를 높이거나 늦추어 지각되는 박에 맞추게 한다.

청각피질과 운동피질이 신경 활동을 주고받는 이런 고리는 몸의 움직임이 그루브와 일치할 때 보상 회로를 가동한다. 그 결과 우리는(틀림없이 스노볼도) 성공적인 박자 감응에서 강한 만족감을 경험한다.

이렇듯 ASAP에 따르면 리듬을 지각할 때 우리의 뇌는 내부의 생체 시계를 외부의 음악 맥박에 맞추는 것이 아니라 지각되는 **패턴**을 정교하게 평가하여 탁투스를 구성한다. 시각적 뇌가 망막에 닿는 이차원 패턴으로 광경의 삼차원 표상을 구성하듯이 청각적 뇌는 고막에 닿는 청각적 패턴으로 복잡한 개인만의 탁투스를 만든다.

ASAP에는 몇 가지 예측이 있다. 먼저 그저 박을 **상상**하려고만 해도 청각계가 가동되어야 하고 신경펄스가 규칙적인 간격으로 발생해야 한다는 예측이다. 실제로 그렇다. 연구 참가자들을 뇌 스캐너에 두고 가만히 있게 한 다음 동일한 두 음을 들려주고 잠깐 멈추었다가 다시 반복하는 실험을 했다. 그들에게 음의 연속이 음악적 박을 이룬다고 상상하게 했는데, 한쪽 실험에서는 첫 번째 박에 강세가 놓인다고 상상하게 했고, 다른 실험에서는 두 번째 박에 강세를 상상하라고 했다. 뇌 활동을 들여다보자 **상상하는** 강세가 일어날 때 신경펄스의 활동이 확연히 더 강하게 나타났다. 객관적인 음의 패턴이 동일함에도 청자가 의식적으로 결정한 탁투스에 따라 박의 지각이 달랐던 것이다.

두 번째 예측은 앞서와 이어진다. 박자 감응이 자발적인 통제 하에 있다는 예측이다. 우리는 모호한 청각적 입력물에서 의식적으로 박을 끌어내거나 타악기의 두드림이 없는 대목에서 박을 상상할 수 있다. 강박을 의도적으로 누락시키는 '원 드롭' 레게 리듬에서 강박을 듣는 것이 그러한 예다. 밥 말리 앤 더 웨일러스의 〈No Woman, No Cry〉를 들어보면 하이햇이 분주한 패턴을 연주하는 가운데 킥드럼이 '하나'에서 침묵을 지키다가 '셋'에서야 들어가 '하-나-두-울-**세**-엣-네-엣'이 된다. 박이 누락된 지점에서도 규칙성을 지각하는 능력 덕분에 우리는 레게에 맞춰 춤추는 것이 쉽고 즐겁다.

마지막 예측은 많은 음악 인지 연구자들을 놀라게 했다. 목소리 학습을 하는 동물, 즉 다른 동물의 발성을 흉내 낼 줄 아는 동물에게서 박자 감응을 찾아야 한다는 것이다. 스노볼은 이런 예측을 생생하게 확인시켜준 최초의 동물이었다. 과학자들은 앵무새, 기각류(바다사자, 바다코끼리), 고래류(고래, 돌고래), 코끼리가 리듬 지각과 탁투스 추출에 필요한 신경 회로를 갖고 있는 목소리 학습자들임을 이제 인정한다.▶

ASAP는 마티외의 박치도 설명한다. 후속 연구에서 마티외가 음악을 듣는 동안 그의 뇌 활동을 기록했다. 그의 뇌는 음악을 처리하는 초기 단계에서는 확연한 결함을 드러내지 않았다. 여느 사람처럼 음반의 박을 **분간할** 수 있었다. 하지만 높은 단계의 처리에서 불규칙성을 드러냈다. 그러니까 난독증, 주의력 결핍 장애, 음치 등 다른 패턴 처리 질환과 마찬가지로 '큰 그림'을 파악하는 데 문제가 있었다. 이런 질환들을 가리켜 '자각 없는 지각'이라고 한다. 이런 장애가 있으면 개별 항목(글자, 음높이, 박)은 괜찮게 알아보지만 개별 항목을 집합적인 패턴(가사, 멜로디, 리듬)으로 조직하는 순차적인 관계를 알아보는 데 애를 먹는다. 그러므로 마티외의 박치는 '주의력 획득'을 담당하는 학습 기전의 오류 때문이다. 더 정확히 말하면 박자 감응 수행에 필요한 리듬 패턴을 인지하는 회로에 오류가 있다.

아울러 ASAP는 마티외가 어째서 댄스 팝과 테크노에 나오는 메트로놈 리듬에 성공적으로 박을 맞출 수 있는지 설명한다. 그의 뇌는 이런 장르의 단순하고 강세가 없고 반복적인 박에서 탁투스를 끌어내기 위해 순차적인 학습을 수행하지 않아도 된다. 마찬가지로 음치인 사람도 E와 C의 음높이가 다르다는 것을 알아보는 데는 문제가 없다. 그러나 그에게 음의 연속을 알아보라고 하면, 예컨대 "리 리 리 자로 끝나는 말은"의 멜로디가 〈메리의 어린 양〉의 멜로디와 같은지 물으면 대답에 애를 먹을 수 있다. 마티외는 자신이 박치임을 알게 되어 괴로웠겠지만, 그래도 자신이 댄스플로어에 서면 항상 '일레인'이 되었던 이유가 의지력이나 신체

협응의 문제가 아님을 알았으니 위안이 되었을 것이다.▶

마티외는 뇌가 박을 탁투스로 조직하지 못하게 방해하는 특이한 유전자를 가졌을 뿐이다.

몸을 흔들지 않고는 못 배기겠어

한 해의 마지막 날을 맞아 여러분은 파티를 즐기러 왔다. 사람들로 가득한 곳에 먹을 것과 음료가 준비되어 있고 디제이가 최신 댄스 음반을 틀고 있다. 여러분은 누구보다 먼저 댄스플로어로 향하는 사람일 수도 있고, 마지못해 끌려가는 편일 수도 있다. 어느 쪽이든 음악은 훌륭하고, 여러분은 즐겁게 사람들과 함께 몸을 흔든다.

여기서 개인적인 질문을 해보자. 여러분은 어떤 종류의 춤을 추는가?

록 콘서트에서 자주 보듯 방방 뛰는 식인가? 미시 엘리엇의 〈Lose Control〉 비디오에 나오는 댄서들처럼 엉덩이를 낮추고 무릎을 요란하게 흔드는 쪽인가? 실크 소닉의 〈Smokin out the Window〉 비디오에서처럼 양옆으로 몸을 흔드는 동작을 취하는가? 아니면 레이지 어게인스트 더 머신의 〈Killing in the Name〉 같은 음반을 들을 때 하듯 허리 위만 움직이며 손이나 팔, 혹은 머리를 까딱거리는 식인가? 제임스 브라운처럼 발로 바닥을 부드럽게 미끄러지며 추는가?

춤은 리듬을 사랑하는 인간의 마음을 표출하는 가장 일반적이고 유쾌한 방법이다. 많은 청자들에게 춤추기 좋다는 것은 음반의 가장 중요한 특징이다. 특별한 목적으로 마련된 춤곡인 살사든 흥분하여 몸을 던지는 하드코어 펑크든 춤이 동반되지 않으면 사실상 의미가 없는 음악 스타일이 있다. 이렇듯 인간은 워낙 춤을 사랑하므로 많은 과학자들은 음악이 어떻게 우리를 **움직이게** 만드는지 살펴보지 않고서는 인간과 음악의 관계를 진정으로 이해할 수 없다고 주장한다.

춤곡은 일반적으로 4/4박자나 2/4박자로 되어 있다. 이런 현상은 생물학적으로 설명된다. 인간의 몸은 양쪽으로 설계되어 있어서 마디당 짝수 개의 박에 맞춰 움직이기가 가장 좋다. 인간의 거의 모든 이동이, 기고 걷고 천천히 뛰고 전력으로 뛰는 것이 몸 왼편의 팔다리와 오른편의 팔다리를 번갈아 움직이는 식으로 이루어진다. 예컨대 걷기는 오른발을 내리고 왼발을 올리고 왼발을 내리고 오른발을 올리는 네 가지 동작 패턴의 반복이다. 각각의 동작에 박을 주면 우리는 4/4박자로 걷는 셈이다. 강박에서 발로 바닥을 디디면(**하나**-둘-**셋**-넷) 무릎은 약박(백비트)에서 최고 높이에 이른다(하나-**둘**-셋-**넷**).

춤곡은 우리가 양쪽 팔다리를 움직이기 좋아하는 특정한 속

도가 있다는 사실을 활용한다. 한때 인간이 심박
동수와 일치하는 음악 템포를 선호한다고 생각
하기도 했지만 이것은 사실이 아니다. 성인기 쉴

때의 심박동수는 평균적으로 분당 박의 수(bpm)가 72이다. 하
지만 성인이 선호하는 춤곡의 템포는 대략 빠르게 걷는 속도인
123bpm에 가깝다. (템포와 관련하여 여러분의 최적 지점을 알고 싶다
면 우리의 웹사이트 ThisIsWhatItSoundsLike.com을 방문하여 테스트를
받아보기 바란다. 청자들에게 자발적으로 박을 두드리라고 할 때 평균 속
도는 100bpm 내외다.)

댄스플로어에서 본능적으로 몸을 흔들고 싶은 춤은 여러분
이 음반의 리듬적 강세를 어떻게 지각하느냐에 크게 좌우된다.
강세는 타악기가 두드리는 음의 길이와 세기를 조정하여 강박과
약박을 만듦으로써 얻어진다. 이렇게 하면 **강박**-약박-**강박**-약박
하는 식으로 리듬 패턴을 해석하기가 쉬워진다. 더 큰 리듬의 틀
을 파악하기도 쉬워져서 청자는 강세를 통해 다음에 오는 박뿐만
아니라 다음 **섹션**이 언제 시작할지도 예측할 수 있다.

강세를 활용하면 음악적 리듬으로 말소리를 모방할 수 있다.
언어는 강세로 박을 맞추느냐, 음절로 박을 맞추느냐로 나눌 수
있다. 강세로 박을 맞추는 언어인 영어, 러시아어, 아랍어는 문장
어디에 놓이든 상관없이 특정 음절에 강세가 들어간다. 아니루
드 파텔은 영어 문장 '**THE TEA**cher is **IN**terested in **BUY**ing some

BOOKS'에서 강세가 놓이는 지점을 예로 든다. 강세와 강세 사이에 강세가 없는 음절의 수는 들쑥날쑥해서 하나이기도 하고 둘이나 셋이기도 하고 심지어 없을 때도 있다. 강세로 박을 맞추는 언어에서 화자는 강세가 없는 음절들을 합쳐서 말할 때가 많다. 그래야 강세가 일정한 보폭으로 이어진다. **하**-나-**두**-울-**세**-엣-**네**-엣 / **THE**-[앤드]-**TEA**-cheris-**IN**-terestedin-**BUY**-ingsome-**BOOKS**, 이렇게 말이다.

이와 달리 프랑스어, 스페인어, 요루바어 등 음절로 박을 맞추는 언어는 음절과 음절 사이에 일정한 간격을 두고 강세를 배치한다. 같은 뜻의 문장을 프랑스어로 하면 'Le **PRO**fesseur es**T** **INT**éressé **À** **ACH**eter des **LIV**res'가 된다. 강세 음절과 강세 음절 사이에 강세가 없는 음절이 정확하게 세 개씩 들어가는 것을 볼 수 있다. 이렇게 음절로 박을 맞추는 언어를 들으면서 우리가 자연스럽게 경험하는 탁투스는 강세로 박을 맞추는 언어를 들으며 경험하는 탁투스에 비해 더 일정하다. 멜로디의 장에서 보았듯이 특정 악곡의 리듬으로 작곡가의 모국어가 어떻게 되는지 추정할 수 있다면, 이런 차이가 가장 유력한 단서가 된다.

강세는 명백할 때도 있지만 음반에서 음악의 강세는 미묘할 수 있다. 같은 4/4박자인데 강세 패턴이 다른 댄스 음반 두 개를 여러분에게 소개하겠다. 각각을 들으면서 마디에서 리듬의 '무게'가 어디에 놓이는지 주목하라. 첫 번째 곡은 두아 리파의

〈Levitating〉이다. 첫 박과 세 번째 박의 킥드럼이 두 번째 박과 네 번째 박의 박수보다 살짝 더 길게 들릴 것이다(**길고**-짧고-**길고**-짧고). 이 곡에 맞춰 춤을 춘다면 강세가 놓이는 강박에서 동작을 강조하려는 충동을 느낄 수도 있다(**하나**-둘-**셋**-넷). 두 번째 곡은 피츠 앤 더 탠트럼스의 〈HandClap〉이다. 여기서는 킥드럼이 스네어드럼보다 살짝 더 짧다. 스네어가 박수 소리와 합쳐져서 길게 지각되는 것이다(짧고-**길고**-짧고-**길고**). 이 곡을 들으면 여러분은 백비트에서 손뼉을 치거나(하나-**둘**-셋-**넷**) 영혼의 박수가 등장하는 후렴구에서 모든 박에 손뼉을 치고 싶어진다.

리듬과 관련하여 사람들을 나누는 변수가 또 하나 있는데, 바로 몸의 어느 **부위**가 움직이고 싶어서 근질근질한가 하는 것이다. 메탈과 록 음악의 애호가들은 그루브에 몰입하면 팔을 뻗어 에어기타, 에어드럼을 연주하거나 적어도 헤드뱅잉을 할 것이다. 훵크 음악은 씨앗을 쪼아 먹는 비둘기처럼 머리를 앞뒤로 까딱거리는 동작을 일으킨다. 삼바 음악은 엉덩이를 흔들게 한다. 로봇댄스는 동작을 갑작스럽게 멈춰('다임스톱dimestop') 기계의 작동을 모방하므로 온몸을 가동하게 한다. 힙합의 강력한 타격은 온몸을 쓰는 운동선수 같은 움직임을 일으킨다. 클래식이 우아한 도약과 아치로 발레 동작을 유도하듯이 말이다.

새로운 리듬이 등장하면 우리는 그에 맞춰 박을 느끼는 새로운 방식을 찾게 되므로 춤추는 방식 또한 늘어난다.

리듬 속의 리듬, 당김음

음악의 리듬은 다음 박이 언제 올지에 대한 우리의 예측을 실행하거나 위반함으로써 보상을 안겨준다. 음반이 우리에게 깜짝 보상을 안겨주는 한 가지 방법은 리듬이 사라지는 브레이크다운을 두는 것이다. 어떤 음악 스타일은 음반의 리듬에 맛을 더하고자 미묘한 위반을 하기도 한다. 박이 노래의 리듬 구조 바깥에 떨어지는 것으로, 이를 **당김음**이라고 한다.

당김음은 리듬 지각의 착각이다. 뇌의 박자 감응 회로가 작동하는 방식을 활용하여 실제로 없는 박을 지각하도록 우리를 속이는 것이다. 이런 음반은 우리가 박을 기대하는 곳에 박이 없고 예기치 않은 곳에 박이 나오는 경우가 많다.

걸음걸이 동작(오른발 내리고, 왼발 올리고, 왼발 내리고, 오른발 올리고)이 당김음 없는 강세 리듬(**하**-나-두-울-**세**-엣-네-엣)과 맞아떨어진다고 상상해보자. 여기서 '나' '울' '엣'은 박과 박 **사이의** 움직임을 나타낸다. 다음 동작을 위해 팔다리를 이동시키는 것이다. 당김음 리듬은 동작이 완결되는 순간이 아니라 지나가는 순간을 강조한다. 예컨대 하-나-두-**울**-세-엣-네-**엣**, 하는 식이다. '울'과 '엣'에 강한 강세가 놓여 당김음 박이 된다.

당김음 리듬은 이런 지나가는 순간에 킥드럼이나 스네어를 두고 완결의 순간은 건너뛴다. 박자 감응 회로는 우리가 침묵을 지각하는 이런 순간에 박이 **와야 한다**는 것을 안다. 그래서 우리 뇌는 이런 누락을 박으로 받아들인다. 누락되지만 그럼에도 지각되는 이런 박들의 패턴이 마디마다 반복되면, 우리는 당김음 리듬에도 얼마든지 춤출 수 있다.

당김음을 '리듬 속의 리듬'이라고 부르기도 한다. 우리 몸은 강박과 약박이 실제로 연주되지 않아도 여기에 맞춰 움직이려고 하지 사이의 박에 움직이려고 하지 않는다. 저명한 과학자 테쿰세 피치는 우리가 팔과 다리를 다음 동작을 하려고 옮기는 순간에 당김음 리듬이 여기에 "에너지를 주입"한다고 주장한다. 그 결과 우리의 춤 동작은 속도가 늘었다 줄었다 하며 보다 복잡한 양상으로 발전한다.

정도의 차이일 뿐 거의 모든 음악 스타일에 당김음이 들어간다. 라틴 음악과 아프리카 음악은 당김음 리듬이 부각되는 스타일일 뿐이다. 배드 버니의 〈Yo Perreo Sola〉의 드럼 트랙에서 여러분은 레게 톤의 당김음을 들을 수 있다. 여러분의 몸이 박에 맞춰 어떻게 움직이는지 유심히 살펴보자. 이 노래에 반응하는 탁투스를 〈Stoned and Starving〉을 들을 대 느꼈던 탁투스와 비교해보자. 두 곡의 리듬은 여러분의 몸을 다른 종류의 동작으로 이끌 것이다. 〈Yo Perreo Sola〉을 들을 때는 몸을 양옆으로, 〈Stoned and Starving〉에서는 아래위로 움직일 것이다.

아마드 자말 트리오가 연주하는 〈Poinciana (Live at the

Pershing, Chicago, 1958)〉에서는 스네어드럼과 강한 강세의 하이햇이 박을 이어가며 재즈의 당김음을 만드는 것을 들을 수 있다.▶ 한편 솔란지의 〈Stay Flo〉에서는 베이스가 성급하게 달려들고 멈추며 알앤비의 당김음을 만든다. 록 음악은 당김음이 많지 않은 편이지만 펑크의 고전인 이기 팝의 〈Lust for Life〉에서 당김음을 느낄 수 있다. 록과 펑크 음악은 일반적으로 제자리에서 뛰는 포고pogo 댄스를 유발하지만, 〈Lust for Life〉의 공식 비디오에 보면 댄서들이 무릎을 구부리고 발목을 뒤틀고 엉덩이를 돌리며 춤을 춘다. 포고 댄스보다는 서아프리카 전통 춤에 가까운 동작이다.

당김음은 박자 감응과 관련하여 뇌에 더 많은 일을 하도록 요구한다. 하지만 많은 청자들에게 이런 가외의 노력이 오히려 리듬의 최적 지점을 북돋운다.

칼군무를 보며 쾌감을 느끼는 이유

지금까지 우리는 음악 청취의 **개인적인** 경험에 초점을 맞추었다. 하지만 군중과 더불어 음악을 즐길 때는 항상 리듬이 앞에 나선다. 민족음악학자들은 선사 시대 우리 선조들이 사람들을 주목하게 만드는 리듬의 자연스러운 힘을 활용하여 부족의 단합을 쌓았다고 말한다. 바위 두 개를 맞부딪히거나 통나무에 대고 일정한 간격으로 두드리면 공동체 사람들을 한 동작으로 움직이게 하는 원동력이 된다. 집단이 하나가 되어 움직이면 모두가 같은 감정을 느끼고 있다는 강력한 메시지가 된다. 사람들이 같은 가사를 노래하면 같은 생각을 하고 있음을 나타내듯이 말이다.

수십만 년 동안 음악은 가족의 유대에 도움을 주었다. 대표적인 예가 자장가를 통해 어머니와 아기가 유대감을 쌓는 것이다. 그리하여 음악은 초기 인류가 홀로 돌아다니기보다 집단을 이루어 살도록 함으로써 끈끈한 사회적 관계의 토대가 되었다. 일치된 동작이 위력적인 매력을 발휘한다는 사실은 집단의 춤이 모든 문화에서 발견되는 이유를 설명할 수 있다. 아일랜드의 포크 댄스, 텍사스의 라인 댄스, 팔레스타인의 답케, 폴란드의 폴로네즈, 인도의 방그라, 보이 밴드의 군무를 보며 얻는 즐거움의 상당 부분은 공동체와 일체감을 느끼고 소속감을 경험하는 데서 나온다.

인류학자들은 단체로 일하는 사람들이 공통의 리듬에 맞춰 몸을 움직일 때가 많다는 것을 알았다. 가끔은 구호나 다른 발성을 곁들이기도 한다. 말이나 멜로디로 리듬을 장식하면 공동체 의식을 더 강화할 수 있다. 우리는 음악을 함께 만들 때 서로의 동작을 일치시키고, 똑같은 얼굴 표정을 짓고, 심지어 서정적인 대목의 경우 호흡까지도 맞추는 경향이 있다. 공동의 음악 작업에서는 개인으로서의 음악적 자아를 드러내지 않아도 된다. 자신의 정체성이 거대한 존재와 융화되도록 내버려둔다.

리듬 지각은 우리가 음악과 감정적으로 연결되는 모든 방법을 통틀어 가장 근본적이다. 음반은 청자를 휘어잡고 몰입을 이끌기 위해 가슴을 쥐어짜는 멜로디, 감탄이 절로 나오는 가사, 소름이 돋는 소리 설계가 없어도 된다. 여러분이 가장 좋아하는 리듬의 최적 지점에 해당하는 그루브만 있으면 그 음반은 마치 특별히 여러분을 위해 제작된 것처럼 느껴질 수 있다. 박이 맞춤제작 옷처럼 여러분 몸에 꼭 맞게 느껴진다면, 여러분은 진정한 음악적 사랑을 찾은 것이다.

음악적 발달

음악은 아이들이 언어를 습득하고 신체 협응을 기르고 사회 규범을 학습하도록 도울 수 있다. 물리적 세계에서 움직이고 대상을 접하며 아이들의 몸이 자라듯 아이들의 청각계는 음악의 복잡한 소리 패턴을 접하면서 점차 효율이 높아진다.

우리의 청각계는 10대 말에 지각 능력이 최고가 된다. 뇌가 사춘기에 일어날 변화들에 대비하는 여덟 살부터 열한 살까지 가파른 성장이 이루어진다. 훈련을 받지 않는다면 대다수의 경우 음악 지각의 소질은 10대가 되기 전에 발달이 멈춘다. 연구들을 보면 열한 살 아이가 음악 지각 과제에서 보인 수행력이 음악 훈련을 받은 적이 없는 성인의 수행력과 같다고 한다.

어려서 음악을 접하게 하면 좋은 대학에 갈 확률만 높아지는 것이 아니다. 감정과 지각의 감수성도 예민해질 수 있다. 음악 수업을 받은 아이들은 다른 활동을 한 아이들보다 나누기, 협동하기, 공감하기 같은 친사회적 행동을 더 많이 보인다. 들으며 배우는 것도 더 잘한다.

7장

음색: 매혹의 색채

그녀의 목소리는 그야말로 조용하고 부드럽고 나지막했다.

여자로서 더 바랄 게 없는 미덕이다.

_ 윌리엄 셰익스피어, 『리어 왕』

〈Hurt〉 Nine Inch Nails

〈Hurt〉 Johnny Cash

〈Teardrop〉 Massive Attack

〈Teardrop〉 José González

〈When Doves Cry〉 Prince & The Revolution

〈Darling Nikki〉 Prince & The Revolution

〈God Only Knows〉 The Beach Boys

〈Born to Run〉 Bruce Springsteen

〈Somebody That I Used to Know〉 Gotye

〈The Robots〉 Kraftwerk

〈Intergalactic〉 Beastie Boys

〈Hide and Seek〉 Imogen Heap

〈Planet Rock〉 Afrika Bambaataa and the Soulsonic Force

〈The Way You Move〉 Outkast

〈God's Plan〉 Drake

〈Bell Bottom Blues〉 Derek & the Dominos

〈Paranoid Android〉 Radiohead

〈My Love is You〉 David Byrne

〈I Know There's an Answer〉 The Beach Boys

〈Ring of Fire〉 Johnny Cash

〈Say Yes〉 Kevin Sandbloom

〈No Good Man〉 Nina Simone

스트라디바리우스는 왜 그렇게 비쌀까

스트라디바리우스라는 이름은 세계 최고의 바이올린이라는 말과 사실상 동의어다. 그렇다면 어째서 스트라디바리우스는 동네 악기점에서 파는 대량 생산된 최신 바이올린에 비해 터무니없이 비싼 가격이 매겨지는 걸까? 같은 맥락인데 1959년산 깁슨 레스 폴 스탠더드를 손에 넣으려고 테슬라 자동차보다 비싼 돈을 지불하는 사람은 왜 그런 걸까? 그 돈이면 괜찮은 신제품 일렉트릭 기타 100대는 살 수 있는데 말이다. 귀한 악기의 가격이 그렇게 책정되는 데는 여러 요인이 있다. 희귀성도 있고 그 악기를 연주했던 음악가의 명성도 있다. 하지만 스트라디바리우스, 빈티지 깁슨, 그 밖에 많은 사람들이 탐내는 악기가 그토록 비싼 주된 이유는 다른 악기들이 따라가지 못하는 단 하나의 결정적인 특징 때문이다. 바로 **음색**이다.

음색은 음악에서 가장 접근하기 어려운 차원이다. 음색은 악기의 독특한 **소리**를 나타낸다. 기타를 트롬본과, 트롬본을 튜바와 구별하게 하는 음향적 특징이다. 음색은 와인의 맛(복잡한 과일향이 가미된 스파이시한 맛)이나 향수의 냄새(파촐리 베이스의 꽃향)에 비교될 수 있다. 그리고 로마네 콩티 와인의 풍미나 빅터앤롤프의 플라워밤 향에 대한 반응이 그렇듯 특정 음색에 대한 여러분의 반응도 여러분만의 것이다. 음색으로 지각되는 특징은 결국 개인의 취향과 이전 경험에 의해 좌우되며, 가끔은 사회적 영향력(예컨대 가격표)이 관여하기도 한다.

오늘날 우리가 아는 바이올린은 16세기 초에 이탈리아의 크레모나라고 하는 상업 도시에서 안드레아 아마티(1505~1577)가 발명한 것이다. 그는 음색과 연주감에 기준을 마련하여 많은 도제들이 그의 밑에서 배웠고 그를 따라 한 사람도 많았다. 이런 선구적인 현악기 제작자들이 의식적으로 애쓴 목표는 "가장 완벽한 인간의 목소리에 필적"하는 악기를 만들자는 것이었다. 크레모나의 장인 바르톨로메오 주세페 과르네리(1698~1744)는 당대에 완벽에 가장 가깝게 다가갔다는 평가를 받았고, 그의 악기들이 만들어내는 풍성한 바리톤 음색 덕분에 그는 '델 제수'(예수)라는 별명을 얻었다.

한편 안토니오 스트라디바리(1644~1737)는 과감하게 아마티 바이올린을 개량하는 일에 나섰다. 그는 에프홀을 길게 늘이고 새로운 광택제를 실험하여 악기 소리를 가수가 노래하는 음색에 가깝게 만들고자 했다. 과르네리 바이올린의 풍성한 바리톤 음색과 비교하여 스트라디바리가 만든 악기들은 공명 주파수가 더 높아서 테너와 알토의 음색에 가까웠다. 이런 인간적인 목소리 특징 때문에 스트라디바리 당대에 (그리고 이후 수백 년 동안) 음악가들과 청중들은 그가 만든 바이올린이 놀라운 음향을 가졌다고 추켜세웠다.

여기까지 읽은 독자들은 아마 이렇게 생각할 것이다. **그렇다면… 현대의 현악기 제작자들도 스트라디바리와 똑같은 제조법을 따라 바이올린을 계속 만들어내면 되잖아?** 타당한 의견이다. 하지만 그러기가 불가능하다.

스트라디바리, 아마티, 과르네리 가의 바이올린은 르네상스 시대에 이탈리아 지역에서 자란 나무로 만들었고 당시 지역 식물에서 추출한 재료로 광택제를 만들어 칠했다. 바이올린 제작 황금기의 환경은 오늘날과는 현저하게 달랐다. 물, 토양, 공기 중에 포함된 생화학 화합물은 검댕, 이산화황, 일산화탄소, 중금속, 플라스틱, 석유로 오염되지 않았다. 이런 오염 굴질의 존재는 식물 세포의 발달을 다르게 만들어 악기에 들어가면 소리의 질을 다르게 한다. 수백 년간 지속된 스모그와 산성비로 스트라디바리가 사용한 것과 똑같은 나무와 광택제를 얻는 것이 불가능해졌다.

그나저나 황금기의 바이올린이 내는 음색이 오늘날의 바이올린보다 정말로 뛰어날까? 어쩌면 이름과 가격표가 그렇게 **생각하도록** 만드는 것은 아닐까? 2012년 파리 시테 대학의 클라우디아 프리츠와 동료들이 용감하게 이 질문을 검증했다.

그들은 국제 콩쿠르를 위해 모인 스물한 명의 전문 바이올리니스트들에게 여섯 대의 바이올린을 주고 평가를 부탁했다. 대상은 각기 다른 제작자가 만든 최고급 신제품 바이올린 셋, 그리고 과르네리 델 제수 하나(1740년경), 스트라디바리우스 둘(1700년경, 1715년경)이었다. 옛 바이올린 세 대의 가격을 다 합치면 1000만 달러에 이르렀다(새 바이올린 가격의 대략 100배다). 악기의 정체는 비밀에 부쳤다. 어두운 방에서 실험을 진행했고, 용접공 고글을 개량한 안경을 써서 바이올린을 볼 수 없게 했다. 혹시나 특징적인 냄새로 알아볼 수도 있으므로 턱받침대에 향유를 살짝 발라두었다. 원하는 만큼 바이올린을 연주하고 나서 열일곱 명의 바이올리니스트가 각자의 선호도를 밝혔다. 과연 어떤 악기를 가장 마음에 들어 했을까?

연주감과 방사도, 반응도에서 답은 명확했다. 바이올리니스트들은 21세기 모델을 선호했다. 새 바이올린이 연주하고 다루기 더 편하다는 것은 쉽게 상상할 수 있으니 그렇게 놀랄 일은 아니다. 아직 중요한 질문이 남았다. 바이올린 **음색**은 어느 것을 가장 좋아했을까? 이번에는 연구자들을 놀라게 한 답이 나왔다.

스트라디바리우스가 첫손에 꼽히지 **않았다**. 여섯 악기 모두

풍부한 음색에 대한 평가에서 골고루 점수를 받았다. 그리고 음색이 가장 좋지 않다는 평은 스트라디바리우스의 몫이었다.

이런 전문 바이올리니스트들은 자신이 선호한 바이올린이 어느 시대 것인지 알았을까? 고악기인지 신제품인지 묻자 응답자 가운데 세 명만이 악기의 시대를 제대로 알아맞혔다. 일곱 명은 모르겠다고 했고, 일곱 명은 엉뚱하게 추정했다. 훈련받은 전문가들도 디지털 시대에 만들어진 악기 소리와 300년이나 된 수공예 악기 소리를 구별하지 못했던 것이다.

유명한 크레모나 바이올린의 음색이 현대 바이올린 음색보다 선호되지 않는다니 대체 어떻게 된 일일까? 대중지와 학술지에서 이와 관련하여 논란이 일자 연구 당사자들이 어쩔 수 없이 입을 열었다. 그들은 바이올리니스트들이 "귀를 통해" 음색을 판단했다고 말했다. 본인들이 연주하면서 느꼈던 소리로 평가했다는 뜻이다. 연주회장에서 청중과 같은 조건에서 실연으로 들을 때 각각의 바이올린이 어떻게 소리를 내는지에 대해서는 아무런 통찰도 주지 않았다.

프리츠 팀은 이 결과가 유효한지 알아보는 후속 연구를 진행했다. 실험 설계는 똑같이 하되 확실성을 더 높였다. 이번에는 열두 대—새 바이올린 여섯, 옛 바이올린 여섯(스트라디바리우스 다섯 포함)—를 사용했고, 열 명의 전문 연주자들에게 리허설 룸과 연주회장에서 블라인드 테스트로 자유롭게 연주하도록 했다. 한 시간 이상 연주하고 나서 연주자 각각에게 공연을 할 때 어떤 바이올린을 가져가고 싶은지 물었다. 열 명 중 여섯 명이 새 바이올린을 골랐다. 가장 일관된 칭찬은 21세기 악기에 돌아갔다. 대부분은 연주하기 편하다는 것을 선호의 이유로 들었으며, 다만 첫 실험에서처럼 음색과 관련해서는 뚜렷한 선호도가 나타나지 않았다. 이번에도 전문 연주자들은 새 바이올린의 음색과 고악기의 음색을 구별하지 못했다.

스트라디바리우스의 명성과 관련하여 한마디 덧붙이자면 현존하는 스트라디바리우스 바이올린은 겨우 500대 정도로 추정되는데 대부분이 수리나 변경을 거친 것이다. 그러니 우리는 오늘날의 음색이 안토니오 스트라디바리가 바이올린을 만들었을 때 들었던 음색과 같다고 자신 있게 말할 수 없다. 이런 연구로 인해 황금기에 만들어진 바이올린의 역사적 중요성이나 문화적 가치가 깎이는 것은 결코 아니다. 다만 예기치 못한 연구 결과는 우리가 음색의 질을 판단할 때, 그러니까 특정 소리를 **좋아하는지** 여부를 결정할 때, 판단의 상당 부분이 언제나 편향과 선입견에 휘둘리게 된다는 사실을 상기시킨다. 음색 **지각**이 연구자들이 연구하기에 너무도 복잡하고 청자들이 합의하기에 너무도 어려운 이유는 우리 뇌가 무척이나 다양한 소리들—끼익하는 낡은 브레이크 소리, 졸졸 흐르는 시냇물 소리, 전화선과 모뎀으로 인터넷에 접속할 때 나는 지직거리는 소리—을 알아볼 수 있다는 점 때문이다.

음색은 **연속적인**('아날로그') 지각 현상이다. 음색을 조작하여 지각의 경계를 넘도록 하면 새로운 소리로 만들 수 있다. 예컨대 어쿠스틱기타 소리를 이리저리 매만져서 일렉트릭기타 소리처럼 들리게 할 수 있다. 그러나 어쿠스틱 음색이 일렉트릭 음색으로 넘어가는 과정에서 기타 소리는 대단히 촘촘한 중간의 음색들을 거치게 되며 저마다 청자에게 고유한 효과를 일으킨다. **불연속적인**('디지털') 지각 현상인 멜로디, 가사, 리듬과 대조되는 대목이다. 서양의 조성 음악은 한 옥타브 안에 열두 개의 다른 음높이를 둔다. 각각의 표준 음높이 사이에 있는 주파수들(**미분음**)은 좀처럼 사용되지 않는다. 가사에 나오는 거의 모든 단어는 일부러 운을 맞춘 경우가 아니라면 별개의 것들이다.▶ 리듬은 불연속적인 박으로 구성된다. '연속적인 박'이라는 개념 자체가 말장난이다.▶ 그러나 음색은 아주 살짝만 틀어져도 완전히 새로운 소리가 되어 음반에 유용하게 써먹을 수 있다.

노래의 멜로디, 가사, 리듬의 경우 우리는 악보에 적을 수 있고 그게 아니라도 노래로 불러 다른 사람에게 정확한 음가를 설명할 수 있다. 하지만 음색을 정확하게 소리 내도록 하려면 어떻게 설명할 수 있을까? 한 기타리스트는 언젠가 자신의 기타 톤에 "r r r r r"을 더 넣어달라고 내게 부탁했다. 믹싱이 "살짝 오렌지색"이라며 "더 파랗게" 바꿔달라고 부탁한 사람도 있었다. 프린스는 소리에 "소스"를 더 넣어달라고 했다. 특정한 음색을 이렇게 어정 쩡하게 요청한다는 자체가 음색의 당혹스러운 성격을 반영하며 말로 음색을 표현하기가 얼마나 어려운지 여실히 보여준다.

이렇듯 음색을, 무한정한 음색의 음향적 특징을 악보에 적기 어려우므로 청취 프로필의 일곱 번째이자 마지막 차원은 노래보 다 **음반**에서 더 큰 위력을 발휘한다. 음색과 관련해서는 그냥 들 어보는 수밖에 없다.

레즈너의 〈Hurt〉 vs. 캐시의 〈Hurt〉

음색은 기억을 일깨우는 막강한 촉매다. 녹이 슬어 나는 끼 익 소리는 우리를 곧바로 어린 시절로 돌아가게 하여 삐걱거리는 방충망의 기억 같은 것을 떠올리게 한다. 호수에서 조용하게 노 젓 는 소리는 여름 캠프에서 카누를 타고 놀았던 기억을 불러온다. 우 리는 소리와 특징적인 기억을 결부시키는 경향이 있으므로 노래 (멜로디, 코드 진행, 박자, 가사)는 그대로인데 음반의 음색만 바뀌어 도 청자에게 다르게 다가올 수 있다. 나인 인치 네일스가 1995년에 작곡하고 연주한 음반 〈Hurt〉가 좋은 예다.

여기서 트렌트 레즈너는 뭔가를 깊이 느끼려고 스스로를 해 했음을 섬세한 숨소리가 느껴지는 목소리로 전한다. 노래의 의미에 대해서는 팬들 사이에서 논란이 있지만 아마도 약물 중독과 연관된 자해에 관한 노래라는 것이 대체적인 의견이다. 우리는 젊은 남자가 마치 우리에게 비밀을 털어놓듯 자신의 고통에 대해 속삭이는 것을 듣는다. 모든 행에서 그의 얕은 숨소리가 들린다. 정말로 상처 입은 사람처럼 **들린다**.

조니 캐시는 2002년에 그만의 방식으로 〈Hurt〉를 녹음하면서 사뭇 다른 보컬 음색을 선보였다. 캐시의 깊고 울림이 큰 목소리는 레즈너의 가녀린 음색과 완연하게 대조된다. 캐시의 목소리는 언덕을 힘겹게 올라가는 기관차처럼 투박하여 노령의 몸으로 삶과 시간의 무게를 짊어진 사람을 떠올리게 한다. 내가 수업 시간에 학생들에게 두 버전을 들려주자 캐시의 버전이 레즈너보다 더 강렬하고 으스스하다는 의견이 많았다. 캐시의 목소리 음색은 스스로에게 확신이 있고 자기가 하는 말을 정확하게 아는 노인의 모습을 연상시킨다. 그에 비하면 레즈너는 길을 잃고 도움을 청하는 허둥대는 젊은이 같다. 캐시가 "난 모든 것을 기억해"라고 노래할 때 절절하게 떨리는 그의 목소리에서 다사다난한 일평생의 경험이 묻어난다. 캐시는 세월의 때가 묻은 이런 성숙한 음색으로 곡 배후에 있는 언외의 뜻을 풍성하게 하여 음반을 더 강렬하게 만든다.

레즈너는 개인적인 의미를 가득 담아 이 노래를 썼지만 캐시의 버전을 듣고 충격에 빠졌다. 자신이 쓴 가사를 캐시가 노래하는 것을 들었을 때 마치 여자친구를 라이벌에게 빼앗긴 기분이었다고 했다. "그 노래는 더 이상 내 것이 아닙니다." 그는 순순히 인정했다.

음색을 바꾸면 노래의 감정적 무게를 새로이 배분할 수 있다. 잘 알려진 음반의 '언플러그드'(어쿠스틱) 버전이 매력적으로 들리는 이유다. 그러려면 노래도 좋아야겠지만 말이다. 매시브 어택의 〈Teardrop〉은 아름다운 멜로디가 드럼머신, 하프시코드, 피아노, 음반 스크래치에 둘러싸여 있다. 몽환적인 소리 풍경을 만들어 엘리자베스 프레이저의 목소리가 가진 천상의 음색을 돋보이게 하려는 것이다. 호세 곤살레스가 녹음한 〈Teardrop〉은 상이한 음색을 선보인다. 곤살레스의 버전은 반주를 단순화하고 어쿠스틱기타와 보다 힘 있는 그의 목소리를 중심으로 음색의 팔레트를 다시 꾸려 최면적인 멜로디의 아름다움을 부각시킨다.

음색과 편곡은 우리가 멜로디, 가사, 리듬의 요소를 들으며 상대적인 중요성을 지각하는 데 영향을 미친다. 다시 말해 음색은 우리가 다른 음악적 차원에서 얻는 보상을 조율한다. 1984년에 나는 이런 영향력을 극적인 방식으로 몸소 체험했다. 프린스가 〈When Doves Cry〉를 처음 녹음했을 때 이 곡은 같은 《Purple Rain》 앨범에 수록된 폭발적인 팝/록 트랙 〈Darling Nikki〉만큼이나 두터운 층을 이루고 있었다. 〈When Doves Cry〉는 디스토션이 걸린 키보드와 기타를 포함하여 고강도 음색으로 무장한 채

세상에 나왔던 것이다. 리드 보컬은 믹싱된 소리에서 음색이 가장 가벼웠다. 처음에 프린스가 한 생각은 무거운 사운드를 강조하여 록 음악의 힘과 박력 있는 리듬을 풀어놓자는 것이었다.

하지만 노래의 후렴구—"How can you just leave me standing / Alone in a world that's so cold …"—를 흥얼거려보면 알겠지만, 멜로디는 '노래에 어울리는' 대다수 후렴구의 멜로딕한 성격보다는 리듬적 성격에 가깝다. 프린스는 음색을 더 가볍게 하지 않으면 리드 보컬이 그냥 묻히고 만다는 것을 알아보았다. 처음에 한 편곡은 가사에 표현된 온화하고 슬픈 감정고 어울리지 않게 호들갑스러웠다. 디스토션은 **이 소리는 비둘기가 울 때 나는 소리 같아,** 하는 노래의 주요 메시지와 상충했다.

프린스는 음색부터 손보며 곡을 수정했다. 디스토션을 건 리듬 기타와 키보드를 걷어냈다. 대담하고 독창적이게 베이스 기타도 지워버렸다. 그는 강렬함이나 의미를 잃지 않으면서 무거운 음색을 덜어내는 것이 가능하다고 보았다. 더 가벼운 음색은 가사의 정신에 더 잘 어울렸고, 그래서 드럼 패턴—킥, 사이드 스틱, 스네어, 박수, 플랜지 하이햇—이 음반을 지배하게 되었다. 우리 모두가 아는 버전은 프린스의 첫 번째 빌보드 싱글 차트 1위 곡이 되었다. 음색에 세심하게 신경 쓴 것이 결과적으로 통했다.

음색이 개인적인 연상을 불러올 수 있음을 생각한다면, 특정 악기 소리를 듣고 같은 악기가 동원된 음반의 기억을 곧바로 떠올릴 수 있다는 것은 놀랄 일이 아니다. 슬레이벨은 비치 보이스의 〈God Only Knows〉를 떠올리게 할 수 있다. 글로켄슈필은 브루스 스프링스틴의 〈Born to Run〉을, 칼림바는 고티에의 〈Somebody That I Used to Know〉를 생각나게 할 수 있다. 나이가 어떻게 되느냐에 따라 보코더 소리에 크라프트베르크의 〈The Robots〉가 생각나는 사람이 있고, 비스티 보이스의 〈Intergalactic〉이나 이모젠 힙의 〈Hide and Seek〉를 연상하는 사람도 있을 것이다.

여러분이 음색으로 연상하는 것은 내가 연상하는 것과 다르므로 우리는 저마다 음색의 질을 다르게 평가한다. 누군가에게 낡고 철 지난 듯 들리는 것이 누군가에게는 참신하고 대담하게 들릴 수 있다. 무그 신시사이저는 1970년대에 프로그레시브 록과 사실상 동의어였다. 이 악기에 처음으로 명성을 안겨준 월터(이후 웬디) 카를로스의 앨범 《Switched-On Bach》에서 무그의 아이코닉한 음색을 들을 수 있다. 무그는 1990년대에 이르러 새로운 10대들이 부모 세대가 좋아했던 신시사이저 건반 소리보다 그런지한 기타를 더 선호하면서 유행에서 밀려났다. 그러다가 2000년대에 들어 무그 뮤직 회사가 재정적으로 안정을 찾자 무그 소리가 다시 돌아왔다. 라디오헤드, 얼리샤 키스, 뮤즈, 스테레오랩 등 여러 아티스트들이 새로 출시된 미니무그Minimoog와 무거푸거Moogerfooger를 음향 장비로 활용했고, 빈티지 무그 신시사이저가 이베이에서 기록적인 가격으로 거래되었다.

이와 달리 1980년에 저렴한 드럼머신으로 세상에 나온 롤랜드 TR-808의 킥드럼 샘플은 인기가 식을 줄을 모른다. 아프리카 밤바타와 소울소닉 포스의 히트 싱글 〈Planet Rock〉으로 힙합이 팝 차트에 오르게 되면서 아이콘 지위를 획득했다. 롤랜드 사는 불과 2년 뒤인 1982년에 TR-808 생산을 중단했지만, 아이러니하게도 이런 결정은 문화적 성공을 부채질했다 더 정교한 드럼머신이 등장하면서 뮤지션들이 TR-808을 젊고 집에서 작업하는 음반 제작자들이 감당할 수 있는 가격으로 중고품 악기점에 내놓았기 때문이다. 808 킥드럼은 힙합, 랩, 일렉트로닉 음악에 폭넓게 활용된다. 2003년에도 사람들은 댄스플로어에서 아웃캐스트의 〈The Way You Move〉에 맞춰 몸을 흔들었는데, 이 곡에는 심지어 "하지만 난 알지, 네가 원하는 건 808이라는 걸!"이라는 가사도 나온다. 여러분은 2018년에 발매된 드레이크의 〈God's Plan〉에서 이 소리를 틀림없이 알아볼 것이다. 808 킥드럼의 기분 좋은 순수한 음색은 그 어떤 것과도 다르며, 세대를 가리지 않는 소리의 밈이 되었다.

우리는 재능 있는 많은 뮤지션을 독특한 시그니처 소리로 기억한다. 익숙한 음색은 연주에 대한 기대를 불러일으키기도 한다. 전통 클래식 록 팬들은 디스토션을 건 깁슨 레스 폴 기타 소리를 들으면 곧바로 롤링 스톤스의 키스 리처즈나 레드 제플린의 지미 페이지를 떠올린다. 블루스 기타리스트 비비 킹은 '루실'이라는 이름의 기타로 깁슨 ES-335의 부드러운 음색을 대중화시켰고, 나이 든 청자들은 이 소리를 블루스와 연결 짓는다. 에릭 클랩튼이 〈Bell Bottom Blues〉에서 그가 사랑한 '브라우니' 기타로 멋지게 표현한 펜더 스트라토캐스터의 울부짖는 소리는 블루스 록 음악에 단골로 등장하는 음색이다. 컨트리 음악의 선구자 쳇 앳킨스는 그레치 컨트리 젠틀맨 기타 소리를 널리 알렸다. 부드럽고 낭랑한 음색으로 바로 알아볼 수 있는 커다란 할로우바디 일렉트릭 기타다. 메탈리카의 기타리스트 제임스 헷필드는 메사 부기Mesa Boogie 앰프에 물린 ESP 스네이크바이트 기타의 쟁쟁거리는 음색이 메탈의 상징적인 소리로 자리 잡게 하는 데 공헌했다. 음악의 여러 음색은 토요일 아침 악기점에 모여 시간을 보내는 젊은 뮤지션들에게 조금씩 스며들면서 확산된다.

소리의 연상은 개인적이고 도발적이므로 음악의 음색은 감정을 강하게 뒤흔드는 효과가 있다.▶ 우리는 삶의 경험을 통해 어떤 소리는 특정 맥락에서만 들린다는 것을 배운다. 그러므로 예기치 않거나 부적절한 소리는 공포를 일으킬 수 있다. 공포를 야기하는 가장 확실한 음색은 인간의 비명 소리다.

비명은 우리의 정신 구조에서 '특별한 자리'를 차지한다. 위험 감지 회로를 곧바로 가동하여 우리로 하여금 긴급한 위협에 대처하도록 한다. 비명은 일반적으로 심각한 상황에서 들리므로 우리는 하던 일을 내려놓고 신경을 곤두서게 하는 음색으로 눈을 돌린다. 음악을 만드는 사람은 이런 성향을 슬기롭게 활용한다. 음반에서 감정이 절정에 도달하는 순간을 비명과 비슷한 소리로 강조할 때가 많다. 라디오헤드의 〈Paranoid Android〉에서 3분 4초에 시작하는 기타 솔로를 들어보라. 톰 요크의 보컬이 물러나고 기타리스트 조니 그린우드가 귀청을 찢는 일렉트릭기타로 소동에 뛰어들어 우리가 무의식적으로 극한의 상황을 떠올리는 순간을 연출한다.

유명한 영화 장면은 우리의 상상 속에서 그 장면에 나왔던 음악의 음색과 연결될 수 있다. 장면이 충분히 극적이고 소리가 충분히 특징적이라면, 그 음색을 가리켜 문화적 규범이 된다고까지 말할 수도 있다. 공포 영화의 고전 「사이코」의 유명한 샤워 장면을 떠올려보라. 여배우 재닛 리가 사이코 노먼 베이츠의 공격을 받을 때 바이올린 활로 현을 격렬하게 긁어대는 날카로운 비명이 연이어 들린다. 머리카락이 쭈뼛해지는 기괴한 소리는 「사이코」의 작곡가 버나드 허먼의 뒤를 잇는 모든 공포 영화 작곡가들에게 영향을 미쳤다.

초창기 영화음악 작곡가들은 천국을 나타내는 장면에서 하프를 사용했다. 오늘날 하프의 하늘거리는 글리산도는 사랑의 희열이나 정신을 잃는 장면을 비꼬는 용도로 사용된다. 튜바는 악기 크기나 극도로 낮은 음역 때문에 1950년대 이후로 코믹한 장면과 연결된다. 나는 데이비드 번과 함께 그의 노래 〈My Love Is

You〉를 작업하면서 녹음 스튜디오에서 튜바를 접했던 일을 잊을 수 없다. 연인의 불완전함이 오히려 그에게는 완벽한 사람인 이유라는 내용의 익살맞으면서도 진심 어린 곡이다. 데이비드는 유명한 뉴욕의 튜바 연주자 마커스 로하스에게 연락해서 연주를 부탁했다. 마커스 같은 전문가의 손에 튜바가 들리면 악기가 웃고 소리를 지르며 데이비드 옆에서 장단을 맞출 수 있다는 것을 세션 전에는 미처 몰랐다. 연주자와 악기는 악상을 이상적인 음색과 결합하여 청자와 효과적으로 소통한다.

음색이 연상시키는 힘은 아주 강력하므로 작곡가는 흔하지 않은 음색을 사용할 때 조심해야 한다. 청자가 무심코 기존의 연상을 가동할 수도 있기 때문이다. 로스앤젤레스의 음반 프로듀서 토니 버그는 내가 본 최고로 멋진 악기 컬렉션을 보유하고 있다. 그의 보물 가운데는 비치 보이스의 1966년 앨범 《Pet Sounds》로 유명해진 클래식 악기 베이스 하모니카가 있다(〈I Know There's an Answer〉의 도입부에서 이 소리를 들을 수 있다). 토니와 이 악기를 사랑하는 사람에게 애석하게도 베이스 하모니카가 또 한 차례 유명해진 계기가 있었다. 1960년대 TV 시트콤 「그린 에이커스」에서 아널드 지펠이라는 이름의 돼지가 등장하는 장면에 사용된 것이다. 그래서 '아널드'라는 별명으로 불리는 토니의 하모니카로 녹음할 때마다 같은 이름의 돼지가 자꾸만 연상되었다.

우리 뇌가 온갖 소리를 처리하는 과정

우리의 뇌는 음색을 알아보는 일에 어째서 그렇게 능숙할까? 우리의 포유류 선조가 한때 완전히 야행성이어서 어둠 속에서 대상을 파악하려면 시각보다 소리에 의존해야 했다는 데서 이유를 찾는 학설이 있다. 마침내 낮에 활동하는 영장류가 등장하면서 우리의 뇌 역시 우수한 시각을 발달시켰지만, 인간의 시각적 능력은 훨씬 더 오래된 청각적 능력 위에 포개진 것 같다. 우리는 보는 것을 잘하기 전에 듣는 것을 잘했다.

우리가 음색을 어떻게 지각하는지, 어째서 음색이 청취 프로필에서 그토록 강한 영향력을 발휘하는 차원인지 제대로 이해하려면 뇌가 동시에 들어오는 소리들을 어떻게 처리하는지 살펴봐야 한다. 내 과학자 영웅 중 한 명인 맥길 대학의 명예교수 앨버트 브레그먼은 청각적 광경 분석에 관한 책을 썼다(아예 제목부터가 『청각적 광경 분석』이다). 고전적인 그의 논문은 끊임없이 변화하며 우리 귀로 흘러드는 소리의 조합에서 우리가 각각의 악기, 목소리, 환경 소음을 어떻게 알아보고 따라가는지 설명한다.

번잡한 곳에서 각각의 소리들을 따로 떼서 알아보려고 할 때 여러분의 청각계가 어떤 정신적 도전에 처하게 되는지 생각해보자. 여러분은 지금 사람들로 북적이는 야외 카페 한가운데서 이 책을 읽고 있다. 여러분의 뇌는 눈앞에 놓인 텍스트에 집중하지만, 여러분은 사방에서 들어오는 다양한 소리를 듣는다. 사람들의 잡담, 머그잔 부딪히는 소리, 발걸음 소리, 키보드 두드리는 소리, 고양이 울음소리, 자동차 경적소리, 도로를 오가는 소리. 여러분의 뇌는 앞서의 경험으로 이런 소음이 야외 카페에 이례적이 아님을 알고 있다. 그러므로 전부 다 무시하고 책에 집중하는 것이 어렵지 않다.

갑자기 어떤 뮤지션이 피아노 앞에 앉아 여러분이 좋아하는 멜로디를 연주하기 시작한다. 곧바로 여러분의 신경은 음악으로 쏠린다. 주위의 다른 소리들은 다 무시하고 여러분이 아는 달콤

청각적 광경 분석

한 코드 진행을 즐길 준비를 한다. 음악을 듣는다는 기대도 안 했는데 사방에서 쏟아져 들어오는 소음의 불협화음에서 아무렇지 않게 피아노 음만을 따로 떼서 듣는 것이 어떻게 가능할까?

복잡한 소리의 망에서 특정한 음색 하나를 골라내는 것은 시야에서 어디에 집중할지 선택하는 것과는 완전히 다른 종류의 정신적 도전이다. 시야에 있는 대상들은 각자의 위치가 있다. 빛이 여러 대상의 표면에 맞고 반사되면 그 위치에 따라 망막의 여러 부위가 활성화된다. 뇌는 위상적으로 구별되는 이런 시각적 경계들을 가지고 시각적 광경을 구성할 수 있다. 이와 달리 청각적 대상들—달그락거리는 식기, 잡담하는 목소리, 멜로딕한 피아노—은 하나의 복합적인 음파로 묶여 여러분의 고막에 도달한다. 만약에 시각이 청각과 같다면, 여러분은 고양이, 자동차, 신발, 입, 노트북, 피아노의 이미지가 모두 한데 겹쳐진 모습으로, 마치 여러 장의 슬라이드 필름을 겹쳐서 프로젝트에 영사하는 것처럼 보게 될 것이다.

우리가 의식적으로 집중할 수 있는 소리의 속성들은 음파에 담긴 세 가지 유형의 정보로 추출된다. 멜로디, 가사, 리듬, 음색, 세기, 공간의 위치, 움직임 모두 **주파수**, **진폭**, **위상**으로 결정된다. 위상은 음파가 왼쪽 귀와 오른쪽 귀에 도달하는 차이를 가리킨다. 주로 소리의 출처를 확인하고 소리가 어느 방향으로 움직이는지 판단할 때 사용된다. 소리의 또 다른 주관적 속성(네 가지 음악적 차원인 멜로디, 가사, 리듬, 음색을 포함하여) 모두는 주파수와 순간 순간의 진폭에서 나온다.

주파수는 음파가 여러분의 고막을 자극할 때 진동하는 속도를 측정한 것이다.▶ 진폭은 음파의 강도를 측정한 것이다. 이런 두 가지 간단한 속성으로 우리의 음악 경험을 완전하게 기술할 수 있다. 우리의 뇌는 음파에 담긴 진폭과 주파수 변화의 패턴만을 가지고 그레고리오 성가를, 바그너 오페라를, 찰리 파커의 솔로를, 펑크 송가를, 발리우드 연가를 구별할 수 있다.

하지만 이런 서로 다른 곡을 구별하는 것은 복잡한 일이다.

음파가 고막을 진동시키면, 고막의 진동은 우리 몸에서 가장 작은 세 개의 뼈를 통해 음향 지각 기관인 **달팽이관**에 전달된다. 음파의 주파수와 진폭을 나타내는 복잡한 신호는 달팽이관에서 뇌간을 거쳐 **일차 청각피질**에 도달한다. 여기서 청각적 광경의 분석이 시작된다.

일차 청각피질은 들어오는 음파의 진폭과 주파수 패턴을 면밀하게 검토한다. 운동, 기억, 언어, 판단, 감정, 보상을 담당하는 뇌 부위와 빼곡하게 연결되어 있는 청각피질은 이제 소리의 정보를 별도의 청각적 **흐름들**로 나눈 다음 상세한 처리를 위해 각각의 부위로 다시 내보낸다.

야외 카페에 앉아 있다면 여러분의 일차 청각피질은 고막에서 오는 파형을 '옆 좌석의 대화' 흐름, '보도의 발걸음' 흐름, '도시의 교통' 흐름, '피아노 음악' 흐름으로 나눌 수 있다. "흐름이 마음속의 청각적 경험에서 하는 역할은 대상이 시각적 경험에서 하는 역할과 동일하다." 브레그먼의 말이다.

이제 여러분의 뇌는 어떤 흐름에 집중할지 선택해야 한다. 음향의 출처 가운데 일부, 예를 들어 교통, 에스프레소 기계, 에어컨, 보행자는 혼란스럽고 체계적이지 않은 소리 패턴을 만들어낸다. 여러분의 뇌는 평범한 환경 소음은 무시하도록 배운다. 하지만 흐름에 정렬된 주파수 패턴(음높이가 있는 악기와 말소리에서 모음의 특징인 배음의 집합)이 들어 있으면 여러분의 뇌는 주목한다. 일차 청각피질은 체계적인 소리 패턴을 더 주목해서 처리할 대상 후보로 올려둔다. 더 강력하게 나서는 다른 흐름(가령 여러분을 향해 달려드는 트럭의 덜커덕거리는 소리)이 없다면, 체계적인 흐름은 의식적으로 주목할 가치가 있는 것으로 선택된다. **전경의 흐름**foreground stream이 되는 것이다.

음악을 듣는 것이 옆자리의 대화를 엿듣는 것보다 흥미롭다면 피아노 소리가 전경의 흐름이 된다. 피아노 흐름은 이제 음악적 차원(멜로디, 가사, 리듬)을 처리하고 소리 위치를 파악하는 일을 전담하는 고차적인 뇌 연결망으로 보내지고, 마침내 미적 평가(진정성, 사실성, 참신성)를 전담하는 연결망으로 넘어간다. 그 전에 먼저 전경의 흐름이 가는 곳은 **음색 지각 연결망**이다. 여기서는 여러 가지 소리(예컨대 '삐걱거리는 의자' '화난 고객' '쩍쩍거리는 참새')를

청각적 광경 분석
음악이 들려
음색 지각
기타와 목소리,
색소폰이 들려!
참신성 연결망
어째서 가사를 바꾼 거지?
리듬 지각
그루브가 멋진데!
멜로디 지각
내가 아는 노래야!
가사 지각
가사가 바뀌었어!
진정성 연결망
감정이 제대로 느껴져!
사실성 연결망
톤이 근사하군!

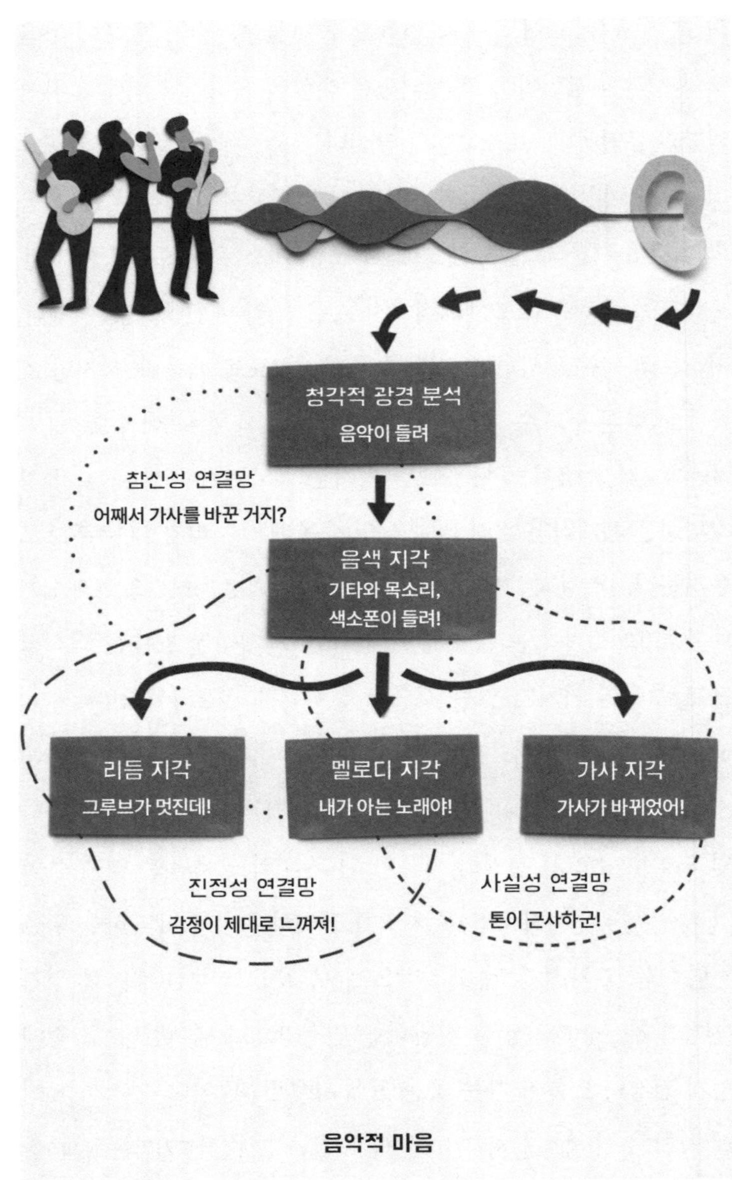

음악적 마음

학습하고 범주화하는 일을 맡는다.▶

음색 연결망은 전경의 흐름을 일으킨 출처가 악기임을 알아본다. 이렇게 흥미로운 소리의 출처가 확인되고 나면 우리는 "피아노 소리가 들려!" 하며 소리를 의식하게 된다. 소리가 의식 속으로 뛰어들어 책을 향하던 우리의 주목을 낚아채고 다른 소리의 출처들을 모두 잠재우는 것이다.

이제 음색 연결망은 피아노 흐름을 **멜로디 지각 연결망, 가사 지각 연결망, 리듬 지각 연결망**에 넘겨주어 더 상세한 분석을 맡긴다. 멜로디 연결망은 전경의 흐름에 서로 연관되는 두 가지 일을 수행한다. 먼저 흐름에 있는 개별적인 음높이들을 마치 단어를 하나하나 분석하듯 따로 떼서 확인한다. (이런 음높이 확인으로 우리는 음악의 조성을 알아본다.) 다음으로 단어를 엮어 문장을 만들 듯이 음높이의 연속을 엮어 단일한 멜로디로 만든다. 마지막으로 멜로디 연결망은 기억 회로에 접속하여 전에 이 멜로디를 들은 적이 있는지 확인한다. 이 멜로디 알겠어? "내가 지금 브라질 노래 〈The Girl from Ipanema〉를 듣고 있군."

리듬 지각 연결망은 멜로디 지각 연결강과 함께 작동한다. 멜로디 연결망이 전경의 흐름의 곡을 확인하는 동안 리듬 연결망은 같은 흐름에 박자 감응을 수행하여 나만의 탁투스를 만든다. 다음 강세가 언제 올지 예측하기 시작한다. 연결망이 피아노 흐름에서 박의 위계를 성공적으로 끌어내면 우리는 그루브를 인식하게 된다. "당김음으로 연주되는군."

피아니스트가 본인이 연주하는 멜로디에 맞춰 노래를 부른다면, 여러분의 가사 지각 연결망도 멜로디와 리듬 연결망과 동시에 돌아간다. 뇌의 언어 처리 회로 전체를 아우르는 가사 연결망은 작동 방식이 멜로디 연결망과 비슷하다. 가사 연결망은 우선 피아니스트가 부르는 개별 음소를 확인한다. 그런 다음 이런 음소들을 엮어 단어를, 그리고 단어들을 엮어 문장을 만든다. 멜로디 연결망이 단일한 멜로디 악절을 만드는 것과 비슷하다. 그러고 나면 가사 연결망은 문장을 이해하려고 한다. 성공하면 우리는 가사의 의미를 인식하게 된다. "이렇게 되는군. '그녀가 지나칠 때면 / 모두가 "아" 하고 감탄하죠.'"

마지막으로 여러분의 뇌는 네 가지 음악적 차원의 연결망 하나하나가 산출한 결과를 통합하여 음색, 멜로디, 리듬, 가사를 모두 갖춘 음악의 총체적인 모습을 구성한다. "나는 젊은 남자가 잘 조율된 피아노로 보사노바 리듬의 〈The Girl from Ipanema〉를 연주하며 테너 음성으로 노래하는 것을 듣고 있어."

총체적인 음악의 표상은 이제 각자의 미적 감수성으로 음악을 평가하는 세 가지 더 고차적인 뇌 연결망으로 넘어간다. 진정성, 사실성, 참신성의 체계다. 이런 미적 체계는 뇌 곳곳에 서로 연결된 다양한 신경 구조물들을 아우른다. 각각의 미적 체계는 그저 청각적 뇌에서 들어오는 소리의 흐름만 받는 것이 아니라 모든 감각 양식으로부터 총체적인 표상을 받는다. 각각의 체계는 각각의 보상 회로에 연결되어 있다. 그래서 독자적으로 즐거움의 경험이나 불쾌의 경험을 만들 수 있다.▶ 마찬가지로 네 가지 음악적 차원의 연결망 하나하나도 각각 뇌의 평가 회로에 연결되어 있다. 그래서 여러분은 노래의 음색, 멜로디, 리듬, 가사 각각으로부터 보상을 얻거나 불만을 경험한다.

여러분의 뇌가 들어오는 음파를 처리하고, 전경의 흐름을 분리해내고, 흐름에서 음색, 멜로디, 가사, 리듬을 확인하고, 이런 지각을 총체적인 의식의 경험으로 통합하는 데 150밀리초도 걸리지 않는다. 이렇게 해서 여러분이 음악을 알아차렸다면, 이제 느긋하게 음악을 즐길지 책으로 돌아갈지 결정할 수 있다.

멜로디, 가사, 리듬, 음색의 차원을 구별하는 학습은 유아기에 시작한다.

유아들은 냄비와 팬을 두드리고, 물건을 떨어뜨리고, 장난감을 흔들고, 소리를 지르고 훌쩍이고, 개의 꼬리를 잡아당기며 소리에 대해 배운다. 우리는 아주 어릴 때 대상이 무엇으로 만들어지고 어떻게 힘을 가하는지에 따라 다른 소리를 낸다는 것을 배운다.▶ 속이 빈 대상을 내려치면 속이 채워진 대상을 내려칠 때와 다른 소리가 난다. 플라스틱 컵을 리놀륨 바닥에 떨어뜨리면 유리잔을 떨어뜨릴 때와 다른 소리가 난다. 플라스틱 컵은 바닥에 맞고 몇 초 동안 리듬감 있게 튀지만, 유리잔은 요란한 소리를 한 번 낼 뿐이다. 이렇듯 태어나자마자 우리의 음악적 뇌는 물체가 어떻게 소리 나는지 살피며 '음색의 틀'을 마련하기 시작한다. 초기에 형성된 이런 틀은 청취 프로필의 최적 지점이 발달하는 데 영향을 미친다.

악기를 접하면서 우리는 악기 음색이 악기의 재료, 형태, 크기, 그리고 악기 소리를 만드는 힘의 종류와 연관된다는 것을 배운다. 예를 들어 피아노의 해머가 현을 때리면 음색은 상당히 큰 어택(음파가 시작할 때의 에너지)을 갖는다. 해머가 원래의 위치로 돌아가면 소리는 빠르게 에너지를 잃는다. 어쿠스틱기타의 줄

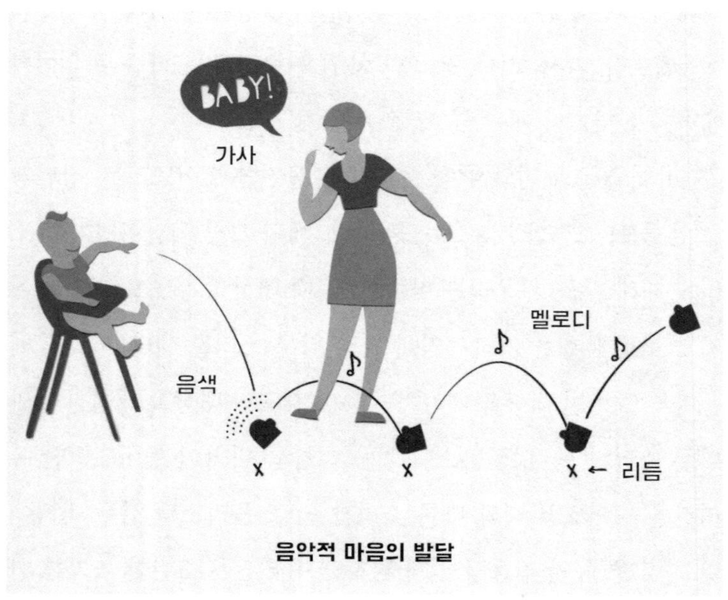

음악적 마음의 발달

을 튕기면 악기의 몸통 방향뿐만 아니라 현의 길이 방향으로도 진동이 일어난다. 우리는 나일론 줄의 클래식기타가 부드럽고 낭랑한 소리를 내고, 강철 줄의 기타는 선명하고 금속성인 소리를 낸다는 것을 배운다. 활로 첼로의 현을 켜면 따뜻하고 거친 소리가 나며, 첼리스트가 현에 에너지를 계속해서 가하지 않는 한 소리는 사그라진다. 색소폰과 오보에는 인간의 목소리와 비슷하게 진동한다. 이런 악기의 독특한 음색은 마우스피스에 리드를 끼워 소리를 내기 때문이다. 인간의 성대가 후두 사이에 놓이는 것과 같다.

음색의 인식은 얼굴을 알아보는 것과 비슷하다. 사람들은 어른의 얼굴 사진을 보고 같은 사람이 아이였을 때의 얼굴을 귀신같이 잘 알아본다. 이것은 우리의 얼굴 인식 회로가 얼굴에 있는 여러 시각적 요소들 사이의 **관계**를 알아보기 때문이다. 눈과 눈 사이의 거리, 코의 모양, 보조개의 존재와 위치, 얼굴 왼쪽과 오른쪽의 미묘한 비대칭 같은 것 말이다. 음색을 알아보는 것도 소리를 이루는 요소들 사이의 모든 관계를 포괄적으로 평가함으로써 이루어진다. 우리가 어떤 가수의 노래를 처음 들을 때 우리는 목소리에 담긴 독특한 배음 패턴을 바탕으로 세상에 하나밖에 없는 음색의 틀을 만든다.

그래서 음색은 음악의 '얼굴'인 것이다. 음색은 우리로 하여금 소리의 진짜 정체성을 판별하게 해준다.

ASMR을 들으면 마음이 편안해져요

물론 사람의 얼굴을 **알아보는 것**은 사람의 얼굴을 **좋아하는 것**과는 다르다. 음색을 포함하여 음악의 어떤 차원이든 긍정적인 감정을 일으키려면 의식적으로 보상을 경험하게 해주어야 한다. 이 책 곳곳에서 우리는 뇌가 음악과 다른 예술 형식을 평가할 때 패턴 인식이 관여한다는 것을 보았다. 모든 뇌는 특정한 음악적 패턴에 대해 개인적인 선호를 발달시킨다. 어떤 소리가 여러분이 좋아하는 음색의 최적 지점에 놓인다면, 여러분의 보상 회로가 기분 좋은 도파민을 분비하는 식으로 반응할 것이다. 음색을 처리하는 연결망과 보상 회로가 서로 연결되어 있다는 것을, 아울러 보상 회로가 외부의 간섭에 취약하다는 것을 보여주는 예로 B 씨의 사연이 있다.

B 씨는 쉰아홉 살의 유럽인으로 무난한 청취 프로필을 보였다. 그의 음악 취향은 넓고 확고했다. 그가 가장 좋아한 음반은 10대 시절에 가장 큰 기쁨을 안겨준 음반들, 특히 그의 모국어인 네덜란드어로 된 음악이었다. 비틀스와 롤링 스톤스도 즐겼는데 스톤스를 살짝 더 좋아했다.

46년 동안 B 씨는 극심한 강박 장애로 고통스러운 삶을 살았다. 불확실한 결과나 터무니없는 사건을 마주칠 때마다 불안에 시달렸다. 자신이 삶을 통제하고 있다고 생각해야 마음이 편해서 통제에 집착했고 물건을 버리지 않고 모아두었다. 그가 두려움 때문에 몸의 기능이 망가지고 있는 것을 보고 의사가 중격의지핵에 뇌심부자극술을 해보자고 제안했다. 중격의지핵은 뇌의 보상 체계의 일부로, 우리가 좋아하는 음악을 들을 때 도파민을 분비하는 일을 한다.

신경외과 의사가 B 씨의 중격의지핵에 두 개의 전극을 이식했다. 극적인 효과가 있었다. 그는 더 이상 공황에 빠지지 않았고, 강박적으로 행동하려는 충동도 느끼지 않았다. 차분함과 자신감, 긍정적인 기운을 새로 얻은 그는 자신을 "B 씨 제2호"라고 부르기 시작했다. 하지만 이런 이득에는 특이한 부작용이 따랐다. 난생처음으로 그는 조니 캐시의 열렬한 팬이 되었다.

시술을 받고 얼마 지나지 않아 라디오를 듣는데 〈Ring of Fire〉가 흘러나왔다. 그는 뜨겁게 반응했다. 조니 캐시의 음반은 그 어떤 음악보다 그의 감정을 휘저었다. B 씨는 자신이 경험한 강력한 감정이 캐시의 "날 것 같은 저음의 목소리" 때문이라고 보았다.

그래서 B 씨는 구할 수 있는 조니 캐시의 음반은 모조리 사서 듣기 시작했다. 그는 1970년대와 1980년대의 연주에 가장 강렬한 청취의 즐거움을 주는 음색의 특징이 있다는 것을 발견했다. 다른 음악은 이제 그에게 만족감을 안겨주지 못했다. 그는 "모든 감정, 모든 상황마다 어울리는 조니 캐시의 노래가 하나씩 있다"고

의사에게 말했다.

시술 전에 강박 장애로 시달렸던 강렬한 부정적 감정과 달리 B 씨는 캐시의 음악을 들으려고 흥분하여 집착하거나 듣지 못할 때 불안에 시달리지 않았다. 청취는 **즐거웠을 뿐** 강박적이지 않았다. 그는 오로지 조니 캐시의 음반만을 끊임없이 들었지만 지루한 줄 몰랐다고 했다… 이식한 전극에 문제가 없는 한 그랬다는 말이다. 중격의지핵을 자극하는 전극에 전원을 공급하는 배터리가 다 되자 조니 캐시에 대한 그의 열정도 사그라졌다. 배터리가 다시 충전되면 '검은 옷의 사나이'|공연 때 검은 옷을 즐겨 입는다고 해서 붙여진 조니 캐시의 별명-옮긴이|에 대한 그의 관심도 살아났다.

B 씨의 묘한 사례를 보면 음색의 최적 지점이 즐거움의 경험과 긴밀하게 연관되어 있다는 생각을 하게 된다. 음색과 보상의 끈끈한 관계는 '자율 감각 쾌락 반응', 흔히 ASMR이라고 줄여서 말하는 현상에서도 나타난다. ASMR은 "특정한 청각적, 시각적 자극에 대한 반응으로 따끔거림이나 정전기 비슷한 감각이 두피에서 목 뒤로, 때로는 그 아래까지 내려오는 것"으로 규정된다. ASMR을 즐기는 사람들은 소곤거리는 소리, 모노톤으로 말하는 소리, 이발하는 소리, 헤어드라이어 소리를 들려주는 유튜브 채널을 찾는다. 러시아계 미국인 마리아 빅토로브나는 'ASMR의 여왕'이라고 불린다. 그녀가 운영하는 유튜브 채널 '젠틀 위스퍼링 ASMR'의 구독자가 수백만 명이다. 그들은 러시아어와 영어를 오

가며 나지막하게 속삭이는 그녀의 최면적인 목소리를 들으며 우울증, 불안, 통증, 스트레스를 잊는다. 가끔은 역할 놀이를 하여 머리 감기나 건강 진단 같은 가상현실 서비스를 제공하는 ASMR도 있지만, 심적 보상은 주로 소리의 음색에서 얻어진다.

정확한 기전이 아직 완전하게 밝혀지지 않았지만, 분명한 것은 ASMR이 심리학이 아니라 생물학에 바탕을 두고 있다는 것이다. 자신이 선호하는 특정한 소리를 접하면 심박동수가 줄어들고 호흡이 깊어지고 차분한 감정이 드는 등 기분과 생리에 변화가 일어난다. ASMR을 즐기는 사람들은 본인이 성적 만족감을 추구하는 것이 아니라 ASMR 소리가 유발하는 깊은 이완과 '편안하게 흐르는 상태'를 원하는 것이라고 힘주어 말한다.

이렇듯 많은 소리가 즐겁거나 편안한 감정을 일으킬 수 있지만, 가끔은 정반대의 반응을 일으키기도 한다. 소수의 청자들에게는 대부분의 사람들이 알아차리지도 못하는 흔한 소리가 짜증을 유발할 수 있다. 소리에 대한 이런 부정적인 반응을 가리켜 '청각과민증misophonia'이라고 한다. 청각과민증에 시달리는 사람은 씹거나 삼키거나 숨 쉬는 소리에 혐오스러운 불쾌감을 겪는다. 방아쇠가 되는 이런 소리는 분노, 불안, 공황 증상을 촉발할 수 있다. 묘한 것은 이들이 대부분의 사람들이 짜증나게 여기는 소리, 예컨대 치과에서 들리는 고주파 드릴 소리나 손톱으로 칠판을 긁는 소리에는 특별히 더 민감하게 반응하지 않는다는 것이다. 이런 소음은 청각과민증을 겪는 사람이나 평범한 나머지 우리나 비슷한 수준의 불쾌감을 유발한다. 결정적인 차이는 청각과민증을 일으키는 소리가 **내수용감각**interoception과 연관된다는 것이다. 즉 우리가 몸으로 내는 소음이다.

청각과민증을 겪는 사람들의 뇌를 연구하여 그들이 문제의 소리를 들을 때 뇌섬엽피질에서 높은 수준의 활동성을 보인다는 것을 밝혀냈다. 뇌섬엽은 감정을 처리하는 뇌 심부 구조물로 특히 역겨움 감정을 맡는다. 여러분이 바로 지금 뇌섬엽을 자극하고 싶다면, 물컹한 바퀴벌레를 씹어 먹을 때의 소리와 느낌을 상상해보라. 청각과민증은 B 씨가 조니 캐시를 들을 때 경험하는 것과 상반되는 음색 반응이다.

개인적으로 나는 ASMR에 청각과민증 비슷한 반응을 보인다. ASMR에 대해 **생각하는** 것만으로도 불안이 몰려와 유튜브의 ASMR 동영상을 살펴보려 할 때 클릭 버튼을 누르기가 어려웠다. 이와 달리 백파이프가 동물처럼 울부짖는 소리는, 비록 언짢고 웅웅거리고 단조롭다며 무시하는 사람도 있지만, 언제 들어도 내게 즐거운 감정을 한가득 안겨준다.

어떤 가수의 목소리가 가장 매력적이야?

우리가 듣는 모든 음색 가운데 인간의 목소리만큼 우리를 집중시키는 것은 없다. 소리와 감정이 자연스럽게 엮이는 것은 고대 선조들이 마주쳤던 선택들과 관련이 있다. 소리에 반응하면서 초기 인류가 위험에서 벗어난 것만이 아니었다. 연인을 찾고 사랑을 나누는 데도 도움이 되었다. 세심한 훈련을 받으면 스트라디바리우스와 과르네리의 소리를 구별할 수 있다. 그러나 섹시한 목소리를 알아차리는 데는 훈련이 필요치 않다.

심리음향학자 조시 맥더모트의 설명을 들어보자. 인간은 역사적으로 밤에 성관계를 나누었다. 희미한 숲과 동굴 때문에 짝의 얼굴과 몸을 보기가 어려워 우리는 어둠 속에서 목소리에 에로틱한 관심을 보이는 성향을 발달시켰다. 여성의 목소리는 월경 주기에 따라 음높이를 바꾼다. 그렇기에 가임을 나타내는 '정직한' 지표로 여겨진다. 남자는 부드러우면서 숨소리가 섞인 여성의 목소리(스칼릿 조핸슨을 떠올려보라)를 선호한다. 본능적으로 이런 음색을 여성답다고 여긴다. (남성이 지각하는 여성 목소리의 매력도는 여성의 성적 난잡함(첫 성교의 나이, 성적 파트너의 수, 헌신적인 짝 몰래 바람을 피운 횟수로 측정되는)을 예측하는 강력한 지표가 된다. 실제로 섹시한 목소리를 가진 여자가 섹시한 몸을 가진 여자보다 섹스를 더 많이 한다.

여성들 역시 남성의 목소리를 평가할 때 편향이 있지만, 실상에 토대를 둔 것은 아닐 수도 있다. 남성의 목소리 음색과 여성이 느끼는 매력을 연구한 것을 보면, 여성들은 특정 목소리에 분명한 선호를 보이지만 남성의 목소리가 항상 그들의 실제 모습을 나타내는 것은 아니다. 열여덟 살에서 서른 살 사이의 남성 서른네 명의 목소리를 녹음하여 같은 연령대의 여성 쉰네 명에게 들려주었다. 그런 다음 각각의 목소리로 남성의 매력도와 나이, 몸무게, 키, 근육질, 가슴의 털을 추측하도록 했다. 여성들의 추측은 상당 부분이 겹쳤다. 목소리가 깊은 저음일수록 더 매력적이고 나이가 더 많고 더 무겁고 더 근육질이고 가슴의 털이 더 많다고 평가했다. 하지만 사실 남성의 목소리 음색과 신체 특징은 몸무게만 제외하고는 상관성이 없다. 그러니 여성들은 성적 파트너를 목소리 음색으로 고를 수도 있겠지만, "추측한 상황이 대체로 맞지 않다는 것을 보면 선호도가 어떤 역할을 하는지 불확실하다"고 연구자 새러 콜린스가 말한다.

음반 프로듀서는 압도적으로 남자가 많은 분야여서 어느 날 버클리에서 프로덕션 수업을 하려고 보는데 수업에 참석한 모든 학생들이 여자였던 것은 참으로 드문 일이었다. 이런 순간을 그냥 넘어갈 수는 없었다. 여자들끼리 잡담을 나누기에 딱 좋았다. 나는 가끔 생각했지만 한 번도 다른 여성들에게 묻지 않았던 질문을 꺼냈다. **어떤 남성 보컬리스트가 가장 매력적인 목소리를 가졌다고**

생각해?

　젊은 여성들은 뜨겁게 호응했다. 차례로 휴대폰을 꺼내들고 각자가 목소리 음색만으로 황홀하다고 여기는 가수의 노래를 틀었다. 그들이 들고 나온 목소리의 대부분은 젊고 자신감 넘치는 그들의 전망에 부합하는 것처럼 보였다. 젊고 사근사근한 라이언 애덤스, 숨소리가 느껴지고 옆집 남자아이처럼 친근한 음색의 제이슨 므라즈, 마찬가지로 숨소리가 섞인 친근한 목소리에 진실하고 순수한 바이브가 담긴 미겔, 호흡을 그대로 내보내는 목소리로 연약하고 고백적인 엘리엇 스미스. 그리고 가장 눈에 띄는 존재는 훌륭한 기교와 인상적인 통제력을 갖춘 깊고 힘 있는 컨트리 음색의 소유자 제이슨 알딘이었다. 젊은 여자들이 흠모하는 이런 남자들은 하나같이 다재다능한 가수들이었지만, 그들의 목소리는 내가 좋아하는 음색의 최적 지점과는 거리가 멀었다.

　10년도 더 전에 처음 들었을 때부터 나는 케빈 샌드블룸의 목소리를 사랑했다. 2005년에 나온 EP 《Delta》의 수록곡 〈Say Yes〉를 들어보라. 그의 목소리를 듣고 개인적으로 너무도 황홀하여 내 이름조차 잊었을 정도였다. (추측컨대) 그는 마이크에 가까이 대고 노래한다. 마치 값비싼 첼로의 현에 활을 대고 천천히 세심하게 긋는 듯한 소리다. 이런 목소리를 듣는 것은 흔치 않은 영광이다.

　나를 포함하여 내 프로덕션 수업을 들은 모든 여자들이 남성의 섹시한 목소리를 좋아한다고 열렬하게 털어놓았다. 이것은 음악에서 보컬 트랙이 우위를 차지하는 이유를 말해준다. 다른 악기들 소리도 감정을 자극하지만, 오로지 목소리만이 감정적 내용과 더불어 연주자의 정체성과 신체 건강을 짐작하게 한다. 보컬 음역은 멜로디의 장에서 프랭크 시나트라를 설명하면서 보았듯이 가수가 자신의 성적 기량을 뽐내는 하나의 방법이다.

가성을 제외하면 대부분의 남자들은 '흉성'으로 노래한다. 이와 대조적으로 여자 가수들은 '두성'을 사용하는 경향이 있으며 특히 경력 초기에 그렇다. (이런 해부적 용어는 소리 공명의 대부분이 몸의 어디에서 발생하는지 나타내는 것이다.) 목소리의 음높이는 성대의 길이와 관련된다. 흥미롭게도 인간은 목소리를 통해 성적이형性的異型을 드러내는 드문 종 가운데 하나다. 말이 울거나 개가 짓거나 고양이가 야옹대는 소리를 듣고 수컷인지 암컷인지 알기는 어렵다. 인간도 어릴 때는 음색이 동일하다. 남자아이와 여자아이를 목소리로 구별할 수 없다. 하지만 남자아이는 사춘기를 지나면서 테스토스테론이 분비되어 성대가 길어지고 '후두융기'(흔히들 '아담의 사과'라고 부르는)가 일어난다. 사춘기가 경과하고 나면 평균적인 남성의 목소리는 여성보다 한 옥타브 낮다. 이런 성적이형으로 인해 인간의 목소리는 성을 나타내는 표식이 된다. 우리는 성인의 목소리를 통해 그 사람의 성적 매력을 추측한다.

가수가 목소리 훈련을 받으면 음역을 넓히고 흉성과 두성을 자유자재로 오갈 수 있다. 힘과 통제력이 필요한 일이다. 그래서 남성이 가성으로 노래하는 것을 들으면 그가 추가적인 장비와 그것을 다루는 힘을 갖추었다는 메시지를 듣는 것이다. 마찬가지로 여성이 깊은 흉성으로 노래하면 대부분의 여성들은 갖지 못한 힘이 자신에게 있음을 알리는 것이다. 니나 시몬이 강한 흉성으로 노래하는 여성의 대표적인 예다(〈No Good Man〉을 들어보라). 그 외에도 마일리 사이러스, 에타 제임스, 타냐 터커, 러시아 록 가수 줄리아나 스트레인지러브 등에게서 깊은 음역의 근사한 여성 목소리를 들을 수 있다. 여성이 내는 깊은 목소리가 특별히 인상적인 이유가 있다. 보통 남성이 여성보다 음역이 넓다. 남성이 성대 주름을 수축해서 더 높은 소리로 노러하는 것이 여성이 성대주름의 길이를 늘여 더 낮게 노래하는 것보다 쉽다. 그러니까 남성이 여성처럼 소리 내기가 반대의 경우보다 쉽다는 말이다.

음색의 복잡함 때문에 음색은 음악적 차원을 통틀어 가장 개인적인 지점이다. 사람들은 멜로디, 가사, 리듬에 대해 강한 편향성을 드러내지는 않겠지만, ASMR, 청각과민증, B 씨, 내 프로덕션 수업에서 보았듯이 특정 음색에 대한 개인의 반응은 열광과 혐오를 오간다. 우리는 저마다 음색의 차원에서 대단히 개인적인 최적 지점들을 갖는다. 이런 최적 지점들이 집합체를 이루고 있기에 여러분의 청취 프로필은 오로지 여러분만의 것이다.

음악과 기억

음악과 기억은 헌신적인 정신의 짝이다. 노래와 음반에 대한 우리의 기억은 세월의 흐름과 생리적 손상에도 버틸 정도로 견고하다. 경증, 중등증 알츠하이머병으로 고생하는 음악 애호가들도 음악에 대한 열정을 잃지 않는다. 심각한 기억 손상을 입은 사람도 대체로 노래의 멜로디, 가사, 리듬을 생각해낼 수 있다. 어렸을 때 인기가 있었던 노래라면 더더욱 그럴 것이다.

말과 멜로디를 결합하면 좌뇌의 청각피질과 우뇌의 청각피질 모두를 가동하여 뇌 활동을 두 배로 끌어올린다. 이렇게 기억을 뇌 양쪽에서 '이중으로 암호화'한 덕분에 구술 역사가 보존될 수 있었다. 호모 사피엔스가 글쓰기를 발명하기 전에 고대 부족들은 그들의 이야기, 신화, 연대기를 **노래로** 불러 후대에 전했다. 멜로디와 운율을 맞추면 이야기의 단어를 기억하는 데 도움이 되는 단서가 마련된다. 여러분이 단어를 잊었다면 멜로디가 기억을 도와줄 수 있다. 반대의 경우도 마찬가지다.

8장

형식과 기능: 음반 프로듀서가 듣는 음악

릭 홀은 은둔자처럼 음반을 껴안고 살았어요.

자기가 무엇을 원하는지 정확히 알았고,

그걸 얻을 때까지 쉬는 법이 없었죠.

_ 아서 알렉산더, 컨트리-소울 가수

♪ 플레이리스트

〈All Too Well〉 Taylor Swift

〈Fault and Fracture〉 Converge

〈Bohemian Rhapsody〉 Queen

〈Untitled (How Does It Feel)〉 D'Angelo

〈Celebration〉 Kool & the Gang

〈We Will Rock You〉 Queen

〈Playing in the Band〉 Grateful Dead

〈Purple Rain〉 Prince & The Revolution

〈Baby〉 Nil Lara

〈Don't Lose Your Faith in Me〉 Robben Ford

〈One Week〉 Barenaked Ladies

〈Whoever You Are〉 Geggy Tah

위대한 음반 프로듀서는 무엇을 듣고 있었나

다큐멘터리 영화 「전설의 스튜디오, 더슬솔스」는 앨라배마 주 북서쪽 끝 테네시강 유역에 위치한 전설적인 녹음 스튜디오 페임의 역사를 다루고 있다. 페임은 고인이 된 나의 우상 릭 홀이 설립한 스튜디오다. 릭은 1960년대와 1970년대에 어리사 프랭클린, 에타 제임스, 퍼시 슬레지, 롤링 스톤스 등의 음반으로 빌보드 차트를 제집처럼 드나들었던 인물이다. 영화에서 가수 캔디 스테이튼은 수많은 히트곡에 공헌한 유명한 하우스밴드 스왐퍼스와의 연주 녹음 중에 홀이 보인 완벽주의에 대해 언급하며 이렇게 말한다. 스왐퍼스 멤버들이 릭이 만족할 때까지 한 노래만 갖고 **며칠** 동안 작업했다고.

이런 집요함이 나는 놀랍다. 최고의 뮤지션들과 똑같은 트랙을 몇 시간이나 작업하면서도 릭은 만족하지 않았다. 테이크를

녹음하고 또 녹음하고도 그는 손가락으로 토크백 버튼|녹음실과 컨트롤 룸 사이에서 이용하는 응답 시스템-옮긴이|을 누르며 스왐퍼스에게 말했다. "한 번 더 하지." 컨트롤 룸 창문 너머에 그토록 뛰어난 연주자들이 있는데 완벽한 테이크를 얻기까지 왜 그렇게 오래 걸렸던 걸까? 무엇이 빠졌을까? 더 정확히 말하면, 그는 무엇을 **듣고 있었을까?**

릭은 위대한 노래를 듣고 있지 않았다. 잘될 것 같은 곡이 아니면 녹음을 시작하지도 않았다. 위대한 연주를 듣고 있는 것도 아니었다. 그는 스왐퍼스의 연주 실력이 세계 최고 수준이라는 걸 알았다. 릭 홀은 위대한 **음반**을 듣고 있었다.

음반은 각각의 연주 하나하나가 잘 어우러져서 멋진 전체(게슈탈트)를 이룰 때 만들어진다. 게슈탈트 심리학자 쿠르트 코프카의 말처럼 "전체가 부분의 합 이상"인 상태 말이다. 저장 매체에 음악을 담는 것은 **녹음**이고, 청자의 영혼을 울리는 음악을 녹음하는 일은 **음반 제작**이다.

이 장에서 나는 관점을 살짝 바꿔 여러분이 듣는 음악 소리를 더 잘 이해하도록 돕는 대신 여러분이 음반 프로듀서가 듣는 식으로 음악을 듣도록 하고 싶다. 직업적으로 음악을 듣는 사람들의 마음을 접하고 나면 여러분 각자의 청취 프로필에 더 긴밀하게 다가가게 될 것이다. 아울러 개인적인 욕심도 하나 있음을 밝혀둔다. 이 장을 읽고 영감을 받아 음반 프로듀서를 직업으로 고려해보는 독자들이 있다면 좋겠다.

음악을 듣는 것은 음악을 연주하는 것과는 다른 재능이다. 영화감독에게 카메라 앞에서 연기하는 것과 다른 역량이 필요한 것과 마찬가지다. 홈레코딩 장비가 등장하기 전에 성공한 프로듀서들은 뮤지션이나 송라이터가 아닌 다른 일을 하다가 전향한 경우가 많았다. 거스 더전, 제리 웩슬러, 나이절 고드리치, 실비아 매시, 키스 쇼클리와 행크 쇼클리, 마크 론슨, 보이-원다 모두 음반을 만들어야겠다는 생각을 하면서 아티스트의 길은 의식적으로 포기했다. 업계의 다른 이들과 마찬가지로 능력이 입증된 이런 유명한 음반 프로듀서들은 음악 저널리스트(웩슬러), 음반 기획자(더전), 녹음 엔지니어(고드리치, 매시), 기술의 혁신자(쇼클리 형제, 저스트 블레이즈), 디제이(론슨, 아비치)로 경력을 시작했다. 나의 위대한 두 영웅 샘 필립스(선 스튜디오)와 릭 홀(페임 스튜디오)은 프로듀서의 귀감이 되는 인물이지만, 뮤지션이 되겠다는 생각을 진지하게 해본 적이 없었다.

뮤지션 경력이 음반 제작의 많은 측면들에 분명 도움을 줄 수 있다. 다만 그런 경우 자신의 듣는 기술을 다시 조정해야 하는 때가 종종 있다. 버클리에서 내 수업을 듣는 학생들은 전부 재능 있는 뮤지션들이다. 각자의 기예를 익히려고 셀 수 없이 많은 시간을 쏟아가며 노력한다. 음악 연습은, 특히 각각의 소리를 집중해서 듣는 연습은 청각 처리 회로를 강화하고 '청각적 선수'를 길러낸다. 매일 연습하는 테니스 선수가 운동 능력을 키우고 손과 눈의 협응력을 발달시키듯이 뮤지션이 훈련을 받으면 음악뿐만 아니라 모든 소리에서 미묘한 차이를 재빠르게 지각하고 반응하는 능력이 발달한다. 이런 능력을 가리켜 '분석적 청취'라고 한다.▶

뮤지션들은 소리에서 복잡하고 미묘한 음향적 디테일을 듣는 훈련을 받는다. 분석적 청취 능력이 발달하면 음정과 타이밍이 맞는 음들을 구별하고 이런 음들을 낼 줄 알게 된다. 뮤지션은 청자가 곡의 리듬을 잘 느끼도록 특정한 음들을 강조하는 법을 배우고, 감정이 제대로 전달되도록 호흡의 길이를 바꾸는 법을 배운다. 부드럽게 설득해야 할 때나 몰아쳐야 할 때, 그에 맞게 자기 악기에서 최고 음색을 끌어내는 법을 배운다. 뮤지션이 밴드에 합류하면, 분석적 청취는 본인의 연주 제스처가 다른 뮤지션들의 연주 제스처와 어떻게 섞이는지 듣는 데 도움을 준다. 버클리 학생들은 자신의 연주를 조정하고 보강하여 앙상블 연주로 만들어가는 데 선수들이다. 그러나 음악 프로덕션 엔지니어링학과 교수로서 내가 하는 일 중에는 학생들을 프로듀서처럼 듣도록 훈련시키는 것도 있다. 그것은 릭 홀의 표현에 따르면 "음반을 구입하는 대다수인 평범한 대중의 관심을 끌도록" 음악을 듣는 법을 배운다는 뜻이다.

음반 프로듀서는 노래의 **모든** 소리적 요소들을 종합하여 총체적으로 들을 줄 알아야 한다. 이것을 가리켜 '종합적 청취'라고 한다. 프로듀서는 이런 종합적 청취 능력을 활용하여 음반에서 완벽해야 하는 디테일과 사소한 실수나 의도적인 실수가 오히려 나은 디테일을 구별한다. 분석적 청취 능력은 다년간 정규 음악 훈련을 받으면 길러진다. 이와 달리 종합적 청취 능력은 다년간 꾸준히 음반을 들으면 길러진다.

음악을 하는 학교 친구들이 음계 연습을 할 때 나는 음반을 들었다. 사춘기 시절에 곡을 쓰는 친구들이 자기 감정을 가사에 쏟아부을 때 나는 음반을 들었다. 대학 시절 학우들이 밴드 리허설을 하고 무대에 설 때 나는 음반을 들었다. 내 연배의 사람들이 순회공연을 다니고 곡을 팔고 레이블과 계약을 할 때 나는 음반을 들으며 음반을 만드는 데 필요한 테크닉을 공부했다. 마침내 내가 나의 음반을 만들 기회를 잡았을 때, 내 신경 경로에는 다년간의 적극적인 음악 청취로 구축된 음반에 대한 깊은 지식과 감각이 새겨져 있었다. 모든 프로듀서들이 그렇듯 스튜디오에서 녹음 작업을 하며 신속한 미적 결정을 내려야 할 때 내 마음속의 음악 도서관은 무엇과도 바꿀 수 없는 소중한 자산이다.

릭 홀 같은 위대한 음반 프로듀서들에게 음악 청취는 그림자처럼 마음에 늘 붙어 다닌다. 그들이 어디에 있든 음악은 항상 그 장소에서 가장 큰 목소리가 된다. 이런 프로듀서에게 '배경 음악'이라는 말은 모순어법이다. 그들의 뇌는 **항상** 귀에 닿는 모든 음악에 맞춰져 있다. 음악 때문에 일상의 활동에 집중하기가 어렵거나 활동이 불가능해질 수도 있다. 얼마 전 나는 TV 쇼를 보던 중에 술집에서 벌어지는 극적인 장면을 세 번이나 다시 보고서야 극중 대화를 따라갈 수 있었다. 화면 속 술집 주크박스에서 알 그린의 음반이 나오고 있었기 때문이다. 그만큼 곡에서 내 주의를 떼어놓는 것이 어렵다.

베테랑 음반 프로듀서의 경우 글을 읽고 쓰고 대화하고 요리하고 운동하고 (나의 경우에는) 운전하는 기본적인 활동조차 음악이 틀어져 있으면 집중하기 어려울 수 있다. 카페에서 친구를 기다리고, 가게에서 쇼핑하고, 기름을 넣고, 해변에서 빈둥거리는 등의 일을 떠올릴 때면 언제나 당시 근처에서 흘러나오던 음악이 함께 기억난다. 프로듀서로서 성공하려면 나만의 최적 지점이 있는 청취 프로필을 지렛대 삼아, 다른 사람들이 듣고 이렇게 말할수 있는 소리의 태피스트리를 만들 수 있어야 한다.

이건 바로 내 음악이야!

음악이 배경이 되어버린 시대

프로듀서가 새로운 음반을 작업하면서 가장 먼저 고려하는 질문은 이것이다. 이 음반의 **기능**이 뭐지?

창작물의 형식과 창작물이 소비자의 삶에서 수행하는 역할은 밀접한 관계가 있다. 이런 관계를 '빈백 의자 딜레마'로 생각해 볼 수 있다. 빈백 의자는 제한된 기능성을 갖고 있으면서 시대를 초월한 창작물의 완벽한 예다. 이례적인 형식(다리도, 등받이도, 유연한 좌석도 없는) 때문에 빈백 의자는 아이들 침실이나 가족이 쉬는 거실에는 흔해도 사무실이나 식탁에서는 볼 수 없다. 알루미늄으로 만든 해군 의자Navy Chair는 정반대 사례다. 해군 의자는 네 개의 다리와 딱딱한 등받이, 평평한 좌석을 갖고 있으므로 강의실에서 전함에 이르기까지 다양한 환경에서 두루 사용된다.

형식이 이례적일수록 기능은 제한적이 된다. 테일러 스위프트의 〈All Too Well〉처럼 고전적인 형식을 가진 음반은 청자의 하루 내내 두루 쓸모가 있다. 아침 출근길에, 퇴근하고 칵테일을 한잔하면서, 심지어 침대에 눕기 전에 들어도 괜찮다. 컨버지의 근사하지만 독특한 〈Fault and Fracture〉는 쓰임새가 더 좁다. 기능이 제한적일수록 상업적인 매력은 떨어진다. 물론 퀸의 〈Bohemian Rhapsody〉에서 보듯 가끔은 비정통적인 형식의 음반이 열광적인 평가를 받거나 아이코닉한 지위를 얻는 경우도 있다.

음반의 **형식**에서 가장 큰 지분을 차지하는 사람은 원재료가 되는 노래 자체를 만드는 아티스트와 송라이터다. 음반의 **기능**에서 대부분의 지분을 차지하는 사람은 프로듀서다. 프로듀서는 노래의 이상적인 청중, 이상적인 맥락, 이상적인 청자의 반응이 어떻게 될지 가늠하여 노래의 쓰임새를 고려해야 한다. 뮤지션은 예술가이므로 '예술을 위한 예술'을 하려는 마음이 있고 그건 프로듀서도 마찬가지다. 하지만 뮤지션과 프로듀서가 직업을 계속 이어가려면 궁극적으로는 어느 정도 상업적 성공을 이루어야 한다.

우리가 아방가르드 스타일(노이즈 팝이나 프리 재즈)을 작업할 때는 음반이 빈백 의자처럼 제한적인 기능성을 갖는다는 것을 인식한다. 우리가 보다 전통적인 형식을 맡으면 참신성-대중성 곡선에서 보았듯이 음반이 시장에서 더 좋은 대접을 받는다. 더 많은 청취 프로필에 다가가고 더 많은 음악적 맥락에서 사용될 수 있기 때문이다. 하지만 대단히 기능적인 형식 역시도 나름대로 극복해야 할 난관들이 있다. 가장 큰 난관은 경쟁이다.

상업적 음악을 하는 정상급 프로듀서들은 익숙한 형식의 음반을 만든다. 그 결과 소비자 입장에서는 선택할 수 있는 그런 종류의 음반이 항상 넘쳐난다. 아무래도 좁은 무대에서 얼마 안 되는 경쟁자들과 겨루는 것이 비슷비슷한 물건이 많은 거대한 시장에서 경쟁하는 것보다 더 쉽지만, 음악업계에서 얻어지는 보상은 시장의 크기에 상응하는 경우가 많다.

프로듀서는 음반의 기능성을 고려할 때 그 음반이 빛날 수 있는 이상적인 맥락을 따져본다. 디안젤로의 〈Untitled (How Does It Feel)〉은 사랑 노래의 영원한 표준인 중간 템포, 일관된 셈여림, 부드럽게 속삭이듯 노래하는 크루닝 보컬, 레가토 연주라는 형식을 따른다. 쿨 앤 더 갱의 〈Celebration〉은 축하하는 곳이면 어디든 신나게 틀어달라는 바람을 직접적으로 드러낸다("파티가 여기서 벌어지고 있어"). 퀸은 〈We Will Rock You〉에서 쿵-쿵-짝 하는 유명한 박수 리듬을 마련하여 청자가 어둠 속에서 혼자 듣는 곡이 아니라 아레나 같은 대형 공연장에서 열리는 콘서트에서 대규모 청중이 함께하는 곡임을 알린다. 리듬의 장에서 알아보았듯이 다 함께 맞춰 움직이고 노래하면 공동의 감정이 생겨나고 기억할 만한 사회적 사건이 만들어진다. (이것이 수만 명의 팬들이 밴드와 더불어 하나가 되는 '아레나 록'의 기능이다.) 그레이트풀 데드의 많은 노래들, 예컨대 1971년의 《Grateful Dead》 앨범에 수록된 〈Playing in the Band〉는 콘서트에서 팬들이 집단적으로 환각 여행을 할 때 연주하려고 만든 곡이다. 그러니 음반으로 들어서는 매력이 떨어진다. 한 비평가의 말처럼 "밴드의 라이브 앨범[조차]도 콘서트 경험을 포착하기에는 턱없이 부족하다."

　내 평생 동안 음반의 기능성이 크게 바뀐 경우를 한 차례 이상 목격했는데, 가장 중대한 변화라면 전반적인 문화가 능동적 청취에서 수동적 청취로 넘어간 것이다. 어떤 산물이든 마찬가지겠지만 음반이 소비되는 양상이 바뀌면 음반 제작 방식도 달라진다. 라디오와 턴테이블이 등장한 초창기에는 대부분의 음악 소비자들이 라디오 옆에 앉거나 음악이 연주되는 방에 모여 온 신경을 집중하며 음악을 들었다. 내 세대의 아이들은 음반을 들으려고 친구 집에 놀러갔던 경험이 있다. 대개는 자기 음반도 몇 장 들고 갔다. 오디오 앞에 음반들을 펼쳐놓고 음반 커버에 마치 다른 세상에 대한 단서가 담겨 있기라도 하듯 꼼꼼하게 훑어보며 가사의 의미가 뭔지, 아티스트가 어떤 생각으로 곡을 만들었는지에 대해 서로 이야기를 나누었다.

음악을 능동적으로 다 함께 들었던 평온한 나날은 1979년에 소니 워크맨이 등장하면서 흔들렸다. 이로써 휴대가 가능하고 개인화된 음반 청취의 새로운 시대가 열렸다. 처음으로 청자들은 사무실, 공원, 심지어 도서관까지 일상의 다양한 환경에서 자기가 좋아하는 음반을 혼자 즐길 수 있게 되었다. 이런 장소는 우리의 주목이 필요한 비음악적 활동을 하는 곳이다. 그래서 **수동적** 청취가 요구되었다. 음악에 전적으로 집중하지 않으면서 다른 뭔가를 하는 동안 동기를 부여하거나 편안하게 하거나 연결의 감정을 느끼도록 하는 배경의 사운드트랙을 원하는 것이다. 21세기에 대부분의 음악은 수동적으로 소비된다.

음반 프로듀서들은 자신이 창조력을 쏟아부은 결실이 '듣는 둥 마는 둥 하는' 귀에 떨어질 수도 있다는 것을 그 어느 때보다 잘 안다. 그러므로 오늘날의 프로듀서들은 제작 중인 음반을 청자가 제대로 즐기려면 인지적 노력이 얼마나 많이 드는지 고려해야 한다. 대단히 참신하거나 복잡한 음반은 공들여 쌓은 화성이나 시적 가사도 그냥 놓쳐서는 안 되므로 능동적 청취가 가장 적합하다. 반대로 수동적 청취에 적합한—그러므로 더 많은 청중을

목표로 하는—음반이라면 익숙한 형식을 취하고 음악적 모험은
되도록 줄여야 한다.

프린스의 '트리플 크라운' 전략

　프로듀서가 형식과 기능에 대해 논의하려면 먼저 일자리를
얻어야 한다. 고용의 첫 단계는 프로듀서 오디션을 보는 것이다.
　프로듀서 오디션은 프로듀서와 밴드 혹은 아티스트가 소개
팅을 하는 것과 비슷하다. 서로 잘 맞는지, 아니면 다른 사람과 짝
을 이루는 것이 나을지 알아보는 것이 목표다. 프로듀서는 아티
스트와 마주앉아서 작업할 음반에 대해 의견을 나누며 해야 할
일을 본인이 감당할 수 있는지 파악한다. 프로듀서는 자신의 창
조적 비전을 드러내기에 앞서 아티스트의 말을 경청해야 한다. 노
련한 프로듀서는 상대가 하는 말을 세심하게 살피고 나서야 무슨
말을 할지 결정을 내린다.
　벨벳 언더그라운드의 전설적인 프런트맨 루 리드와 프로듀서
오디션을 본 적이 있었다. 우리는 비가 내리는 저녁 맨해튼의 소
호 지역에 있는 조용하고 우아한 일식 레스토랑에서 만났다. 루
는 말 그대로 록의 신이었다. 그와 작업하고픈 마음이 굴뚝같았
지만, 그가 만들고 싶은 음반을 설명하는 동안 나는 기운이 빠지

는 것을 느꼈다. 그는 즉흥성과 순간적인 영감에 바탕을 둔 강렬한 록 음반을 원했다. 그런 음반을 듣는 것은 당연히 좋았지만, 나는 그것을 프로듀싱할 귀가 내게 없다는 것을 알았다. 나는 즉석에서 벌이는 프로젝트를 전체를 아우르는 하나의 제스처에 담아내는 일보다 세세한 디테일을 제대로 포착하는 일에 더 적합했다. 나는 음악의 요소 중 가사를 부각시키는 것을 좋아한다. 베이스와 드럼의 뉘앙스에 강조점을 둔다. 내가 즐겨 하는 실험적인 방법은 복잡한 화성의 층을 쌓는 것이다. 이런 선호와 능력 때문에 나는 스타일이 뚜렷한 스튜디오 음반 작업에 적임자다. 바이브를 앞세우는 음반에는 그다지 어울리지 않는다.

마음은 아팠지만 내가 루의 프로젝트에 적합한 프로듀서가 아님을 밝혀야 했다. 결국 그는 전에 호흡을 맞추었던 할 윌너와 작업하기로 했다. 우리 둘 다에게 잘된 선택이었다. 루 리드의 음반을 밋밋하게 만들었다는 치욕을 안고 살아갈 수는 없었다.

아티스트가 나와 작업하고 싶다고 마음을 정했다면, 이제 우리가 서로에 대해 아는 최고의 방법은 음반 소개 모임을 갖는 것이다. **당신**이 생각하기에 그루브가 멋진 음반은 무엇인가요? 위대한 보컬은? 끝내주는 가사는? 리버브가 많이 들어간 음반은? 소울 음반을 하고 싶다고 했는데 드레이크 쪽인가요, 아니면 솔로몬 버크를 생각하고 있나요? 당신이 말하는 '고전적인 컨트리 앨범'은 패치 클라인인가요, 케이시 머스그레이브스인가요? 스튜디오에 들어간 첫날에 내가 완벽하다고 생각한 스네어 사운드가 아티스트는 전혀 생각하지 않았던 것임을 깨닫게 되면 참담한 기분이다.

오래전에 리플레이스먼츠의 폴 웨스터버그와 엔지니어링 작업을 몇 주 앞두고 음반 소개 모임을 가졌다. 나는 데이비드 콜먼(프린스의 밴드 레볼루션의 키보디스트 리사 콜먼의 동생)을 추천했다. 그는 프린스의 앨범 《Around the World in a Day》의 타이틀 트랙을 공동 작곡한 인물로 알려져 있었다. 다양한 스타일을 넘나들며 창의적으로 연주하는 젊은 첼리스트다. 폴은 딱 한 가지 질문만 했다. "그는 어떤 신발을 신고 다니죠?"

"납작한 검은색 슬리퍼를 신어요. 차기나타운에서 1달러만 주면 살 수 있죠." 내가 대답했다.

이 대화에 감추어진 폴의 진짜 질문은 이것이었다. "데이비드는 정식 클래식 훈련을 받은, 그래서 세션이 시계처럼 정확하게 돌아가기를 기대하는 완고한 첼리스트인가요? 아니면 얼터너티브 록의 선구자가 스튜디오에 두고 같이 일할 수 있는 사람인가요?" 폴 웨스터버그에게 슬리퍼는 그가 원한 답이었다.

낭만적인 연애와 음반 제작 둘 다 우리가 아무리 노력해도 모두를 만족시키지는 못한다는 것은 복잡할 것 없는 단순한 사실이다. 음반이 성공하기를 원한다면 청중을 구성하는 하나의 큰 범주만을 노려야 한다. 다행히도 우리에게는 **비평가**, **뮤지션**, **대중**, 이렇게 세 가지 선택지가 있다. 각각의 청중 집단은 음반을 평가하는 기준이 다르다. 따라서 음반 제작자에게 저마다 다른 종류의 보상을 안겨준다. 새로운 프로젝트를 준비하고 있다면 이들 중 하나를 목표로 삼는 것이 현명하다. 세 부류 모두의 마음을 얻는 음반도 있지만, 겹치는 영역이 협소하고 적중하기가 **극도로** 어렵다.

워낙에 어려운 일이어서 비평가, 뮤지션, 대중의 사랑 전부를 동시에 누리는 음반을 가리켜 '트리플 크라운'의 영예를 얻었다고 말한다.

음악 **비평가들과 학자들**은 영화와 문학 분야의 전문가들과 마찬가지로 시대에 호응하는 아이디어를 귀담아 듣는다. 그들은 이렇게 묻는다. "누가 현재의 문화가 당장에 활용할 수 있는 종류의 작품을 작업하고 있는가?" 비평가들은 그저 개인의 취향만으로 음악을 판단하지 않는다. 과소평가받는 인재를 발굴하고, 가치 있는 젊은 아티스트를 널리 알리고, 대담함이나 지성을 보여주는 아티스트에게 보상을 하려고 한다. 그들의 일은 자신이 아는 지식을 바탕으로 아티스트를 비슷한 음악을 하는 사람들의 맥락과 역사적 맥락에서 바라보는 것이다. 그래서 대중이 어떤 음악을 들을지 선택하도록 정보를 제공한다. 새로운 스타일의 아티스트들 중 누가 전설이 될 것인가? 인기 있는 밴드의 이번 새 음반은 어째서 실망스러운가? 재능 있는 비평가는 심지어 미적 평가에 영향력을 행사하여 바람직한 흐름을 만들기도 한다. 음반이 마음에 들면 사람들에게 널리 알려 음반 제작자에게 **명예**라는 보상을 안겨준다.

뮤지션들은 음반에서 영감과 기준을 구한다. 그들은 연주의 수준이 어떤지, 모방할 아이디어나 테크닉이 있는지 듣는다. 우리는 자신을 생각나게 하는 사람을 평가할 때 가장 냉정하게 군다. 뮤지션들은 음악을 듣고 이렇게 묻는다. "내가 저걸 할 수 있을까?" '그렇다'가 답이라면 감명을 받기 어렵다. 내가 버클리에서 학생들을 가르친 경험으로 보자면, 많은 젊은 뮤지션들은 다른 아티스트를 대단히 이분법적으로 판단한다. 곡을 만들고 노래하고 프로그래밍하고 연주하기 위해 무엇이 필요한지에 대해 본인이 가진 상세한 지식에 근거하여 아티스트를 존경하거나 무시하거나 둘 중 하나다. 음반이 마음에 들면 우러러보고 다른 뮤지션들에게 모범적인 예로 추천하여 **존경**이라는 보상을 제공한다.

일반 대중은 가장 잘 알려져 있고 쉽게 기술되는 청중 집단이다. 비평가, 뮤지션과 달리 대중은 '내기'에 뛰어든 사람이 아니다. 내가 좋아하는 것을 좋아할 뿐, 누가 가장 영리한지, 창조적인지, 연주 실력이 출중한지는 상관하지 않는 것 같다. 그보다는 적당히 정신적 노력을 들이고 괜찮은 만족감을 안겨주는 음악을 듣는다. 할리우드 블록버스터보다 예술 영화를 선호하는 사람이 훨씬 적은 것처럼 대부분의 청자들은 비평가들이 찬사를 보내는 다양한 음악을 무시하고 적은 노력으로 더 많은 짜릿함을 안겨주는 오락거리를 선호한다. 음반이 마음에 들면 대중은 공연장에 가고 음악을 스트리밍하고 티셔츠를 입고 팬이라 자처한다. **사랑**이라는 보상을 제공하는 것이다.

예전에 게기 타의 《Sacred Cow》 앨범을 작업할 때 토미 조던, 그레그 커스틴과 점심을 함께 한 적이 있다. 그레그가 이런 질문을 했다. "트리플 크라운의 영예를 가장 오랫동안 지켰던 사람이 누굴까요?" 하나의 앨범보다 더 오래 영예를 이어간 밴드나 아티스트를 생각하기가 쉽지 않았다. 마이클 잭슨이 떠올랐지만, 많은

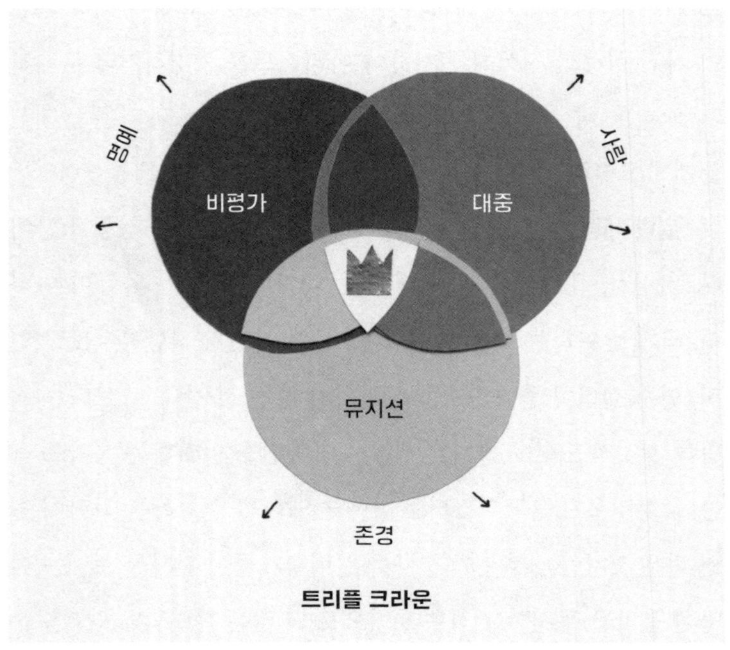

트리플 크라운

뮤지션들이 그의 성공을 프로듀서 퀸시 존스의 공으로 돌린다. 레드 제플린은 대중의 사랑을 받았지만 많은 비평가들이 그들을 업신여겼다. 뮤지션들은 지미 헨드릭스를 세계 최고의 기타리스트라고 칭송했지만, 대중은 지미에게 에릭 클랩튼만큼 마음을 주지 않았다. 비틀스는 당대에 대중과 비평가들로부터 가장 큰 인기를 누린 밴드임에 틀림없지만, 뮤지션들은 롤링 스톤스를 더 모방하려고 했다.

그레그 커스틴이 두 단어로 그날의 점심 논쟁을 종결했다. "듀크 엘링턴." 엘링턴은 빅밴드 시대 전성기에 "재즈 역사를 통틀어 가장 유명한 오케스트라 단원"을 모았던 밴드리더였다. 그의 공연은 꾸준히 매진 행렬을 이어갔고, 그는 수많은 히트 음반을 녹음했다. 대다수 재즈 비평가들이 꼽은 최고의 밴드리더 목록 맨 위에 올랐다(지금도 그렇다). 심지어 사후인 1999년에는 그의 음악적 천재성을 기려 퓰리처 특별상을 수여하기도 했다. 다른 뮤지션들이 그를 피아노의 신으로 숭배했다. 그러니 미국 음악의 역사에서 '듀크 경'은 최고 영예를 가장 오래 누린 사람일 수 있다.

프린스도 잠깐 동안 최고 영예를 누렸다. 그는 청중 집단마다 다른 필터로 음악을 듣는다는 것을 미리 내다보았다. 그는 경력을 이어가면서 과감하게 다른 청중을 공략하는 앨범들을 내놓았다. 프린스의 첫 두 앨범은 대다수 신인들이 그렇게 하듯 당시의 스타일로 본인의 기량을 뽐내는 일을 했다(물론 앨범 곳곳에 그가 할 줄 아는 것을 암시하는 혁신을 뿌려놓았다). 데뷔 앨범에 수록된 그의 첫 싱글 〈Soft and Wet〉는 1970년대 말에 인기 있었던 키보드 중심의 알앤비 댄스 음반과 그다지 다르지 않다. 그러나 세 번째 앨범에서 프린스는 막 그에게 응원을 보내기 시작한 소울 음악 팬들을 저버리는 강수를 두었다. 충격적인 앨범 《Dirty Mind》는 금기를 깨부수는 주제로 알앤비 라디오의 틀을 넘어섰다. 하지만 소울과 펑크의 결합에 열광적으로 반응한 청중 집단이 있었다. 그가 최고 수준에서 경합하기 위해 필요한 지원을 해줄 수 있는 청중, 즉 비평가들이었다. 타이틀 트랙 〈Dirty Mind〉는 1980년대 초에 디스코에서 빠져나갈 탈출구를 여전히 모색 중이던 알앤비 음악의 느낌보다는 뉴웨이브 팝/록 음악에 더 가까웠다. 그의 전략이 통했다. 뉴욕과 로스앤젤레스의 음악 비평가들은 프린스의 스타일 전략을 두고 "그가 엘비스 프레슬리, 믹 재거, 지미 헨드릭스 같은 반항적인 로큰롤 전통의 계승자"라는 증거라며 환호했다.

다음 앨범 《Controversy》에서 프린스는 다른 청중 집단을 공략했다. 뮤지션들이었다. 탄탄하고 응집된, 그리고 아이러니하지만 덜 논쟁적인 이 음반에서 그는 거의 모든 악기를 직접 연주했다. 비록 그를 여전히 괴짜로 여기는 연로한 뮤지션들이 많았지만, 그들조차 프린스가 건반과 기타와 베이스와 보컬의 대단한 실력자임은 인정했고, 게다가⋯ 젊은 아티스트가 훅을 구사할 줄도 알았다. 〈Private Joy〉는 흥겹고 중독적인 팝의 진수를 보여준다. 베이스 연주, 키보드 테크닉, 기타 솔로, 백토컬 하모니, 멋진 보컬을 집중해서 들어보면 도저히 신예라고는 믿기지 않는 폭넓은 재능이다.

이렇게 해서 비평가들의 호의적인 평과 뮤지션들의 존경을 거머쥔 프린스는 이제 대중을 공략할 차례였다. 다시 한 번 그의 전략이 통했다.《1999》앨범은 팝 차트에 오른 첫 번째 크로스오버 싱글 〈Little Red Corvette〉를 그에게 안겨주었다.▶

여섯 번째 앨범은 《Purple Rain》이었다. 프린스에게 '트리플 크라운'의 영예를 수여한 글로벌 메가 히트 앨범이다. 〈Purple Rain〉을 들으며 1984년에 세 청중 집단 각각의 귀로 이 곡을 듣는다고 상상해보라. 이 노래—그리고 앨범 전체—가 혁신적인 예술성과 인상적인 음악성을 보여준다고, 아울러 음반을 구입하는 대중의 수많은 청취 프로필에 가장 중요한 것으로, '적당히 괜찮은' 골디락스 지대에 놓인다고 수긍할 것이다.

다양한 가능성의 시간, 프리프로덕션

프로듀서가 일자리를 얻었다면 스튜디오로 들어가기 전에 아티스트와 예비 작업(프리프로덕션)을 한다. 노래를 미리 맞춰보며 파트를 더하고 빼고 바꾸는데, 이런 과정을 통해 음반의 이상적인 형식을 찾아간다. 아울러 녹음 스튜디오라는 긴장된 환경에 들어가기에 앞서 연주자의 테크닉과 기질, 창조적 유연함을 파악할 수 있다는 장점도 있다.

프로듀서는 항상 전체를 염두에 두고 요소들의 합을 종합적으로 들으며 각각의 노래에서 어디—두뇌, 심장, 엉덩이?—에 중점을 두는 것이 노래에 어울릴지 생각해야 한다. 이 노래는 춤추기 좋은 음반일 때 가장 빛날까? 송라이터의 기량을 돋보이게 할 때일까? 섹슈얼리티를 부각시킬 때일까, 지성을 나타낼 때일까? 멜로디와 가사 모두에 맞서 존재감을 드러내는 화성을 찾을 수 있을까? 어떤 음색을 쓰면 노래의 강점을 부각시키고 약점을 보완할까? 프리프로덕션에서 우리는 노래에서 가능한 선택들을 이것저것 다양하게 시도해볼 수 있고, 아울러 이런 과정에서 아티스트의 강점이 어디에 있는지 파악한다.

내가 쿠바계 미국인 아티스트 닐 라라와 스튜디오 작업을 했을 때가 생각난다. 〈Baby〉는 닐의 훌륭한 예술적 강점인 열정과 힘을 보여줄 필요가 있었다. 기타 음색은 힘을 나타내기 위해 다부지고 날카로운 톤으로 했다. 베이스와 드럼의 소리는 마찬가지 이유에서 현장감이 느껴지고 '얼굴에 들이대는' 식으로 했다. 하지만 우리는 청자가 노래를 그들의 삶과 연관 짓기를 원했다. 그러려면 '얼굴에 들이대는' 방식이 가끔은 뒤로 물러날 필요가 있었다. 닐이 후렴구에서 "Be my savior" 하고 애원할 때 기타가 살짝 부드러운 톤으로 바뀐다. 그의 목소리는 마이크에서 뒤로 물러나 덜 개인적이고 더 보편적인 느낌을 준다.

프리프로덕션에서 우리는 곡을 빠르게도 해보고 느리게도 해보면서 멜로디에 어떤 템포가 어울리는지 알아보는데, 그 과정에서 노래에 관한 새로운 것을 알게 될 때도 많다. 앞서 멜로디의 장에서 보았듯이 퍼렐 윌리엄스의 〈Happy〉는 적당하게 빠른 템포(행복에 관한 노래에 어울리는)일 때 가장 효과적이다. 그러나 가사의 장에서 알아본 트레인의 〈50 Ways to Say Goodbye〉에서 보듯 템포와 가사가 항상 일치해야 하는 것은 아니다. 트레인의 노래는 기본 형식(멜로디, 가사, 리듬)을 생각하면 더 느린 템포가 어울릴 수 있다. 하지만 마리아치 반주가 들어가지 않는 느린 버전이었다면 낭만적인 관계의 씁쓸함을 다룬 보다 평범한 음반이 되었을 것이다.

프리프로덕션에서 우리는 이런저런 리듬을 시도하여 스타카토를 더 넣는 것이 곡의 성격에 어울릴지 레가토를 더 넣는 것이 나을지 알아본다. 예컨대 호감 가는 상대에게 추파를 던지는 내용의 노래는 리듬이 상쾌하게 뜀박질하는 그루브에 실릴 때 장난기 어리고 자신만만한 가사의 메시지와 어울린다. 혹은 보다 직진적인 리듬을 활용하여 의도적이고 성적으로 집요한 언외의 뜻을 더할 수 있다. 우리는 당김음이 엉덩이를 들썩이게 하면서 아울러

바운스를 준다는 것을 리듬의 장에서 배웠다. 이런 '바운스'가 디안젤로의 〈Untitled (How Does It Feel)〉 같은 사랑 노래에 들어가면 확고하게 앞으로 나아가는 흐름을 방해할 수 있다. 6/8박자 리듬(3/4박자 왈츠 리듬을 포갠 것)은 당김음을 활용한 끼 부리는 음반보다 더 직진적인 느낌을 준다. 장장 7분이 넘는 이 곡의 모든 마디에서 킥드럼은 예상대로 첫 박에 떨어지고 림샷I스네어의 가장자리와 헤드를 동시에 쳐서 강세를 주는 것-옮긴이은 예상대로 네 번째 박에 떨어진다. 당김음은 낭만적인 춤의 **서막**처럼 들릴 수 있으며, 직진적인 리듬은 춤 자체를 나타내기에 더 적합하다.

1999년에 나는 블루스 기타리스트 로벤 포드와 앨범을 작업했다. 용서를 구하고 다시 기회를 달라는 내용의 노래 〈Don't Lose Your Faith in Me〉가 수록된 앨범이다. 독보적인 실력자 비니 콜라이우타가 연주하는 드럼은 확고하고 일관된 톤을 들려주며, 결코 불필요한 과시로 우리를 현혹시키지 않는다. 리듬 섹션이 로벤에게 운신의 폭을 넓혀주었다. 로벤은 처음 등장했을 때 신동으로 주목받았던 블루스/재즈 기타리스트이지만, 그의 보컬 기량은 기타 테크닉만큼 숙련되거나 유창하지 않았다. 하지만 괜찮다. 보컬의 에너지가 충분하지 않아도 다른 악기로 열정을 전달할 수 있으니까.

우리가 어쿠스틱기타 대신 일렉트릭기타로 이 노래를 녹음했다면 열정적인 기타 솔로를 넣어 필요한 감정을 보강했겠지만, 그것은 이 노래에 썩 좋은 판단이 아니었다. 르벤의 목소리가 기타 음색에 파묻히지 않으려면(〈Baby〉에서 닐 라라의 목소리 정도가 되려면) 훨씬 힘을 들여야 했다. 그래서 열정을 전달하는 일은 저명한 작곡가이자 편곡자 로저 켈라웨이의 몫이 되었고, 그는 회환에 찬 현악기 소리를 바탕에 깔아 가사를 받쳐주도록 했다. 로벤의 목소리는 종종 힘을 잃을 때가 있지만 상관없다. 켈라웨이가 현으로 음악을 보강한 덕분에 보컬에 진심이 실린다.

로벤은 목소리를 통해 자신이 말하려는 것을 전했고, 그가 말할 수 없는 것은 밴드가 대신 말했다. 『워싱턴 포스트』의 한 비평가는 이렇게 썼다. "포드는 자신의 기타 솜씨를 과시하기보다 가사를 전달하는 데 관심이 더 많아 브일 때가 있다. 그를 탁월한 보컬리스트라고 하기는 어렵지만, 그는 대부분의 노래에서 기타가 나설 때까지 관심을 끌기에 충분한 감정을 담아 노래한다." 이것이 우리의 의도였다. 나는 적어도 한 명의 청자가 우리의 메시지를 완전하게 알아들었다는 것을 알고 기뻤다.

무엇을 남기고 무엇을 뺄지와 관련하여 최종 승인은 프로듀서가 아니라 아티스트가 한다. (물론 예외도 있어서 10대를 사로잡기 위해 만들어진 뉴 키즈 온 더 블록, 스파이스 걸스, BTS 같은 팀들은 기획자의 입김이 세다.) 프로듀서가 아티스트의 선택이 못마땅하면 본인 주장을 얼마나 밀고 나갈지 알아서 판단해야 한다. 프로듀서 토니 버그는 본인의 판단이 더 나음에도 우리가 함께 작업했던 밴드가 다른 방향을 선택하도록 내버려둔 이유를 이렇게 설명했다.

"나야 평생 200장의 앨범을 만들겠지만, 그들은 두 장을 만들수도 있으니까."

최고의 연주 말고 옳은 연주를 택하라

그렇다면 프로듀서는 음반의 소리가 어떠해야 한다는 결정을 어떻게 내릴까? 내가 학생들에게 가장 중요하게 가르치는 사항은 씨앗을 **키우되** 씨앗을 **가져오지는** 말라는 것이다.

프로듀서가 최고의 음반을 만들려면 권위적인 스타일로 작업해야 한다는 오해가 있다. 이래라저래라 명령하고 게으름을 피우지 못하게 재촉해야 한다는 것이다. 권위적인 명령이 음반 제작의 초창기에는 효과가 있었겠지만, 오늘날에도 통하는 방식은 아니다. 프로듀서의 일은 마치 페인트를 칠하듯 정해진 사운드를 특정한 노래에 입히는 것이 아니다. 인기가 있었다고 해서 기존의 음반을 그대로 베낄 수는 없다. 그렇다고 노래의 뼈대를 아무런 윤색 없이 그대로 녹음해서도 안 된다. 음반 프로듀서는 창조의 불씨가 될 만한 것을 유심히 듣고 그 불씨의 빛을 환하게 밝혀 음악적 파트너에게 길을 안내한다. 필요하다면 새로운 길을 제시하기도 하고, 끊임없이 표지판을 주시하며 다른 목적지로 가야 할지를 살펴야 한다.

오늘날의 프로듀서는 재능이 많은 송라이터, 아티스트와 협업하는 창조적 동반자다. 그래미 수상자 프로듀서 그레그 웰스가 2015년에 버클리를 방문하여 음악 프로덕션 엔지니어링을 공부하는 학생들과 만남을 가졌다. 그는 뼛속까지 옳은 말이지만 사람들이 좀처럼 인정하지 않으려는 발언을 했다. "오늘 여기 앉아 있는 여러분들이 **좋다**고 생각한 것이 저 바깥에서 정말로 얼마나 좋은지 상상도 못할 겁니다." 차트 정상에 오르고 최고 수준의 찬사를 받는 연주자들은 음반으로 짐작되는 것보다 훨씬 재능이 많다. 거의 예외가 없다. 출중한 음악적 재능은 한 번 들으면 결코 잊지 못한다.

많은 프로듀서들이 최고 수준의 인재들과 작업한다고 보면, 아티스트로부터 최고로 잘된 연주를 끌어내는 것이 프로듀서의 목표라고 생각할지도 모르겠다. 그것은 초보자의 태도다. 여러분이 최고의 **음반**을 만들고 싶다면, 언제나 연주자가 할 수 있는 최고의 연주를 선택해서는 안 된다. **옳은** 연주를 선택해야 한다.

'옳은' 연주와 소리를 들을 줄 안다는 것은 프로듀서가 갖추어야 하는 가장 고급 기술일 것이다. 우리가 가진 자산은 다른 음반들을 들으면서 형성된 안목, 청자가 음악에 어떻게 반응할지 짐작하는 감각, 나의 청취 프로필이 전부다. 유능한 프로듀서는 어떤 파트나 연주나 음색이 어울리지 않는 순간을 알아본다. 여기서 다시 질문을 하게 된다. 문제가 파트인가, 아니면 연주되고 있는 방식이 문제인가? 빈약한 음색이 활기찬 역할을 맡고 있는가? 어쩌면 시원시원한 드럼 소리가 여러분 귀에 거슬리는 것일 수도 있다. 어쩌면 노래 자체가 문제일지도 모른다. 내심 흠이라고 의심하는 것을 애써 좋아하려고 해서는 안 된다. 그랬다가는 프린스의 말처럼 "귓가에 계속 맴돌 수도 있다."

미묘한 연주 제스처도 음반의 전체적인 인상과 기능에 심대한 영향력을 미칠 수 있다. 최고 강세를 어디에 둘지 정하는 것, 멜로딕한 악절을 길게 늘이는 것, 코드를 자리바꿈하는 것, 보컬을 몇 밀리초 뒤로 미루는 것, 스네어를 스틱 대신 브러시로 연주하는 것 등이 그런 예다. 프로듀서는 이런 제스처들의 합을 종합적으로 들으며 연주 전체가 전하는 메시지를 해석하는 법을 익힌다. 샘 필립스는 "불완전한 완벽"을 들었다. 그런 능력이 그가 가진 최고의 재능이었을 것이다. 전설적인 음반 제작자의 전기에서 피터 거럴닉은 필립스가 스튜디오에서 연주자들의 연주를 녹음한 광경을 이렇게 전한다.

어떤 연주자는 섬세한 터치로, 어떤 연주자는 필립스가 〈Rocket 88〉을 작업하면서 발견했던 바로 그 강하게 건 디스토션으로 녹음했다. 하지만 [그의 음반] 모두는 그가 연주자들의 영감을 손대지 않고 실현할 수 있음을 여실히 보여주었고, 모두는 음반이 만들어진 순간의 정황을 고스란히 반영했다. 그런 그에게 필요했던 자질은 마이크 앞에 선 각 사람의 입장에서 생각할 수 있는 '전이' 능력이 전부였다.

'전이', 즉 연주자뿐만 아니라 청중에게 소리가 어떻게 들릴지 상상할 줄 아는 능력이 음반 프로듀서의 청취 기술이다. 음색의 변화, 셈여림 변화, 코드의 자리바꿈, 멜로디를 매끄럽게 연결하기 위해 단어를 흘리는 것, 노래 구조를 다시 손보는 편곡. 이런 모든 가능성들이 이발소를 상징하는 회전 간판의 빙글빙글 도는 색깔처럼 서로 얽히면서 점점 여러분의 청취 프로필의 최적 지점에 가까워진다. 그러다가 마침내 여러분은 마법의 단어를 말한다.
이제 다 온 것 같아.

베어네이키드 레이디스 음반 제작기

토미 조던은 많은 곡을 쓴 송라이터로, 작곡은 섹스와 같아서 쉽고 재밌고 매일 행복하게 행하는 일이라고 말한다. 하지만 음반 제작은 아이를 키우는 일에 더 가깝다고 말한다. 밤에 자지 못하고, 통장 잔고가 줄어들고, 사랑과 보살핌을 줘도 침을 뱉는다고 말이다.

하지만 여러분(프로듀서)과 파트너(아티스트)는 그 일을 해냈다. 건강하고 밝게 빛나는 음반을 키웠다. 이제 여러분의 소중한 자식은 어린이집에 가서 다른 아이들과 어울리게 된다.

여러분과 파트너는 자식이 어떤 모습을 하고 있든 이보다 더 자랑스러울 수가 없다. 하지만 눈에 넣어도 안 아플 자식이 다른 아이들과 지낼 것을 생각하니 점차 불안해진다. 아이의 별난 특징들 중 몇몇은 해명해야 할 필요가 있다. 거절을 표현할 때 개처럼 짖는 행동이 여러분에게는 사랑스러워 보이겠지만 다른 사람에게는 짜증을 일으킬 수 있다. 여러분과 파트너는 아이를 어린이집에 맡기고 몇 시간 뒤에 몰래 창문으로 다가가 어떻게 지내는지 엿본다. 머리에 끈끈한 풀이 묻은 채 허공을 노려보며 성질을 부릴 수도 있고, 그게 아니더라도 여러분이 상상한 것처럼 그곳에서 슈퍼스타가 아님을 알리는 행동을 취할 수도 있다. 하지만 가끔은 운이 좋다. 여러분이 키운 아이가 세상에서 성공하여 마침내 여러분을 돌보게 된다. 로열티라는 형식으로 여러분이 키워준 노고에 보답하는 것이다.

내가 키운 자식 한 명이 정확히 그랬다.

베어네이키드 레이디스의 《Stunt》 앨범은 나와 동료 프로듀서 데이비드 레너드가 제작을 맡았고 베어네이키드 레이디스BNL도 공동 프로듀서로 이름을 올렸다. 밴드가 나를 찾아와 작업을 논의한 것은 1997년 12월이었다. 처음에는 거절해야 했다. 앞서 계약한 프로젝트들 때문에 이듬해에 겨우 3주 시간이 날 뿐이었다. 당시 앨범 한 장을 작업하는 데 보통 8주에서 12주가량 걸리던 것을 생각하면 턱없이 부족한 시간이었다. 놀랍게도 그들은 이미 노래가 준비되었고 3주면 상당한 진전이 있을 것이라며 나를 설득했다. 시간이 부족하면 보조 프로듀서/믹서(데이비드 레너드)에게 마무리를 넘길 수도 있었다. 그래서 가음을 정했다! 정신없이 바쁜 3주가 되겠지만, 나는 서로 아는 친구들을 통해 스티븐, 에드, 짐, 타일러, 케빈이 똑똑하고 근면한 사람임을 확인했다. 즐거운 시간이 될 것 같았다.

실제로 즐거웠지만, 이게 다 그들의 배려 덕분이었다. 나는 밴드가 내부 갈등과 자기회의의 시기를 막 겪었다는 것을 몰랐다. 모든 밴드에서 아슬아슬한 문제인 힘의 관계가 바뀌는 중이었고, 모든 동업 관계가 그렇듯이 변화를 주어야 할 때가 되었다. 얼마 전에 나온 그들의 라이브 앨범 《Rock Spectacle》이 미국에서 괜찮은 판매고를 기록했다. 라디오 방송에 적합한 싱글을 발매하면 그들의 인기가 한 단계 더 올라갈 터였다.

지금까지 스티븐 페이지가 밴드에서 작곡과 노래를 주로 맡았지만, 에드 로버트슨이 작곡가와 보컬리스트로서 빠르게 치고 올라왔다. 이 앨범에서는 '스티븐 노래'의 비중이 줄고 '에드 노래'의 비중이 늘었다. 그로 인해 밴드의 힘의 균형과 사운드가 달라졌다. 그들은 내가 그들의 리허설 장소에서 나흘간 프리프로덕션을 하려고 온타리오주 스카버러로 날아가기 전에 고맙게도 새로운 관계를 정리해놓았다. 음반을 만드는 동안 밴드가 싸움을 하고 갈라서는 경우가 다반사지만, 그들은 성숙하고 분별력 있게도 본격적인 작업에 들어가기에 앞서 자신들의 문제를 정리했다. 3주 동안 작업이 진전을 거두려면 멤버들 간의 동료애와 서로에 대한 헌신이 필수적이었다. 다행히도 나는 그들에게서 프로다운 자세만 보았다. 모든 앨범에서 그랬듯이 그들이 스튜디오에서 옷을 다 벗고 맨몸으로 한 곡을 녹음한 것까지 포함해서 말이다.▶

제일 중요한 것부터 확인해야 했다. 베어네이키드 레이디스는 이 음반으로 무엇을 얻고 싶었을까? 그들은 두 가지 목표를 밝혔다. 밴드는 모국인 캐나다에서는 유명했고 평도 좋았지만, 미국에서는 그 정도의 성공을 거두지 못했다. 또 하나, 그들의 청중은 여성에 치우쳐 있었다. 그들의 첫 번째 목표는 미국에서 성공하는 스튜디오 앨범을 만드는 것이었다. 두 번째로, 그들은 더 많은 남성 팬을 모으고 싶었다.

첫 번째 목표를 위해 우리는 그들 음악의 리듬 형식을 손봐야 했다. 내가 듣기로 1990년대에 캐나다 차트에 오른 음악은 미국 차트의 음악과 비교할 때 영국 음악의 영향이 더 많이 느껴졌다. 비틀스, 킨크스, 퀸으로 대표되는 록 음악 스타일에서 드러머는 섹션 마지막에 가사를 강조하고자 톰톰을 두드려 멜로디 라인에 '태그'를 붙일 때가 자주 있다. 이렇게 하면 음악에 역동성이 생긴다. 섹션과 섹션이 명확히 구분되는 가운데 절은 적당한 에너지를 갖고 후렴구는 에너지가 한층 막강하다. 미국 차트의 음악은 이런 역동성이 덜한 소울과 알앤비의 영향을 드러낸다. 블루스에서 파생된 소울, 훵크, 알앤비 같은 스타일은 섹션을 거치면서 긴장이 올라갔다 내려갔다 하기보다는 그루브를 타며 노래 마지막의 클라이맥스를 향해 꾸준하게 나아가는 식이다.

베어네이키드 레이디스를 '국경 남쪽'에 팔기 위해 우리는 드러머 타일러 스튜어트에게 프린스가 밴드에 자주 주문했던 것을 요청했다. **움직이지 마.** 그 말은 섹션이 바뀔 때 톰톰으로 역동성을 주려는 충동을 억누르고 다른 악기들과 어울리라는 뜻이었다. 이렇게 형식에 변화를 주면 리듬 섹션이 견고하면서 덜 두드러지는 틀을 보컬에 부여하게 된다. 타일러는 에너지가 넘치면서 내가 들은 어떤 록 드러머보다 깊은 그루브를 연주할 줄 안다. 그는 케니 아로노프(존 멜런캠프, 존 본 조비)보다 제임스 갯슨(빌 위더스, 마빈 게이)에 가깝게 연주할 수 있었을까? 물론이다.

두 번째 목표를 위해 보컬은 여성적인 느낌으로 가면서 보다 거친 질감의 기타 톤을 구사하기로 했다. 스티븐과 에드는 내가 아는 송라이터 가운데 (그리고 인간으로서도) 가장 영리한 두 명이다. 그들이 무대 위에서 주고받는 재담은 최고다. 그러나 우리는 남성 청중의 마음을 잡아야 했다. 그 말은 반항기를 좀 더 가미해도 좋을 거라는 뜻이었다. 얼간이 삼총사 개그나 아재 개그에서 보듯 사내들은 여성들과 유머 감각이 다르다. 여성은 비열하다고 여길 수도 있는 비하 개그에 남성은 너그러운 편이다. 나는 앨범의 전체적인 가사를 유심히 살펴보았다. 몇몇 어두운 주제는 재치로 넘어가기보다 더 직접적으로 드러내도 괜찮겠다고 생각했다. 나를 포함한 여성 팬들이 스티븐과 에드를 사랑하는 이유는 가사에서 얻는 인상—재밌고 똑똑하고 세심하고 공손하고 무엇보다 친근한—때문이다.

나는 열네 곡의 데모를 받았는데 캐나다에 도착하자마자 에드가 물었다. "헤이, 우리가 최근에 만든 노래를 보냈던가요? 제목이 'One Week'예요." 스티븐이 나중에 설명하기를 그들의 평소 노래와는 상당히 다르며, 라이브 쇼와 꽤나 유사하다고 했다. 절은 힙합에서 가져왔고 에드와 스티븐이 백비트 반주에 맞춰 가사를 즉석에서 만들어내는 쇼의 한 대목을 모방했다. 고민이 좀 필요했다. 토론토 출신의 백인 남자 다섯이 콘서트에서 프리스타일을 하는 것과 음반에서 랩을 하는 것은 완전히 다른 일이니까. 우리는 본분에 충실해야 했다. 팝/록 밴드가 힙합 스타일을 전용하는 것이 아니라 특징적인 하나의 요소를 가져다가 쓰는 것이어야 했다.

나는 비행기에 오르기 전에 그 노래를 받지 못했다. 그러자 그들이 리허설에서 〈One Week〉를 연주해보였다. 에드는 어쿠스틱 기타를 쳤고 짐 크리건, 케빈 헌, 타일러가 베이스, 키보드, 드럼으로 곡을 반주했다. 리듬 섹션이 (드럼머신이나 키보드 베이스가 아니라) 어쿠스틱이어야 하는 것은 분명했지만, 리듬 기타는 알앤비에서처럼 깨끗한 일렉트릭 톤으로 할 필요가 있었다. 최근에 성공한 라이브 앨범의 기세를 이어받아 라이브 쇼를 생각나게 하는 사실적 소리의 음반이 될 터였다. 원칙적으로는 싱어송라이터의 표현처럼 만들 수도 있겠지만, 남성 청중을 잡으려면 활기차게 몰아치는 템포로 이어가야 했다. 타일러는 노련한 프로답게 각각의 섹션—절, 전前후렴구, 후렴구—에 직진적인 박을 더했다. 톰톰으로 강세를 주기보다 심벌로 박을 이어갔다. 그는 톰톰으로 다가오는 섹션을 예고하려는 충동을 억눌렀다. 알앤비에서와 마찬가지로 이런 '직진성'은 그것이 하지 **않은** 것, 그것이 억제한 것 때문에 음반에 힘을 실어주었다.

두뇌, 심장, 엉덩이? 당연하게도 이 노래의 가장 두드러지는 특징은 빌어먹게 영리한 가사다. 우리는 빠르고 톡톡 튀는 랩 보컬에 직진적이고 무거운 킥드럼과 두터운 베이스를 깔아주면 랩에 힘이 실리면서 스포트라이트를 받게 되리라 판단했다. 나는 1년 전 게기 타의 〈Whoever You Are〉가 성공한 것을 보며 속사포 같은 가사를 흥얼거리기 좋은 멜로디에 실으면 아이들이 좋아한다는 것을 깨달았다. 〈One Week〉의 가사는 아쿠아맨, 세일러문, 사무라이를 언급하여 아이들에게 매력적이지만, 곡의 주제는 탄트라 섹스, 골프 클럽, 구로사와 영화를 다루고 있어서 어른을 위한 노래다. 에드가 절을 맡았고 스티븐이 독특한 테너 음성으로 보다 멜로딕한 전후렴구와 후렴구를 노래했다. 편곡은 밴드 전체를 부각시켜 독주보다는 합주곡의 느낌으로 갔다.

우렁찬 톤의 음색이 작은 공간에서 나오는 것은 언제 들어도 즐겁다. 우리는 누군가가 음반에 맞춰 연주하는 듯한 소리가 나는 파트를 더하고 싶었다. 그래서 에드의 기타를 높이가 몇 인치밖에 안 되는 자그마한 피그노즈Pignose 앰프에 물리고 마이크를 바싹 붙였다. 악기를 만지작거리는 대목은 프리스타일 정신과 맞아떨어져 즉흥연주의 맛을 더한다.

에드의 보컬을 녹음하고 '컴핑'했던 일이 생각난다(컴핑comping이란 각각의 테이크에서 가장 잘된 부분들을 뽑아서 하나의 트랙을 만드는, 시간이 엄청 소요되는 작업이다). 우리가 필요한 연주를 얻었다고 생각했는데, 타일러가 듣더니 나를 돌아보며 말했다. "에드는 더 잘할 수 있어요." 타일러는 손가락으로 에드에게 보컬 부스를 가리켰다. 타일러의 말이 옳았다. 에드가 추가로 녹음한 것은 근사했다. 스티븐의 보컬은 수준 높은 베테랑 스튜디오 가수라고 해도 좋을 정도로 신속하게 녹음할 수 있었다. 스티븐과 밴드는 흥에 못 이겨 곡이 끝나는 부분에 자기들만 아는 농담을 두 개 집어넣었다. "'와사비'라고 말하려면 아직 이틀이나 남았어 / 버치마운트 스타디움 로비의 고향." 평소라면 나는 끼리끼리 노는 느낌이 들어서 음반에 이런 장난을 치는 것을 좋아하지 않는다.

하지만 〈One Week〉의 분위기와 잘 어울려 보였다.

여섯 달 뒤에 호주 시드니의 호텔 방에서 자고 있는데 전화기가 울렸다. 매니저 샌디 로버튼이 로스앤젤레스에서 건 전화였다. 그는 프로듀서가 들을 수 있는 최고로 달콤한 말을 했다.

"축하해! 당신 곡이 이번 주 미국 차트에서 1위에 올랐어."

내가 세상에 나오도록 힘을 보태고 키운 수백 곡의 '소중한 자식' 가운데 이 곡이 이름을 떨쳤다. 나는 〈One Week〉의 로열티를 미네소타 대학의 등록금에 보탰다. 마흔넷이라는 한창의 나이에 학부생으로 공부를 시작했다. 12년 뒤에 나는 버클리에서 프로덕션 수업을 가르치는 교수였다. 내가 〈One Week〉를 언급하자 앤드루 살로라는 학생이 옆 자리 학생에게 몸을 숙이고 깊은 바리톤 음성으로 스티븐 페이지의 목소리를 흉내 나며 "It's been…" 하고 노래를 불렀다. 둘은 자지러지게 웃느라 의자에서 거의 떨어질 뻔했다. 앤드루가 숨을 고르고 나서 설명하기를 〈One Week〉가 라디오에서 나왔을 때 학교 운동장에서 놀고 있었다고 했다. 음반이 마음에 들었다고 했다. 친구들과 깔깔 웃으며 서로의 귀에 대고 노래를 불렀다고 했다. 아이들이 〈One Week〉를 좋아할 거라는 나의 예측이 버클리 교실에서 확인된 것이다.

음악의 삶은 이렇게 끝없는 순환을 이루며 반복된다. 학교에서 놀던 아이가 음반에 매료된다. 그는 또래들보다 더 깊이 유심히 듣는다. 심취한 그는 더 많은 음반을 찾아 들으며 그럴 때마다 그의 청취 프로필이 차곡차곡 쌓인다. 때가 되어 그는 자신의 음악적 기량을 바탕으로 버클리에 입학한다. 거기서 계속해서 많은 음반을 들으며 프로듀싱 기술을 배운다. 그는 졸업하고 나서 자신의 재능과 개성, 특히 자신의 **귀**를 활용하여 일자리를 얻는다. 버클리를 졸업한 앤드루 살로는 그의 음반을 제작하기 시작했고, 마침내 그래미상 후보에 오른 빅 시프, 본 이베어, 코트니 마리 앤드루스의 앨범들을 작업했다. 앤드루 살로의 음반을 들은 누군가도 분명 내일의 음반을 제작할 것이다.

청자는 음악의 끝없는 순환에서 필수적인 부분이다. 음악을 만드는 모든 이들이 처음에는 청자이기 때문이다. 그런 청취를 통해 가수, 댄서, 연주자, 작곡가, 디제이, 음반 기획자, 기술 혁신자, 소리 설계자, 음반 제작자가 만들어진다. 모두는 자신에게 들리는 소리를 다음 세대에 전하려고 애쓴다. **이 노래는 나한테… 이렇게 들려,** 하고 말이다.

음악의 미래

시몬은 조지아 공과대학의 로봇 음악 연구팀이 만든 네 개의 팔을 가진 마림바 연주 로봇이다. 시몬은 정교한 기계학습 알고리즘을 통해 음악 이론을 익히며 자신의 음악 지식을 가지고 실내악에서 덥스텝에 이르는 다양한 스타일로 인간 연주자들과 잼 세션을 한다.

2015년에 시몬은 워싱턴 D. C.의 케네디 센터 무대에 올라 재즈 뮤지션들과 호흡을 맞추며 상당히 인상적인 연주를 선보였다. 시몬은 재능 있는 앙상블에서 자신의 몫을 거뜬히 해냈다. 독주자에게 연주를 맞춰 인간처럼 동료 뮤지션을 인식할 줄 안다는 것을 입증했고, 그루브에 맞춰 고개를 까딱이며 연주에 호응하기도 했다.

인공지능이 만드는 음악으로 예술 형식이 저하될까? 내 생각을 말하자면 나는 그런 음악을 좋아하는 청자들 편이다. 음악이 우리의 최적 지점을 즐겁게 한다면, 그것이 우리에게 보상을 주는 다른 음악보다 못하다고 누가 말하겠는가?

시몬의 케네디 센터 연주를 볼 수 있는 주소를 웹사이트 ThisIsWhatItSoundsLike.com에 올려놓았다.

시몬의 연주

9장

사랑에 빠지다: 오로지 당신의 음악

내가 온종일 생각하고 모든 삶을 바치고

완전히 사랑한 모든 것이다.

_ 마일스 데이비스, 자신과 음악의 관계에 대해 한 말

♪ 플레이리스트

〈Old Town Road〉 Lil Nas X feat. Billy Ray Cyrus

〈Papa's Got a Brand New Bag, Pt. 1〉 James Brown & the Famous Flames

〈Angelina〉 Russell Lacy

〈Funkier Than a Mosquito's Tweeter〉 Nina Simone

〈Mojo Pin〉 Jeff Buckley

〈Eventually〉 Tame Impala

〈Bach's Goldberg Variations (BMV 988)〉 Glenn Gould

〈Mouth for War〉 Pantera

〈I Am The Walrus〉 The Beatles

〈Religion〉 Sheena Ringo

〈Don Juan's Reckless Daughter〉 Joni Mitchell

〈Brokedown Palace〉 Grateful Dead

첫눈에 반하다

그를 처음 보았을 때가 지금도 생각난다. 존재하는 줄도 몰랐던 나 자신의 일부를 보는 것만 같았다. 그가 어떤 모습이었는지는 중요하지 않았다. 실은 더 엉망일 수 없을 지경이었다. 키가 크고 비썩 말랐고, 긴 머리는 한동안 빗질을 하지 않은 듯했으며, 왼손에 담배꽁초를 들고 있었다. 옷은 지나치게 컸고, 신발은 하도 신어서 너덜너덜했다. 그는 어둡고 좁은 방의 칠판 옆에 서 있었다. 두 손가락 사이에 짤따란 분필을 들고 있었는데 한쪽 손가락에 허옇게 분필 가루가 묻어 끝 마디가 보이지 않았다. 그보다 나이 많은 남자 셋이 접이식 의자에 간신히 몸을 걸치고는 팔꿈치를 무릎에 대고 몸을 앞으로 숙인 채 뭐가 뭔지 모르겠다는 표정으로 칠판을 쳐다보았다. 그는 TV의 작동 원리를 설명하고 있었다. 칠판에 전기 회로를 그려 방송탑을 떠난 신호가 마침내 스크

린에 그림으로 나오기까지의 과정을 설명했다.

그곳은 작고 허름한 녹음 스튜디오였다. 내 룸메이트가 록 스타를 만나 결혼하겠다는 희망을 안고 최근에 얻은 일자리를 보여주겠다며 나를 그곳에 데려간 것이다. 그녀는 젊은 엔지니어는 알아보지도 못한 것 같았다. 어째서 **그녀는** 그에게 꽂히지 않았을까? 그가 **완벽한 사람**임을 알아보지 못했을까? 나는 방금 전 앞으로 오랫동안 내게 엄청난 의미를 갖게 될 사람을 만났다는 감정에 숨도 쉬지 못했는데 말이다.

나는 첫눈에 반한 순간을 생생하게 기억할 수 있다. 아마 여러분도 그럴 것이다. 방 저편의 누군가를 보자 모든 것이 **멈춘다.** 동시에 여러분은 그 자리에서 얼어붙고 기운이 쭉 빠져버린다. 눈으로 그 사람의 이목구비를 하나하나 살핀다. 용기를 내서 나를 소개한다. 무슨 일이 벌어지는 걸까? 어째서 **이** 사람이, **저** 사람들은 아무렇지도 않은데, 그런 울림을 일으킬까? 그 사람의 옷차림, 체취, 눈망울, 보디랭귀지지일까? 그 사람이 한 말일까? 설명하려니 어렵지만 여러분은 느낌이 왔다는 것을 바로 안다.

과학은 쿼크와 블랙홀 설명으로 책장 한 칸을 채우고도 남지만, 첫눈에 반한 사랑이라는 현상은 여전히 대부분 수수께끼로 남아 있다. 우리는 사랑이 상대방을 속속들이 아는 것에 근거하지 않음을 안다. 실은 정반대다. 가장 큰 요인은 우리가 생각하는 바로 그것, **순간적으로 알아채는 신체적 매력**인 것 같다. 단 한 번

쳐다보았는데 묘한 끌림을 느낀다. 어째서 이 사람은 나의 내밀한 정신적 동굴을 환히 밝혀 더없이 익숙하면서 동시에 완전히 생소하게 여겨지도록 할까?

첫귀에 반한 사랑은 첫눈에 반한 사랑과 공통점이 많다. 음반과 사랑에 빠지는 것은 일순간 매료되는 것과 동일한 과정을 따른다. 여기에 마치 그 음악을 오래전부터 알고 있었던 것 같은 독특한 인지 부조화가 동반된다. 모든 음반 제작자는 이런 반응을 일으키려고 애쓴다. **저걸 꼭 손에 넣어야겠다**는 억누를 수 없는 욕망이 목표다.

우리는 신경생물학의 관점에서 '좋아하는 것'과 '원하는 것'이 차이가 있음을 참신성의 장에서 보았다. 좋아하는 것은 단순한 쾌락 반응이다. 우리는 좋아하는 것을 추구하는 일을 미룰 수 있다. 그러나 원하는 것은 이보다 강력하다. 욕망의 대상이 우리 행복에 **필수적으로** 여겨지기 때문이다. 첫귀에 반한 사랑은 우리의 의식적인 고려가 미치지 않는 곳에서, 가장 열렬한 음악 애호가조차 설명하기 어려운 사적인 매력의 깊은 원천에서 일어난다. 그러나 짜릿하고 불가해하게 느껴지는 그런 감정을 구체적이고 명료하고 과학적인 뭔가를 통해 검토해볼 수 있다.

그것이 바로 청취 프로필이다.

〈Old Town Road〉로 보는 청취 프로필 분석

여러분이 듣는 모든 음반의 특징은 청취 프로필의 일곱 가지 차원에 놓을 수 있다. 네 가지 음악적 차원—멜로디, 가사, 리듬, 음색—은 음악을 전담하는 별도의 뇌 연결망에서 각각 분석된다. 세 가지 미적 차원—진정성, 사실성, 참신성—은 서로 연결된 더 고차적인 여러 뇌 부위가 음악을 전담하는 네 가지 연결망에서 정보를 넘겨받아 처리한다.

이런 일곱 가지 차원은 여러분이 음악을 들을 때 저마다 독자적으로 즐거움을 안겨준다. 다른 차원보다 즐거움을 더 많이 선사하는 차원이 존재하며 이렇게 '우선시되는 차원'은 사람마다 다르다. 누구는 멜로디를 귀담아 듣고, 누구는 강한 그루브가 없는 음반은 쳐다보지도 않는다. 익숙한 음악 장르만 즐기는 사람이 있는가 하면, 가사가 시적이면 옛날 곡이든 새로운 곡이든 상관하지 않는 사람이 있다. 컴퓨터로 소리를 설계한 음반을 선호하는 사람, 예전 방식의 엔지니어링을 선호하는 사람이 있다. 음반의 음악이 여러분의 하나 이상의 최적 지점을 건드릴 때 첫귀에 반한 사랑이 일어날 가능성이 있다.

청취 프로필의 최적 지점은 유전적 성향, 문화적 영향, 여러분이 평생 음악을 접하면서 경험하는 모든 청취 맥락을 통해 만들어진다. 대부분의 경우 유아일 때는 최적 지점이 넓고 흐릿하게 시작하지만, 첫 번째 자장가부터 첫 번째 라이브 공연까지 음악 세계가 넓어지면서 점차 세밀한 결을 갖추어 나간다. 여러분의 뇌는 멜로디, 가사, 리듬, 음색이 나에게 특별히 보상을 주는지 여부를 더 민감하게 알아차리게 된다. 마찬가지로, 여러분은 과거에 즐거움을 주었던 종류의 진정성, 사실성, 참신성을 듣는 법을 무의식적으로 터득한다.

모든 뇌는 우연의 영향을 받는 유전적, 생리적 사건들을 무수히 겪으면서 형성된다. 모든 뇌는 저마다 다른 음악적 문화에서 자란다. 모든 뇌는 살면서 겪게 되는 궤적이 유일무이하다. 이렇게 발달과 관련한 거대한 진실들을 합쳐놓고 보면, 최적 지점과 우선시되는 차원들이 결합하여 만들어지는 여러분의 청취 프로필은 오로지 여러분만의 것이다.

그래서 나는 학생들에게 항상 말하기를 **잘난 체하는 음악적 속물이 되지 말라**고 한다.

여러분의 음악 취향은 어느 모로 보나 나의 음악 취향과 동일하게 타당하다. 우리가 사랑하는 한없이 풍부한 예술 형식은 한없이 다양한 청취 프로필을 자양분 삼아 자란다. 우리 모두가 동일한 최적 지점을 갖는다면 상업적 음반은 모두를 똑같이 매료시키겠지만, 그러면 음악예술은 정체되고 균질해진다. 다행히도 우리의 최적 지점은 제각각이다. 여러분이 음악에서 경험하는 보상의 특정 패턴은 여러분의 문화적 세련됨이나 지적인 성취 수준을 나타내지 않는다. 어떤 사람은 늘 청바지만 입고 어떤 사람은 한 벌도 없다. 누군가가 데님을 좋아하느냐 아니냐는 그 사람의 패션 아이큐에 대해 **아무것도** 말하지 않는다. 청바지가 그 사람에게 어울린다는 것을 말할 뿐이다. 취향의 다양함은 세상을, 그리고 음악을 멋지게 만들어준다.

다음 그림은 가상의 청자(편의상 '밸Val'이라고 하자)가 가장 예민하게 반응하는 최적 지점을 표로 나타낸 것이다. 밸의 청취 프로필을 살펴보면서 우리는 네 가지 음악적 차원이 두 항이 아니라 다수의 축으로 이루어져 있고 각각의 축마다 최적 지점을 가질 수 있음을 기억해야 한다. 여기서는 설명의 편의를 위해 멜로디의 차원에는 '좁은 음역 대 넓은 음역'의 축을, 가사의 차원에는 '개인적이고 친밀한 대 일반적이고 철학적인'의 축을, 리듬의 차원에는 '직진적인 대 당김음'의 축을, 음색의 차원에는 '어쿠스틱 대 일렉트로닉'의 축을 사용할 것이다. 실제로는 각각의 차원이 다양한 청취의 즐거움을 안겨주는 다수의 축으로 이루어져 있다.

이제 특정한 음반이 밸의 청취 프로필과 어떻게 서로 작용하는지 살펴보자. 예로 가져온 음반은 릴 나스 엑스의 〈Old Town Road〉다.

릴 나스 엑스는 이 곡을 만들고 노래했을 때 젊고 미숙했다. 그래서 그의 목소리에 목 아래에서 나오는 소박함이 느껴진다. 여기에 빌리 레이 사이러스가 합세하여 연륜에서 오는 세련된 테크닉이 더해졌다. 프로덕션 스타일은 '충동적으로 구는' 음반이 아니라 목 위의 솜씨를 제법 부렸음을 강하게 나타낸다. 릴 나스 엑스의 저충실도 홈스튜디오 기술이 스튜디오 전문가의 세심한 손질을 거쳤다. 진정성이라는 미적 차원에서 볼 때 이 음반은 축의 정중앙에 놓인다. 살짝 거친 소리를 선호하는 밸에게는 조금 '매끈하게' 들릴 수 있다.

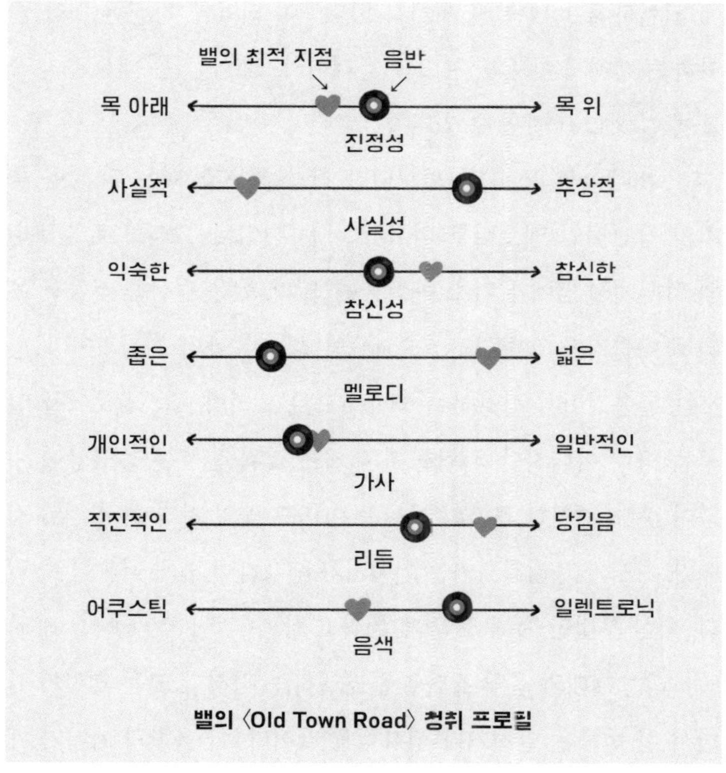

밸의 〈Old Town Road〉 청취 프로필

현대적인 디지털 프로덕션으로 〈Old Town Road〉는 사실적 음반보다 추상적 음반에 가깝다. 드럼은 기계음이지만 밴조가 샘플임에도 실제 연주자를 떠올리게 한다. 보컬이 많이 들어가서 사실적인 것을 좋아하는 밸에게 연주 모습을 떠올리게 하지만, 그럼에도 이 음반은 사실성의 차원에서 그의 최적 지점과 거리가 멀다. 참신성의 관점에서 보자면 〈Old Town Road〉는 참신한 요소와 익숙한 요소가 균형을 이뤄, 즉 참신성-대중성 곡선의 정점에 위치하여 2019년 전 세계적 히트곡이 되었다. 참신한 것을 좋아하는 밸에게 이 음반은 그의 플레이리스트에 있는 대부분의 곡들에 비해 약간 뻔할 수 있다.

〈Old Town Road〉는 멜로디가 제법 좁은데, 밸은 더 넓은 음역의 낭만적인 멜로디를 더 선호하는 편이다. 그러므로 멜로디의 차원에서 밸에게 다소 아쉬울 수 있다. 밸은 당김음 리듬을 무척 좋아하지만, 〈Old Town Road〉의 리듬은 꽤나 직진적이다. 템포는 걸음걸이에 해당하는 68bpm으로 느리다. 댄스플로어를 달구는 곡이 아니지만, 사람들이 여기에 맞춰 춤추는 동영상이 수없이 많다. 경쾌한 곡조의 가사는 아마도 곡의 가장 큰 강점일 것이다. 가사가 불러일으키는 이미지가 생생하여 쉽게 떠올릴 수 있다. 핵심 구절인 "누구도 내게 뭐라고 할 수 없어Can't nobody tell me nothin'"는 세대와 음악 스타일을 초월하는 정서다. 모든 청자가 살면서 한 번쯤은 말하거나 생각했을 말이다. 이 음반의 가사가 매력적임은 누구도 부인할 수 없다. 가사의 깊이라는 면에서 이 음반은 밸의 최적 지점에 가깝다. 음색은 현대적이고 전자음이 많으며 카리스마 있는 남자 둘이 등장한다. 밴조와 808 킥드럼의 조합은 음반에서 어쿠스틱 음향과 일렉트로닉 음향 모두를 듣기 좋아하는 밸의 마음에 들 수 있다.

정리하자면 〈Old Town Road〉는 밸이 처음 듣자마자 반하는 음반이 되지는 않겠지만, 귀에 들릴 때마다 기분 좋게 즐길 정도로는 좋아할 거라고 말할 수 있다. 그리고 〈Old Town Road〉가 여러 차원의 중심에 놓이는 것을 볼 때 대부분의 청자들이 노래에 연결되는 감정을 느낄 거라고 말할 수 있다. 기록적인 전 세계 스트리밍 횟수가 이런 예측을 확인시켜준다.

여러분의 청취 프로필을 살피고 '여러분의 음악'을 판독할 줄 아는 능력은 전적으로 여러분 몫이다. 오로지 여러분 자신만이 본인이 사랑하는 음반의 특징과 뉘앙스를 찾아내고 그 음반을 다른 음반들보다 더 높게 평가하는 이유를 알아낼 수 있다. 음악 취향의 탐구는 관계의 추구만큼이나 스스로에 대해 깨닫게 되는 자기발견의 여정일 수 있다. 나의 진정한 모습을, 책략과 사회적으로 인정받으려는 압박과 자기포장의 가면 너머에 있는 나를 알기 위한 최고의 방법은 여러분의 플레이리스트에 몰입하여…

…듣는 것이다.

멍때리기 연결망과 미적 즐거움

몽상은 가치를 제대로 인정받지 못하는 재능이다. 마음이 딴 데 가 있을 때가 많은 사람은, 특히 성인이 그럴 때면, 게으르거나 산만하다며 곱지 못한 시선을 받는다. 우리 문화는 성인 몽상가를 책임을 피하고 타인을 배려하지 않는 철부지로 묘사하는 경향이 있다. 하지만 멍때리기에 지대한 영향을 가져올 이득이 있다면 어떨까? 최근 봇물처럼 이어지는 멍때리기mind-wandering의 신경과학 연구가 보여주는 것이 이것이다.

이메일을 보낸다거나 저녁을 준비하는 등의 목표 지향적인 일을 할 때마다 우리 뇌에서는 과제를 전담하는 특정 연결망('시각 인지 연결망' '탐색 연결망' '판단 연결망' 등)이 가동된다. 목표를 추구하는 이런 연결망은 **우리가 일을 어떻게 처리하는지를** 맡는다. 그러나 최근에 과학자들은 새로운 발견을 했다. 연구자들이 "현재 당신이 하고 있는 것 말고 다른 것에 대해 생각하고 있는가?" 하고 묻자 응답자 중 '그렇다'고 대답한 비율이 30퍼센트에서 50퍼센트였다. 그러자 신경과학자들은 마음이 당면한 과제에 집중하기보다 다른 곳에 가 있는 사람들의 뇌에서 정확히 무슨 일이 벌어지는지 궁금했다.

십수 년 전에 과학자들이 사람이 적극적으로 뭔가를 하지 **않을** 때마다 가동되는 미확인 뇌 연결망을 발견하면서 이 질문에 대한 대답이 마련되었다. 우리가 몽상이나 공상을 하거나 스스로를 돌아볼 때마다 기묘한 이 연결망은 분주해진다. 신경과학자들은 뇌가 활동하는 기본 상태를 마련하는 연결망이라는 뜻에서 처음에 이것을 '기본값 모드 연결망'이라고 불렀다. 기본값 연결망은 자발적이고 방향성이 없는 생각을 할 때 가장 활발하게 돌아가므로 여기서는 **멍때리기 연결망**이라고 부르겠다.

초창기 연구자들은 뇌가 이항 체계로 되어 있다고 믿어 우리가 몽상을 시작하면 멍때리기 연결망이 켜지고 외부에 치중하는 목표 지향적인 일에 몰입하면 꺼진다고 생각했다. 보다 최근의 연구에 따르면 이런 이분법은 부분적으로만 참이다. 멍때리기 연결망은 우리의 마음이 '빈둥거릴' 때만이 아니라 우리가 창조적으로 생각할 때도 활성화된다. 대표적인 것이 노래에 대한 아이디어를 떠올리려고 할 때다.

창조적 사고는 역동적인 과정이다. 창조적으로 사고할 때 우리는 자발적인 생각과 이 생각을 분석적으로 평가하는 일을 오간다. 창조적 사고의 멍때리기 단계에서는 난데없는 이미지가 머릿속에 불쑥 들어올 수 있다. 예컨대 참나무 몸통에 새겨진 이니셜이 떠오른다. 창조적 사고의 분석 단계에서 여러분은 자발적으로 떠오른 이런 생각으로 무엇을 **할** 수 있는지 의식적으로 살핀다. 예컨대 이니셜에서 영감을 받아 나무에 하트 도양을 새기는 사랑 노래를 쓰기로 마음먹을 수 있다.

과학자들은 멍때리기 연결망과 관련하여 또 다른 사실을 알아냈는데, 이것은 우리가 음반과 사랑에 빠지는 이유를 설명하는 데 훨씬 중요하다. 우리의 뇌는 음악 듣는 일을 특별한 형식의 몽상으로 여긴다. 우리가 좋아하는 음반을 즐기며 한창 몰입해 있을 때 멍때리기 연결망은 폭죽처럼 터진다. 이런 결과는 우리가 음악과 깊은 유대를 갖는 수수께끼를 설명하는 데 도움이 된다.

여러분의 뇌가 빈둥거리면 몽상의 내용물—심리학자 윌리엄 제임스가 "마음의 비행flights of the mind"이라고 칭한 것—이 개인의 자아를 의식적으로 정립하는 데 기여한다. 몽상을 할 때마다 여러분의 마음은 내밀하고 사적인 장소로 넘어가 여러분이 좋아하는 것, 필요로 하는 것, 욕망하는 것을 생각한다. 그러므로 내가 좋아하는 음악, 다시 말해 나의 최적 지점에 놓이는 음악을 들으면 나의 정체성의 본류에 자양분을 대는 마음의 부위를 가동시키는 셈이다.

멍때리기 연결망과 미적 즐거움이 관계가 있다는 것은 관객이 회화를 보고 반응하는 것을 살펴보면서 처음으로 알려졌다. 과학자 에드워드 베셀과 연구팀은 참가자들을 fMRI 스캐너에 눕히고 다양한 스타일로 된 낯선 미술 작품을 보여주었다. 참가자들은 전에 본 적이 없는 그림이므로 이전의 경험이나 문화적 명성으로 그림을 판단할 수 없었다. 그들은 그림을 보고 각각의 작품이 자기를 얼마나 많이 '감동시키는지' 답했다. 흥미롭게도, 참가자들이 **좋아한** 미술 작품을, 특히 "안에서 어루만지는" 기분이 들게 하는 작품을 볼 때에만 멍때리기 연결망이 활성화되었다.

연구자들은 말한다. "어떤 미술 작품은 처음 접하는 것이더라도 그 사람의 독특한 기질과 잘 맞아서 자아와 관련된 신경의 기층에, 그러니까 다른 외적 자극은 일반적으로 허락되지 않는 기층에 접근할 수 있다." 단순하게 정리하자면, **여러분이 경험하는 미적 즐거움은 여러분 개인의 정체성 감각과 연결되어 있다.** 과학자들은 이렇게 덧붙인다. "어떤 미술 작품은 개인의 자아감과 '공명'할 수 있다는 것이 우리의 견해다. 이른바 기본값 연결망 부위와 명확한 생리적 상관관계가 있다고 해도 좋을 정도다." 여러분의 청취 프로필의 최적 지점은 창조적 예술과 여러분의 내밀한 자아가 이렇게 공명하는 최고의 예다.

노벨상 수상자 에릭 캔들은 관객이 자신의 자아 경험을 예술의 경험과 연결함으로써 미술 작품에 적극적으로 **참여한다**고 했다. 회화를 볼 때 여러분은 그 미술 작품이 내 안에 불러일으킨 사상과 느낌이 나의 자아 개념에 맞는지 판단한다. 회화를 보는 동안 긍정적인 느낌이 들면, 멍때리기 연결망이 작동하여 여러분의 자아감을 맡는 회로를 활성화하고 깊은 보상의 경험을 안겨준다. **이게 바로 나의 미술 작품이야,** 하는 감정이 드는 것이다.

청자의 반응은 미술 관람객의 반응과 비슷하다. 다만 한 가지 대단히 중요한 차이가 있다. 시각 회로보다 청각 회로가 감정을 담당하는 회로에 더 다양하고 더 직접적으로 연결되어 있다는 점이다. 이는 우리 뇌에 호모 사피엔스의 생존에 단연코 가장 중요한 정신적 도구인 언어를 처리하는 능력이 있기 때문이다. 언어 능력을 끌어올려야 하는 필요성으로 인해 뇌의 멜로디 연결망, 가사 연결망, 리듬 연결망, 음색 연결망이 재빠르게 발달할 수 있었다. 덕분에 우리는 말소리를 듣고 화자의 진심과 의도를 알아차리는 데 조금이라도 단서가 되는 억양, 리듬, 단어 선택을 자동으로 분석하여 가장 미묘한 감정까지 판별할 수 있다. 음악 청취는 바로 이런 언어 회로를 그대로 활용한다.

이런 점 때문에 음악은 다른 어떤 예술 형식보다 멍때리기 연결망을, 그리고 우리 개인의 자아를 더 수월하고 완전하게 활성화한다.

좋아하는 노래를 들을 때 우리 뇌는

그렇다면 우리가 음반에 매료될 때 우리 뇌에서는 정확히 어떤 일이 벌어질까?

노스캐롤라이나 웨이크 포레스트 대학의 로빈 윌킨스와 연구팀이 사람들에게 다양한 장르의 익숙한 음악과 낯선 음악을 들려주고 뇌의 활동을 들여다보는 연구를 했다. 참가자들은 fMRI

스캐너에 편안하게 누워 헤드폰으로 클래식, 컨트리, 랩, 록, 중국 경극 음반을 들었고, 아울러 본인이 고른 좋아하는 노래도 들었다. 그들은 각각의 곡을 '좋음' '싫음' '내가 고른 곡'으로 평가했다. 윌킨스는 참가자들이 음악을 들을 때 그들의 뇌 활동을 살펴보았다. 설전부precuneus라고 하는 뇌 구조물에서 흥미로운 양상이 나타났다. 설전부는 자기인식, 자기의식, 자아상, 창조성에 관여하는 구조물로, 멍때리기 연결망과 연결되긴 해도 멍때리기 연결망의 일부는 **아니다.**

설전부는 모든 청자가 어떤 장르의 음악을 듣든 간에 활성화되었다. 청자가 '좋음'이나 '내가 고른 곡'이라고 평한 음악을 들을 때는 설전부와 멍때리기 연결망 사이의 활동이 확연히 증가했다. 이와 달리 '싫음'이라고 평한 음악을 들을 때는 설전부가 멍때리기 연결망과 소통하기를 멈추고 "대체로 설전부 안에서만 연결을 주고받았다." 놀라웠다. 우리 뇌가 싫어하는 음반을 적극적으로 '거절'한다는 것을 보여주는 발견이기 때문이다. 우리가 즐기지 않는 음악을 들으면 뇌는 이런 스타일이 자아상에 통합되지 못하도록 자동으로 행동을 취하는 것 같다.

윌킨스와 연구팀은 또 다른 놀라운 발견도 했다. 청자가 '좋음'이나 '싫음'이라고 평한 음악을 들을 때 청각 연결망과 해마(기억 형성에 관여하는 뇌 구조물) 사이에 많은 소통이 일어난다는 것을 알아냈다. 이 결과를 보고 우리가 **어떤** 음악을 듣든 해마가 활성화된다고 단정하고 싶겠지만, 윌킨스는 청자가 '내가 고른 곡'이라고 평한 음악을 들을 때는 청각 연결망과 해마 사이에서 주고받는 소통이 **줄어들었음**을 확인했다.

윌킨스와 연구팀은 자신이 선호하는 음악을 들을 때 우리의 기억 회로는 **암호화** 모드가 아니라 **회수** 모드로 접어들어 노래와 연관되는 사람, 장소, 사건의 기억을 자동으로 '재생'한다고 추측한다. 윌킨스의 흥미로운 가설은 오기와 내가 수행한, 음악을 즐기는 동안 일어나는 심상화에 대한 연구로 뒷받침된다. 우리는 청자가 개인적으로 선호하는 음반을 들을 때 경험하는 가장 흔한 형식의 심상화가 자전적 기억임을 알아냈다.

이런 신경과학 연구 결과는 내가 이 책 서두에 제기한 중요한 질문에 답을 준다. 우리의 무엇이 어떤 음반을 들을 때는 공감에서 오는 전율을 느끼게 하고 어떤 음반을 들을 때는 감동 없는 냉담함을 느끼게 할까? 더 간단히 말하면, 무엇이 우리를 어떤 음반과 사랑에 빠지도록 만들까?

멍때리기 연결망은 뇌의 여러 부위와 접촉하며 복잡하게 작동한다. 여기에는 지각, 생각, 느낌, 사회성을 담당하는 연결망을 포함하고 있는데, 이런 연결망들이 경험을 통해 배우는 과정에서 멍때리기 연결망도 발달하게 된다. 그러므로 여러분의 멍때리기 연결망은 예측 불가하고 세상에 하나뿐인 여러분의 삶의 궤적과 긴밀하게 얽혀 있다. 여러분만의 청취 프로필을 만드는 도가니다.

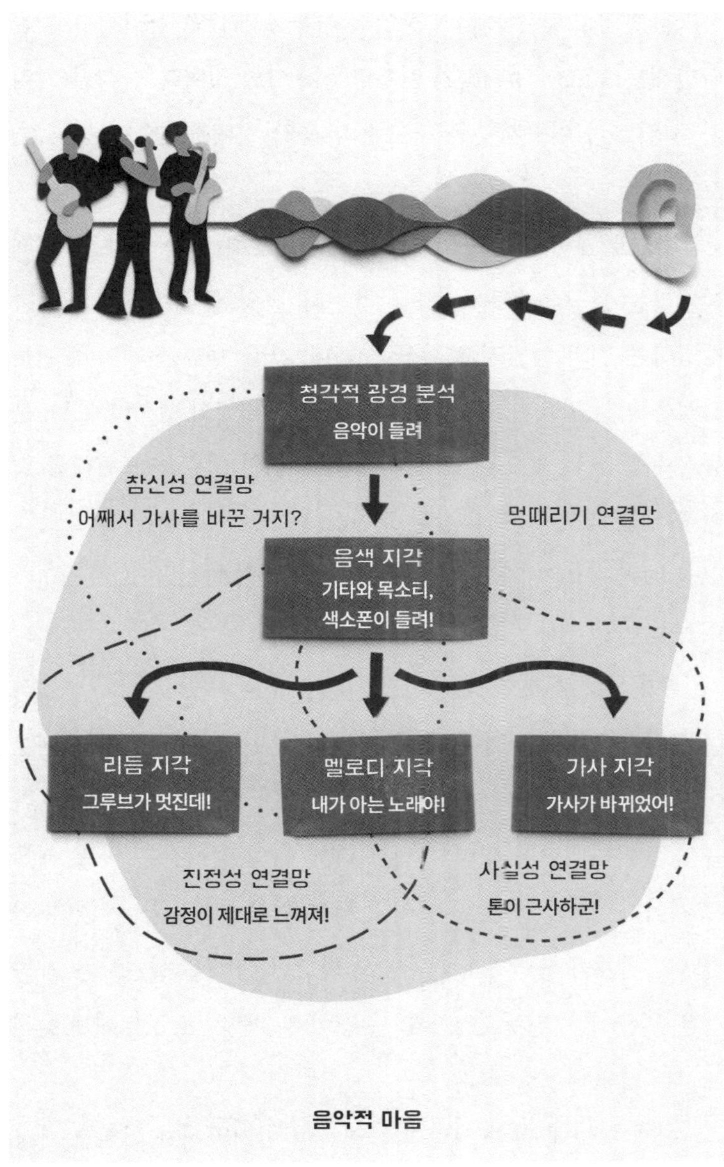

음악적 마음

앞 장의 그림은 음색의 장에서 처음 소개했던 '음악적 마음'을 나타내는 도표에 멍때리기 연결망을 추가한 것이다. 음악을 처리하는 회로가 이곳저곳을 떠도는 마음의 지배를 받는다는 것을 보여준다.

대체로 보면 우리는 마음이 돌아다니도록 하는 음악, 즉 멍때리기라는 보상을 주는 음악을 찾는다. 음악에서 개인의 자아를 정립하는 것과 연관된 보상을 찾는다. 가끔 우리는 깊이 묻어둔 감정을 꺼낼 필요가 있고, 가끔은 마음속 내면의 댄서나 투사, 운동선수를 느낄 필요가 있다. 복잡하게 얽힌 생각을 표현해줄 말이 필요할 때도 있고, 과감한 로맨스를 상상하고 싶을 때도 있다. 그럴 때면 우리가 가고 싶은 곳, 우리가 **가야 하는** 곳으로 데려다주는 음반을 꺼내든다.

우리는 스스로의 키나 성적 지향을 고르지 않듯 내가 선호하는 음악적 '거리street'를 고르지 않는다. 우리 마음은 원하는 대로 이곳저곳을 돌아다닌다. 우리가 할 수 있는 것이라고는 이렇게 마음이 돌아다니면서 열린 자세로 나에 대해 알려주는 바를 배우는 것이다. 우리는 타고난 음악적 성향을 결코 부인할 수 없다. 인간과의 관계나 음악과의 관계에서 타고난 성향을 실현하는 가능성은 우선 내가 진정으로 끌리는 것이 무엇인지 스스로에게 솔직해지는 것에서 출발한다.

이제 첫눈에 반한 사랑과 관련하여 마지막이자 어쩌면 가장 중요한 말을 할 때가 되었다. 우리 모두는 그저 어떤 사람이 웃는 모습이나 말하는 방식, 방 저쪽에서 걸어오는 모습 때문에 보자마자 반할 수 있다. 그런 갑작스러운 끌림을 느끼면 여러분의 사랑은 완벽하게 보인다. 그러나 실제로는 그렇지 않다. 여러분의 사랑은 항상 허점이 있으며 때로는 심각한 허점도 있다. 운전을 거칠게 하거나, 실수를 절대로 인정하지 않거나, 특정 단어를 이상하게 발음하거나, 교활하게 굴거나, 웃을 때 코를 킁킁거린다. 여러분의 친구는 여러분이 어째서 그런 흠을 아무렇지 않게 넘기는지 이해하지 못한다. 그러나 인간의 매력은 늘 그런 식으로 작동한다.

당신의 사랑은 결코 완벽하지 않다. 하지만 당신에게는 완벽할 수 있다.

나의 음악이 사는 동네

내가 음악 일을 하게 된 데는 나의 청취 프로필을 세심하게 자각한 것이 큰 도움이 되었다. 아홉 살 생일이던 여름에 나의 사촌 마이크가 음반을 들고 우리 집에 놀러왔다. 그전에 나는 비틀스, 슈프림스, 잭슨 파이브를 알고 있었다 스케이트보드와 미니스커트가 처음으로 유행했던 1965년에 팝 라디오에서 자주 틀어주던 음악이었다. 마이크가 제임스 브라운의 〈Papa's Got a Brand New Bag〉을 턴테이블에 내려놓자 음악이 흐르기 시작했다.

그것은 첫귀에 반한 사랑이었다.

탄탄한 관악기와 스타카토 리듬 기타를 듣는 순간 **이거 죽이는데,** 하는 느낌이 들었다. 음악이 나에게 말을 걸었다. 그런 경험은 처음이었다. 베이스가 엉덩이를 들썩이게 했고, 하이햇에 발이 저절로 이끌렸다. 소울의 대부는 확신에 찬 권위 있는 목소리로 밴드와 청자를 힙한 세계로 안내했다. 횡크 그루브는 나도 몰랐던 나의 음악적 정체성과 자아 정체성의 핵심을 건드린 듯했다. 음악과 자아가 **공명한다**는 느낌이 들었다. 음악이 그토록 **옳았던** 적은, 내게 그토록 완벽하게 맞았던 적은 한 번도 없었다.

놀라웠던 그 순간에 나는 세 가지를 깨달았다. 첫째, 소울 음악은 내가 사는 거리였다. 둘째, 팝 음악은 그렇지 않았다. 셋째, 내가 **원해서** 소울 거리에 나의 거처를 마련한 것이 아니었다. 음악이 내게 **연락해서** "여기가 너의 집이야" 하고 말했다.

나는 스스로를 자각하는 짜릿한 느낌을 다시 맛보고 싶어서 내가 들었던 모든 음반에서 똑같은 음악적 울림이 있는지 찾았다. 용돈을 받거나 생일날 돈을 받으면 고스란히 새 음반을 사는 데 들어갔다. 부커 티 앤 더 엠지스, 터틀스, 버펄로 스프링필드, 야드버즈, 마빈 게이, 크리던스 클리어워터 리바이벌 등등. 스타일은 내가 찾는 대상이 아니었다. 나는 진실의 느낌을 찾고 있었다.

처음부터 나는 내 감정과 생각이 꽃필 수 있는 정신적 풍경으로 나를 데려가는 음악에 끌렸다.

이런 식으로 나 자신의 청취 프로필에 주목한 것이 훗날 내가 음반 제작자가 되는 밑거름이 될 줄은 몰랐다. 그렇게 음악 여정이 시작되었다. 그때나 지금이나 이런 여정은 삶에 꼭 필요한 관계로 여겨졌다. 음악에 **푹 빠졌다.** 음악을 듣기고 널리 알리고 즐기고 존경하고 싶었고, 내가 할 수 있는 모든 방법으로 좋은 동반자가 되고 싶었다. 음악을 사랑하는 마음은 음악을 녹음하는 기기를 수리하고자 내가 전자공학을 배우도록 만들었고, 좋아하는 아티스트를 위해 밤을 꼬박 새며 며칠 동안 일하게 했고, 음반 프로듀서가 되기 위한 기량과 자신감을 익히도록 했고, 음악 과학과 음악 교육을 공부하게 했고, 결국에는 이 책을 쓰게 했다. 나는 음악을 사랑하는 마음을 단 한 번도 놓은 적이 없다. 음악 덕분에 다른 사람들을 더 잘 이해하게 되었고, 생계를 꾸려가고, 학생들과 즐겁게 공부한다. 음악은 이렇듯 나의 정체성의 거의 모든 면을 만들었다.

여러분이 사는 음악의 동네는 나이가 든다고 해서 바뀌지 않겠지만, 가끔은 이웃이 사는 동네를 방문해볼 수도 있다. 여러분 마음에 드는 음악의 유형은 바뀔 수 있다. 다만 나이가 들어서 즐기는 음반은 일반적으로 젊었을 때 즐겼던 음반과 공통점이 있다. 여러분의 핵심을 이루는 깊은 선호를 반영하는 것이다.

나는 얼터너티브 록이라고 하는 이웃 동네에서 오랜 세월 일했지만 언제나 소울 음악을 나의 집으로 여겼다. 물론 음반업계에서 일했을 때는 지금보다 어려서 내 세대의 관심과 생각을 담은 음악에 끌렸다. 40대가 되자 재즈라고 하는 새로운 거리가 점차 매력적으로 다가왔다. 지금 60대가 된 나는 블루스를 더 많이 즐긴다. 그리고 드물게 내가 선호하는 **어떤** 음악 장르에도 말끔하게 떨어지지 않는 음반과 사랑에 빠지기도 한다.

언젠가 벤 게버트(현재 해르츠라는 밴드의 멤버)가 수업 시간에 자신이 프로듀싱을 맡은 프로젝트를 소개한 적이 있다. 나는 학생의 음반을 수백 장 들었지만 첫귀에 반한 사랑은 벤이 작업한 러셀 레이시의 〈Angelina〉가 처음이었다.

음반은 따뜻하고 풍성한 러셀의 흥얼거림으로 시작한다. 내가 가장 좋아하는 남성 보컬 음색임을 바로 알아보았다. 이어 전자피아노와 드럼이 들어온다. 드러머는 가볍고 균등한 리듬을 스틱이 아니라 브러시로 친다. 킥드럼이 조용하고 일관된 맥박을 잡으면 스네어가 그 위로 거의 힙합 느낌이 나는 당김음의 춤을 춘다. 내가 좋아하는 리듬의 최적 지점이다. 윌리처 피아노 소리가 내가 좋아하는 소울 음반을 떠올리게 한다. 피아니스트는 과시하지 않고 스타일을 지키며 코드 진행에 꾸밈음과 화성을 더한다. 메마르고 현장감이 느껴지는 소리다. 거의 불편함이 느껴질 정도다. 음반은 (내가 듣기에) 놀랍도록 사실적인 분위기를 마련하여 곧바로 뮤지션들의 모습이 마음속에 그려졌다. 몇 초 만에 특별한 음반이 되리라는 예감이 들었다. 나는 기대감에 몸을 앞으로 숙였다.

그러고 나서 음악의 사랑이 벼락처럼 내리꽂혔다! 진정성 있고, 독창적이고, 영감이 넘치고, 시적인 가사다. 러셀의 첫 소절이다.

앤젤리나, 당신의 숨결을 붙잡아
내 혀 위에 올려놓으리다.
내 비록 세상에 둘도 없는 불한당이지만
당신을 위해 속죄하리다.

러셀은 앤젤리나에게 몇 소절을 노래하다가 생각을 마무리하기 전에 노래를 멈춘다. 뮤지션들도 함께 덤춘다. 드러머 혼자서 곡을 이어간다. 전형적인 드럼 브레이크의 느낌이 아니라 사고 현장에서 벌어지는 의미심장한 멈춤에 가깝다. 불안한 긴장이 감돌며 말하지 못하는 진실을 나타낸다.

어딜 가더라도 죽기 좋은 곳일 테죠.
어떤 방식도 괜찮아요.

마이크를 가까이 대고 녹음하여 소리가 살짝 먹혀 듣고 있으면 폐소공포증이 느껴진다. 러셀이 노래를 부르면 방금 끔찍한 일이나 불법적인 일이 벌어진 좁고 갑갑한 방에 와 있는 느낌인데 뭐가 뭔지 모르겠다. 방과 양초와 술이 보이지만, 앤젤리나가 어디 있는지 무슨 일이 벌어졌는지 확실치 않다.

앤젤리나, 우리는 묶여 있어요.
소리에 묶인 노래하는 새들인 셈이죠.

내 상상 속에서 음악은 러셀이 자란 버지니아 언덕에 메아리치며 울린다. 수백 년간 미국의 송라이터들을 길러낸 언덕이다. 나는 얼마 전에 미국에 도착한 나의 두 학생, 벤과 그의 부인 니니 파비의 감성에서 이민자들이 계속해서 미국화되는 것을 듣는다. 니니는 후렴구에서 러셀과 화음을 맞추며 노래한다.

〈Angelina〉는 내가 사랑하는 고전적인 송라이터 형식과 내가 아끼는 상상력 넘치는 가사 쓰기를 결합한다. 연주자들의 모습을 떠올리고 이야기를 상상하게 하는 사실적 음반이다. 조용하고 흥얼거리기 좋은 멜로디는 어두운 이야기와 대조된다. 마치 여인의 장갑을 낀 고릴라의 손 같지만 함께 오르고 내린다. 리듬은 나의 몸이 동조하기를 가장 좋아하는 흐름 속으로 들어가 그곳에 계속 머문다.

나는 내가 사는 거리임을 알아본다. 나의 집이다.

첫귀에 반한 아홉 가지 사랑의 추억

음악 이야기는 배경과 청취 프로필이 각양각색인 수십억 명의 청자의 경험을 통해 펼쳐진다. 각자 음반을 틀 때마다, 콘서트에 갈 때마다, 랩을 쓰거나 드럼 비트를 프르그래밍할 때마다 자신만의 은밀한 음악 사랑을 추구하는 것이다. 독립된 개인의 무수히 많은 이런 추구가 모여 집단적인 욕망의 거대한 흐름을 만든다. 저마다 청취를 통해 보상을 찾으려고 하는 과정에서 음악은 역동적인 생태계가 된다. 새로운 세대의 청자가 합류할 때마다 항상 변동이 생기기 마련이다.

그래서 나는 이 책을 시작할 때와 똑같은 방식으로 마무리하고 싶다. 음반 소개 모임으로 말이다. 다양한 배경의 사람들이 첫귀에 반한 사랑의 추억을 여기서 들려준다. 각자 평생을 함께해온 음반 하나를 자신의 언어로 설명한다. 하나같이 그들에게 심오한 감사, 경외, 사랑의 감정을 일으킨 음반들이다. 여러분에게 똑같은 감정을 일으킬 것 같지는 않다. 여러분에게는 여러분만의 사랑이 있으니까! 그럼에도 소개하는 이유는 특정 음반이 어째서 그들에게 그토록 의미가 있는지 설명하는 것을 들으면 여러분이 듣고 또 듣는 음반에 대한 이해가 정교해질 것이라고 믿기 때문이다.

T. J.는 캘리포니아에 사는 중년 남자다. 날씬하고 재빠른 몸놀림으로 스케이트보드를 타고 겁도 없이 나무에도 오른다. 그는 할아버지가 소유했던 집을 사들였고 휴대폰 카메라로 멋진 이미지를 담는 재주가 있다.

"그녀의 태도가 빛을 발하는 곡입니다. 앙상블을 뚫고 일어나요. 그녀는 호색한에게 더 이상 참지 않겠다고 말합니다. 그녀는 성욕이 왕성한데 그걸 두려워하지 않습니다. 묘하게 돌고 도는 느낌입니다. 마치 모기와 모기가 찾는 피를 동시에 보는 것 같아요. 룸바의 북소리가 인간의 맥박처럼 원초적이고 활화산 같습니다. 드럼이 들어오는데 사실은 그게 필요하지도 않아요. 게다가 그녀의 목소리는 더없이 여성적인데 드럼은 남성적으로 들리죠. 위협적이면서 동시에 유혹적입니다. 이 곡을 듣고 있으면 내가 어떤 존재인지 느끼게 됩니다."

니나 시몬의 〈Funkier Than a Mosquito's Tweeter〉, 1974년.

A. N.은 이제 막 20대를 넘어섰다. 음반에 그보다 진심인 사람을 나는 아직 만나보지 못했다. 중학생 시절에 그는 머리에 큰 부상을 입었다. 지금이야 완전히 회복되었지만 당시 그는 걷는 법과 혼자 먹는 법을 처음부터 다시 배워야 했다.

"어렸을 때 하드코어를 좋아했어요. 아이들이야 자기가 원하는 걸 공세적으로 거칠게 말하기 좋아하니까요. 그런데 이 노래는 강약의 대조가 극단적이고 형식이 특이해요. 클래식처럼. 작법은 달콤하고 그의 목소리는 대단히 노련합니다. 음반에 **움직임**이 있어요. 그래서 진짜 같고 감정이 느껴져요. 손에 만져질 듯한 절박함이 있습니다. 모두가 함께 연주했다는 것을 들을 수 있어요. 당장 녹음하지 않으면 다시는 그렇게 연주할 수 없었을 것처럼 들립니다. 나는 이 곡에서 공감을 느끼며 아울러 고독한 느낌도 받습니다. 그 안에서 너무도 많은 **내적 모험**이 벌어집니다."

제프 버클리의 〈Mojo Pin〉, 1994년.

J. B.는 재즈 기타리스트이자 젊은 프로듀서로 음악의 귀가 무척이나 예리하다. 그와 음악에 대해 이야기하고 있으면 청자로서 그가 음악에 너무도 푹 빠져 있으며, 헤어 나오려 하지도 않고 헤어 나오려고 해도 그럴 수 없겠다는 느낌기 든다. 그만큼 그에게 음악은 세상에 존재하는 유일한 방법이다.

"많은 경우 우리는 위안을 얻고자 음악을 듣습니다. 하지만 불편하여 꼼지락거리게 하는 음악을 듣는 것도 필요해요. 이 음반을 듣고 있으면 뱃멀미를 하듯 어질어질합니다. 오한이 느껴집니다. 하지만 무슨 이유인지 그런 느낌을 종종 찾게 됩니다. 이 노래는 관계의 종말에 관한 것입니다. 이별 소식을 처음 전해야 할 때 마음이 얼마나 아픈지 알 겁니다. 당신에게도, 당신이 사랑하는 사람에게도 말입니다. [이 곡의] 가사는 양방향으로 통합니다. [가수가] 당신에게 말하는 것일 수도 있고, 당신이 노래하는 가수가 될 수도 있습니다. 이 곡을 처음 들었을 때 나는 헤어지고 싶은 사람과 같이 있었어요. 그녀가 느꼈는지 모르겠지만 공기가 **무거웠습니다.** 마치 내가 [가수의 입을 통해] 노래를 부르는 느낌이었습니다. 지금 다시 들으면 팔의 털이 곤두서면서 그때의 느낌으로 돌아갑니다. 공기가 무겁게 가라앉죠. 사이키델릭 음악이 위태로운 느낌을 주는 건 당연합니다. 우리는 어둠을 물리치도록 훈련을 받지만, 나는 아름다움만큼이나 어둠이 지금의 나를 만들었다고 생각해요."

테임 임팔라의 〈Eventually〉, 2015년.

A. M.은 로스앤젤레스에서 약혼자와 함께 미술관을 운영하고 있다. 시각예술을 사랑하는 마음이 그런 예술을 만든 사람들에게로 확장된 것이다. 10년 동안 업계에서 일하고 나니 그는 좋은 작품을 대중에게 소개하는 일을 하게 되어 고마운 마음이 더 커졌다고 한다. 여가 시간이면 바이올린을 연주한다.

"눈을 감고 40분을 다 듣고 나면 울지 않을 도리가 없습니다. [그는] 동일한 베이스라인으로 된 서른 개의 변주곡을 썼고 맨 앞과 맨 뒤에 아리아가 들어갑니다. 변주곡은 여러분의 마음을 찢었다가 여러분을 하늘로 날아오르게 했다가 평범한 곳으로 데려갑니다. 15년 동안 들었지만 새로운 것을 계속 발견할 정도로 복잡하기 이를 데 없는 곡입니다. 인간이 얼마나 심오한 존재일 수 있는지 보여주는, 마음을 들여다보는 창문입니다. 굴드는 이게 얼마나 근사한지 다 **안다는** 식으로 이 곡을 연주합니다."

J. S. 바흐의 〈골드베르크 변주곡 (BWV 988)〉, 글렌 굴드의 1981년 녹음.

E. G.는 여행, 음식, 영화, 그리고 음악에 왕성한 호기심을 보인다. 젊었을 때 고국인 베네수엘라를 떠나 음악을 공부하려고 미국에 왔다.

"열다섯 살에 이 곡을 처음 들었는데요. 나를 파괴하고 다시 일으켜 세웠습니다. 지금도 순수한 이 에너지의 결정체에서 힘을 얻습니다. 그것은 하늘에서 뚝 떨어져서 모든 것을 부쉈습니다. 그때까지 메탈은 아프리카 횡키 리듬과 아무런 연결이 없었어요. 앵글로와 게르만의 공세였죠. 누구도 헤비한 음악을 그토록 근사한 그루브로 만들지 못했어요. 곡이 시작되면 내 몸은 움직이지 않을 수 없습니다. 기타는 당신의 손가락을 부푼 풍선 쪽으로 끌고 가는 느낌을 줍니다. 내장에 대고 말하는 소리죠. 기타리스트가 글리산도로 연주하는데, 뱀 같은 움직임을 보이는 음습한 글리산도 주법이 하나 있습니다. 레고블록 메탈과는 달랐고 살짝 메스꺼움이 들었어요. 그렇게 진부하지 않은 불협화음이 있었는데 깔끔하고 초인적인 정확성으로 균형을 맞췄습니다. 나는 마흔네 살이 된 지금도 사랑하지만, 이 곡을 들으면 열다섯 살의 나로 돌아갑니다. 그냥 추억이 아니에요. 다시 열다섯 살이 **되니까요**."

판테라의 ⟨Mouth for War⟩, 1992년.

T. B.는 외동아들로 자란 미술가다. 고등학교 규율에 반항하여 도서관으로 도망쳤고, 그곳에 틀어박혀 회화와 조각 책들을 탐독했다.

"이미지들이 내 눈앞에 펼쳐졌습니다. 내가 눈으로 **본** 최초의 음반이었어요. 말할 수 없이 개인적이었고 너무도 이상했습니다. 가사, 목소리 사운드, 배경음, 브레이크까지. 팝이지만 또 팝이 아니에요. 고도로 잘 짜인 구성이지만 느슨하기도 하고요. [예술가] 자신에게 중요한 뭔가에 대해 혼잣말을 하는 느낌을 받았어요. 나에게 예술은 이렇게 해야 한다는 깨달음을 주었습니다. 음악의 **모습**과 관련하여 내 눈을 뜨게 했죠. 당시 나는 초현실주의에 한창 빠져 있었는데, 이 음반은 익숙한 이미지를 생소하게 배열하여 음악의 초현실주의라고 할 만했습니다."

비틀스의 ⟨I Am the Walrus⟩, 1967년.

C. S.는 클래식 훈련을 받은 피아니스트다. 일본에서 태어나

고 자랐다. 그녀는 무대에서 혼자 연주하든 자신의 아방가르드 밴드를 이끌든 심장이 멎는 듯한 흥분을 안겨준다.

"내게 스튜디오의 힘을 보여준 음반입니다. 들을 때마다 다른 것이 들립니다. 다른 음반들은 나이가 들면서 멀어지는데 이건 계속 찾게 되는 노래입니다. 내가 하는 일에 필요한 나침반 같아요. 음울함이, 어둠이 있습니다. 내가 끌리는 것들이죠. 거의 무덤 너머에서 말하는 것처럼 들립니다. 에밀리 디킨슨이 자기 시신을 내려다보는 느낌이랄까. 어두운 음악은 감정의 배출구가 됩니다. 우리가 아직 여기 있음을 축하하니까요. 항상 그 자리에서 환히 비추는 등불 같아서 계속해서 사랑에 빠지고 맙니다."

시이나 링고의 〈宗敎(종교)〉, 2003년.

W. M.은 별종(본인의 표현으로는 '철부지 조랑말')이다. 그녀의 독특한 버릇과 표현력을 보고 있으면 인간의 모습을 한 음악이 이렇지 않을까 싶다. 그녀는 말을 배우기도 전에 음악과 사랑에 빠졌고 지금까지 사랑을 이어가고 있다.

"이 노래를 처음 들었을 때가 열세 살이었습니다. 이 노래는 내 마음을 완전히 망가뜨렸고 나의 존재를 바꿔놓았습니다. 당시 얼마 전에 부모님이 이혼해서 나는 슬픔과 상실감, 고뇌, 불안에 시달렸습니다. 밖으로 드러내진 않았지만 극심한 내적 갈등을 겪고 있었고 여과되지 않은 충동을 느꼈지요. 그런데 이 음반을 들고 (강제로) 어른이 된 것 같았고, 내가 컸을 때 어떤 모습일지 살짝 엿볼 수 있었습니다. 그녀의 코드가 질문처럼 들렸어요. 뿌리를 내리지 않고 유예된 느낌이었습니다. 어디에서 오는 코드인지 혼자서 곰곰이 생각하게 되죠. 밥 딜런의 가사가 여행하는 느낌을 준다면, 이 음반은 코드를 통해 여행의 느낌을 내게 주었습니다."

조니 미첼의 〈Don Juan's Reckless Daughter〉, 1977년.

A. R.은 건축업계에서 일한다. 그의 삶은 우여곡절이 많았다. 키가 아주 크고 건장한 체구지만 자연을 사랑해서 동물과 아이들이 그를 엄청 따른다.

"멜로디가 마치 부활의 노래 같습니다. 나쁜 상황을 묘사하며 시작하지만 결국에는 이겨냅니다. 시작과 중간, 끝이 다 좋습니다. 엄숙한 분위기지만 행복과 희망이 있어요. 분노하지 말자는 기류가 바탕에 깔려 있습니다. 힘든 시기를 이겨낸 뒤의 이런 평온함이 마음에 듭니다. 나는 항상 수줍음 많고 내향적이었고 맞서기를 싫어했어요. 그러니 이런 노래와 사랑에 빠지는 건 너무도 쉬웠죠. 핵폭탄이 떨어진다 해도 나는 이 음반을 들을 겁니다."

그레이트풀 데드의 〈Brokedown Palace〉(뉴저지 라이브), 1988년.

음악적 로맨스가 이토록 다양하다는 것은 음악을 발전시키는 힘이자 음악이 세상에 존재하는 이유다. 저마다 음악을 갈망하는 마음이 모여 마르지 않는 영감의 샘이 된다.

이 책을 다 읽었다면 이제 여러분이 좋아하는 음반을 다시 꺼내 들어보자. 면밀히 듣자. 휴대폰 없이 집중해서. 여러분 마음속에서 울림이 이는 가장 깊은 통로어 주파수를 맞추자. 선입견을 벗어놓고 여러분을 황홀경으로 이끄는 음악의 특별한 차원에 집중하기 시작하면 여러분 자신에 대해 진정한 무엇을 알게 될 것이다. 그리고 어쩌면 다른 사람들과 연결되는 새로운 방법을 발견하게 될 수도 있다.

나가며

나와 공저자 오기는 음반 소개 모임으로 협업을 시작했다. 서로의 음악 취향이 완전히 다르다는 것을 알아차리기까지 오래 걸리지 않았다. 한 명씩 자기가 좋아하는 곡을 틀었다. 서로에게 좋은 인상을 주고 싶은 마음이 있겠지만, 그래서는 음반 소개 모임의 정신에 맞지 않는다. 음반 소개 모임은 무엇보다 솔직해야 한다. 오기는 다양한 음반을 가져와 틀었지만 어느 것 하나 나의 최적 지점을 건드리지 못했다. 그리고 그 역시 나의 음악적 선택에 깊은 호기심을 보였지만 그의 마음을 흔들리게 하는 음반은 없었다. 음악에 관한 한 우리는 거의 완전히 정반대의 보상을 구하는 사람이었다.

스튜디오에서 조용한 순간이면 나는 음반 제작자들에게 대놓고 좋아한다고 말하기 어려운 길티 플레저 음반이 무엇인지 묻는다. 그런 고백이 많은 것을 말해줄 수 있기 때문이다. 우리가 은밀하게 아끼는 음반은 남들이 알지 않기를 바라는 우리의 음악적 자아의 일면을 반영한다. 내 차례가 되었을 때 나는 알이오 스피드 왜건의 〈One Lonely Night〉를 좋아한다고 털어놓는다. 1970년대와 1980년대에 큰 인기를 누렸던 소프트 록 밴드의 감상적인 발라드 곡이다.

우리의 음반 소개 모임이 막바지에 이르자 오기와 나는 서로의 청취 프로필을 대충 파악할 수 있었다. 이제 좀 더 깊이 들여다볼 시간이었다. 길티 플레저 음반이 뭐예요? 나는 〈One Lonely Night〉라고 말했고, 오기는 양처럼 소심하게 자신의 선택을 말했다. 팀 블레이크 넬슨의 〈Cool Water〉였다.

드디어 연결이 생겼다!

오기와 나는 비록 다른 음악적 거리에 살지만 마지막에서 예기치 않게 기분 좋은 교차로를 찾았다. 카우보이 음악이다. 진 오트리, 선스 오브 더 파이오니어스, 몬태나 슬림, 마티 로빈스가 하는 음악이다. 사적인 공상이 음악을 들을 때 우리를 아주 다른 장소로 데려가지만, 그럼에도 우리가 함께 즐길 수 있는 한 가지 종류의 음악이 있었던 것이다.

웨스턴 음악이라고도 하는 카우보이 음악은 사촌인 컨트리 음악과는 다른 느낌이다. 나에게 카우보이 음악을 특징짓는 것은 고독한 로맨스다. 카우보이 음악을 들으면 낙관적이고 용감무쌍한 정신 속에 외로움이 숨겨져 있다는 느낌을 받는다. 마치 개가 노래하는—그럴 수 있다면—것처럼 들리며 다른 어떤 동물도 개와 같은 식으로 외로움을 표현하지 않는다. 이 음반의 단순함은 내가 동물과 함께 있을 때 느끼는 순수한 사랑과 연결된다. 카우보이 음악을 들으면 다음 모험으로 떠날 때 나는 먼지 냄새와 말의 목에서 올라오는 온기가 느껴진다.

오기에게 카우보이 음악은 광대한 하늘과 끝없이 펼쳐진 지대가 맞닿은 가운데 외로운 여행자가 저 멀리서 덤불을 헤치고 의기양양하게 다가오는 광경을 떠올리게 한다. 비록 그는 혼자이고 광활한 자연에 비하면 한 줌밖에 안 되지만, 그의 정신은 살짝 우울함이 가미될지언정 꿋꿋하고 쾌활하다. 카우보이 음악은 오기에게 항상 미지로, 우리 모두를 기다리고 있는 궁극적인 미지로 떠나는 상상을 하게 한다. 슬픔, 후회, 두려움에 결코 굴복하는 일 없이 단순한 인간의 기쁨—노래 부르는 행위도 포함하여—을 추억하며 감흥에 젖는다.

음악은 너무도 내밀하고 개인적으로 느껴질 수 있으므로 음악이 무엇보다 나눔의 형식이라는 사실을 잊기 쉽다. '들어가며'에서 내가 언급했듯이 음악이 존재하려면 연주자와 듣는 사람이 모두 있어야 한다. 작곡가, 송라이터, 뮤지션은 자신이 어려서 들은 음악과 연결되며, 점차 정교하고 복잡한 음악적 존재가 되면서 자신의 청취 프로필을 갈고닦는다. 그런 그들이 자신의 작품을 내놓기 시작하면 새로운 청자들이 그것을 활용하여 나만의 청취 프로필을 발달시킨다. 우리는 음악으로 나를 표명하며 그런 표명은 우리가 생각하고 말하고 움직이고 옷을 입고 서로와 소통하는 방식을 바꾼다.

저마다 독자적인 방식으로 음악에 반응한다는 것은 음악예술에 다행한 일이다. 그리고 가끔 하나의 음반이 두 사람에게 똑같은 기쁨을 선사한다는 것은 인간에게 다행한 일이다. 그렇게 음악은 말보다 더 깊이 흐르는 연결의 기회를 만든다.

감사의 말

힐러리 클린턴은 언젠가 방송에서 남편 빌과 동반자 관계를 오래 이어가는 비결을 묻는 질문을 받고 이렇게 답했다. "1971년 봄에 대화를 시작했고, 30년이 훨씬 넘은 지금도 대화해요." 수전은 이 말에 깊이 공감한다. 그녀도 1992년 봄에 토미 조던과 음악에 관한 대화를 시작했고, 둘은 지금도 대화한다. 이 책은 그가 없었다면 세상에 나오지 못했다. 책 곳곳에서 반짝이는 통찰력이나 재치는 토미와 함께 싹 틔운 아이디어다.

수전은 재능과 가르침을 준 멘토와 음악적 협업자들에게 감사의 말을 전하고 싶다. 토니 버그, 제프 블랙, 팀 브루크너, 데이비드 번, 리사 콜먼, 짐 크리건, 로벤 포드, 케빈 헌, 제시 존슨, 그레그 커스틴, 닐 라라, 조지 매슨버그, 웬디 멜보인, 크레이그 노시, 스티븐 페이지, 마이클 펜, 샌디 로버턴, 에드 로버트슨, 마크

루벨, 타일러 스튜어트, 알 비 슈어, 트리키, 그레그 웰스, 앤드루 여맨슨. 노래 저작권 해결에 도움을 준 토드 헤러먼은 특별히 언급하고 싶다.

두 사람이 일할 때는 중간에서 손을 들어줄 사람이 필요하다. 수전과 오기는 난관에 빠질 때마다 "톰은 달이지…" 하고 시작하는 문장으로 바로 해결했다. 톰 메이어보다 나은 편집자는, 그리고 노튼보다 나은 출판사는 찾을 수 없을 것이다. 아트 디렉터 스티브 아타르도, 그리고 멋진 표지 디자인을 해준 마이크 페리에게 고맙다. 특별한 배려와 사랑 덕분에 이 책이 날개를 달았다. 교열 담당자 보니 톰슨은 셜록 홈스처럼 꼼꼼하게 문장과 음반 정보를 하나하나 다 살폈다. 은네오마 아마디-오비, 엘리자베스 커, 스티브 콜카, 애나 올러, 스티븐 페이스, 윌 스칼릿은 자신들의 재주를 발휘했다. 아울러 러바인 그린버그 토스탄 에이전시에서 우리를 담당한 팀원들, 짐 러바인, 코트니 파가넬리, 마이클 나르둘로, 멜리사 로랜드에게도 박수를 보낸다.

우리의 아이디어를 시각적으로 멋지게 표현해준 일러스트레이터 한나 피오트로프스카는 특별히 따로 언급하고 싶다.

수전과 오기는 원고를 검토하고 여러 개선점을 제안해준 독자들에게 감사의 말을 전한다. 니콜리나 쿨리잔, 라제쉬와리 두트, C. 크랜들 힉스, 존 데이비스, 캐서린 로젠해머, 스티브 아민, 로리 달튼, 게일 슈워츠, 로빈 플린첨, 세라 로만, 사이 가담, 토풀 알가넴.

　수전은 음악 인지와 청각의 신경과학 분야에서 음악을 이해하고자 열심히 연구하는 지도 교수와 연구자들에게 고마움을 표하고 싶다. 태양보다 빛나는 총명함을 가진 이들이다. 앨버트 브레그먼, 피터 카리아니, 낸시 에트코프, 테쿰세 피치, 에리카 놀스, 대니얼 레비틴, 사이키 루이, 스티븐 매케덤스, 캐럴라인 파머, 아니루드 파텔, 이브-마리 퀸틴. 아울러 버클리 음악대학에서 수업 외에 시간을 할애하여 많은 대화를 나누며 음악에 대한 생각을 말해준 학생들, 교수들, 직원들에게도 감사의 마음을 전한다. 프린스 찰스 알렉산더, 칼 비티, 제러미 번스타인, 채드 블린먼, 실리아 볼가츠, 스티븐 크로스, 매튜 엘러드, 엔리크 곤잘레즈 뮬러, 재러드 한, 애덤 모스코비츠, 앤드루 놀트, 알렉스 프리토, 앤드루 살로, 조시 세벡, 행크 쇼클리, 숀 슬레이드, 에보니 스미스, 코트니 스웨인, 바버라 토머스, 존 와이낫, 스티븐 시아.

　마지막으로, 사랑하는 사람들에게 큰 빚을 졌음을 인정하는 일이 남았다. 수전은 로저스 가족, 조던 가족, 브루크너 가족, 존 사케티, '사촌 마이크' 반 미터가, 오기는 토풀 알가넴, 자인 오가스가 그들이다.

주

들어가며

23면　지미 페이지가 입은 검정색 실크 슈트는 메트로폴리탄 미술관 웹 사이트에서 볼 수 있다. https://www.metmuseum.org/art/collection/search/754663.

36면　인지 심리학자들은 인간의 뇌 하나하나가 그 사람 고유의 극도로 미세하고 어마어마하게 많은 생화학적 사건들의 전개와 오랜 세월의 경험으로 만들어지는 세상에 하나뿐인 것임을 가리키고자 '인지 프로필'이라는 용어를 사용한다.

1장

49면　Susan Orlean, "Meet the Shaggs", *New Yorker*, 1999에서 인용.

50면　John DeAngelis, 《The Shaggs》(Rounder Records, 1988)의 라이너노트에서 인용.

53면　인터뷰에서 디자이너 세실 발몽이 한 말이다. "18세기인가 19세기에 프리드리히 실러가 주장한 흥미로운 개념이 있습니다. 소박한naïve 예술과 감상적인sentimental 예술의 대립이 그것입니다. 어떤 것을 위해 대단히 힘들게 애쓰는 예술, 그것을 강압적으로 관철시키는 예술, 강압적으로 작동하게 하는 예술은 감상적입니다. 소박한 예술에서는 다른 것이 부각됩니다. 원시예술은 우리가 소박한 예술이라고 부르는데, 단순하다는 뜻이 아닙니다. 바흐나 셰익스피어 같은 진정한 천재는 소박합니다. 비록 작품들은 구성의 극치이지만 그럼에도 소박합니다. 왜냐하면 여러분에게 곧장 다가가서 여러분 안으로 들어가기 때문이지요. 셰익스피어의 연극을 본다고 하면 여기[가슴을 가리키며] 있어요. 여러분에게 직접 말을 겁니다. 하지만 크리스토퍼 말로의 연극이나 혹은 그다지 재능이 없는 누군가가 쓴 연극을 본다면, 여러분은 작가가 관철시키려고 애쓴다는 것을 알아봅니다. 작품 속에 묻히려고 **애쓰는** 층위들을 인식하게 됩니다. 그런 작품은 여기[머리를 가리키며] 있어요. 극단적일 수 있는 논의지만 흥미롭습니다."

56면   빈스 알레티가 1971년 8월 5일 자 『롤링 스톤』 잡지에서 스티비 원더의 앨범 《Where I'm Coming From》을 리뷰하면서 한 말이다. 원더는 곧바로 해결책을 찾아냈던 모양이다. 후속작으로 《Music of My Mind》《Talking Book》《Innervisions》《Fulfillingness' First Finale》《Songs in the Key of Life》 이렇게 다섯 장의 걸작을 연이어 내놓는 전례 없고 믿기지 않는 위업을 이루었기 때문이다.

57면   토니 버그는 로스앤젤레스에 있는 차이트가이스트 스튜디오에서 음반을 작업한다. 그가 하는 모든 프로젝트는 음악예술의 수준을 높이는 것에 목표를 두고 있으며 팝 차트 성공에는 관심이 덜하다는 점에서 그는 순수주의자다. 수십 년 넘게 오랜 세월 일하면서 여러 일급 프로듀서, 엔지니어, 스튜디오 뮤지션, 아티스트에게 영향을 주었고 그들이 로스앤젤레스 너머에서 인정받는 데 기여했다. 영광스럽게도 나는 미네소타를 떠나 고향에 돌아온 뒤에 그의 밑에서 일하며 여러 장의 앨범을 엔지니어링했다. 토니의 작업을 지켜보면서 음반 프로듀싱에 대해 배웠다.

58면   John DeAngelis, 《The Shaggs》(Rounder Records, 1988)의 라이너노트에서 인용.

2장

89면　　　노벨상을 수상한 뇌과학자 에릭 캔들은 『어쩐지 미술에서 뇌과학이 보인다』(이한음 옮김, 프시케의숲 2019)라는 멋진 책에서 우리의 뇌가 폴록의 회화를 지각하는 묘한 방식을 이렇게 설명한다 "그의 작품에는 강조하는 지점도, 알아볼 만한 부분도 없다. 중심 모티브가 없어서 시선 바깥을 보도록 부추긴다. 그 결과 우리의 눈은 계속해서 움직인다. 시선이 캔버스에 고정되거나 초점을 맞추지 않는다. 액션 페인팅이 우리에게 활기차고 역동적으로 보이는 이유다." 추상미술이 종종 헤르만 로르샤흐의 잉크 반점과 비슷하게 보이는 것은 우연이 아니다. 둘 다 보는 이의 내면을 드러내는 주관적인 반응을 끌어내기 위해 만들어지는 것이다. 사진의 효과를 포함한 사실주의와 추상주의 회화의 논의는 캔들의 책에서 아이디어를 가져왔다.

3장

113면　　　빌보드 차트는 음반 판매, 라디오 방송, 스트리밍을 포함한 모든 포맷으로 된 모든 음악의 미국 내 소비가 다 반영된다. 라이언 시크레스트가 진행하는 아메리칸 탑 40는 소유주가 직접 밝혔듯이 주로 어덜트 컨템포러리 음반을 바탕으로 집계한다. 빌보드가 더 포괄적이어서 업계 표준으로 사용되는 것이다.

114면-1　　　의사소통 및 정보 전문가 크리스토퍼 번스는 팟캐스트 「포인트 오브 인콰이어리」에서 말하기를 인간이 유능한 학습자로 진화했다고 한다. 문제는 배우고 나면 잊기가 너무도 어렵다는 것이다.

114면-2　　　유명한 뮤지션들도 가끔은 아이들에게 인기를 얻으려고 의도적으로 단순하게 만든 음악을 녹음한다. 베어네이키드 레이디스의 〈Snacktime!〉, 피터 히멀먼의 〈My Green Kite〉, 오조매틀리의 〈Ozokids〉, 데이비드 그리스먼과 제리 가르시아의 〈Not for Kids Only〉, 지기 말리의 〈Family Time〉 같은 곡들이 그런 예에 해당한다.

115면　　　전통 음악 스타일도 성장할 수 있다. 다만 익숙한 음악 형식이 도를 넘는 것이 못마땅한 청자들은 대체로 여기에 저항한다. 사운드가든과 펄 잼은 그런지 음악 신에 등장하여 전통 록 팬들에게 인정을 받았다. 기본적인 록의 바탕을 지키면서 시의적절하게 확장하여 독창성을 더했기 때문이다. 펄 잼보다 한 세대 젊은 미시건 록 밴드 그레타 반 플릿은 광범위한 팬들을 얻는 데 훨씬 어려움을 겪고 있다.

그레타 반 플릿은 언론의 총애를 받았고, 로버트 플랜트를 연상시키는 조시 키스카의 놀라운 보컬을 포함하여 차세대 거물 록 밴드가 될 자질을 모두 갖춘 듯 보였다. 하지만 록 뮤지션은 용감무쌍함이라는 덕목을 지켜야 한다. 록 음악은 무대에서 청중에게 몸을 던지는 관습이 있다. 더 후의 피트 타운젠드가 기타를 부수고, 너바나의 커트 코베인이 데이브 그롤의 드럼 세트를 향해 몸을 던진 것은 록 음악의 본질인 용감무쌍함을 보여주는 행위였다. 불행히도 운명의 그날 밤, 그레타 반 플릿은 그런 대담함에 부응하지 못했다. 2019년 초에 나는 수많은 청자들과 함께 그들이 「새터데이 나이트 라이브」에서 연주하는 것을 지켜보았다. 첫 곡이 끝날 때 기타 연주자가 이상한 행동을 했다. 마치 드럼 세트를 향해 돌진할 것처럼 하다가 마지막 순간에 주저하여 몸을 앞으로 뺐다. 나는 뭔가가 훅 찌르는 느낌을 받았다. 그런 포기의 동작이 록 팬들에게 어떻게 보일지 알았다. 아니나 다를까, 다음 날 아침 음악 블로그에 오른 글들은 결코 호의적이지 않았다.

121면 보스턴에서 열린 한 디너파티에서 내가 비틀스의 열혈 팬이 아니며 슬라이 앤 더 패밀리 스톤을 더 좋아한다고 밝히자 맞은편에 앉은 남자가 '허세를 부린다'며 면박을 주었다. 그는 존과 폴보다 슬라이를 더 좋아한다는 내 말이 그저 관심을 끌려는 술책이라고 했다. 서글프고 당혹스러운 그 사건이 이 책을 쓰는 동안 머릿속에 계속 남았다.

124면 그레그 커스틴의 작곡과 프로듀싱 능력은 아델의 〈Hello〉〈Easy on Me〉, 켈리 클락슨의 〈Stronger (What Doesn't Kill You)〉, 매런 모리스의 〈Girl〉 등을 포함해 수상 경력을 자랑하는 그의 수많은 히트곡 목록만 봐도 알 수 있다.

125면 전기 회로 개조는 로파이 신시사이저나 아이들 장난감 같은 싸구려 전자 장비의 일부를 뜯고 부품을 단락시켜 독특하고 임의적인 소리를 얻는 기술을 말한다. 노이즈 음악의 두드러진 특징이며 라이브 무대에서도 종종 이렇게 한다. 아케인 디바이스의 〈Jacob's Ladder〉에서 그 예를 들을 수 있다.

129면   야외 음악 페스티벌 장면을 담은 유튜브 동영상 「First Follower: Leadership Lessons from Dancing Guy」를 보면 3분 동안 유행이 만들어지는 과정을 볼 수 있다. 버클리 학생이었고 CD 베이비의 창립자인 데릭 시버스가 해설을 맡았다. 영상이 시작하면 웃통을 벗은 한 남자가 춤을 추고 있다. 음악에 맞춰 거리낌 없이 춤추는 유일한 사람이다. 나머지 청중들은 자리에 가만히 앉아 있다. 그러나 '첫 번째 모방자'가 용감하게 나서서 춤추는 남자와 합류하자 다른 사람들도 재빨리 합류한다. 음악적 유행도 시간이 훨씬 오래 걸릴 뿐 이런 식으로 만들어진다.

136면   이 사실은 보스턴에서 '커버 밴드'가 유독 인기를 누리는 현상을 이해하게 해준다. 내가 관찰한바 다른 주요 도시들에서보다 훨씬 인기가 많았다. 보스턴은 도시 크기에 비해 전문대학과 종합대학이 유난히 많다. 공부에 지친 많은 학생들은 밤에 술집에서 한잔 즐기면서 독창적이고 낯선 음악에 집중할 여력이 없다.

4장

150면   다큐멘터리 「시나트라: 올 오어 낫싱 앳 올」(2015)에서 이 버전의 곡을 들을 수 있다. 대중음악 스트리밍 서비스에도 올라와 있다.

156면   코드는 셋 이상의 음들이 동시에 연주되는 것이다. 코드의 연속을 코드 진행이라고 한다. 노래의 골격에 해당하는 것이다. 테일러 스위프트의 〈The 1〉을 예로 들면 처음에 피아노가 두 개의 코드를 반복하다가 기타가 또 다른 코드 진행을 더하고, 그런 다음 스위프트의 보컬이 들어와 멜로디를 노래한다.

170면   음악의 요소는 세대나 문화가 다르면 다른 식으로 해석될 수 있다. 새뮤얼 바버의 〈현을 위한 아다지오〉(영화 「플래툰」의 주제곡으로 잘 알려져 있는)는 세상에서 가장 슬픈 멜로디로 불린다. 하지만 바버가 자주 우울하긴 했어도 이 곡을 슬픈 음악이라고 생각했다는 정황은 없다. 1936년 여름에 작곡했는데 그의 삶에서 유난히 행복했던 시기였다. 작곡을 마치고 그는 한 친구에게 이렇게 편지를 썼다. "오늘 사중주곡의 느린 악장을 마무리했어. 끝내주는 곡이야!" 음악사를 가르치는 교수인 루크 하워드는 학술지 『아메리칸 뮤직』에 이 곡이 장례식에서 사용되는 것은 바버의 의도가 아니었다고 썼다. 프랭클린 델러노 루스벨트와 존 피츠제럴드 케네디가 세상을 떠났을 때 이 곡의 연주가 방송되면서 미국에서 '거의 공식적인 애도의 노래'가 되었다. 오늘날 이 곡은 음악에서 '슬픔'이 어떻게 표현되는지 보여주는 문화적 모델이다.

171면　　조너선 피슬라크는 『소리의 목표물: 이라크 전쟁에서 미군과 음악 Sound Targets: American Soldiers and Music in the Iraq War』이라는 책에서 전략의 목표가 노리에가를 불안하게 만드는 것이라기보다 미군의 사기를 높이기 위함이었다고 주장하는 사람도 있다고 말한다.

174면　　음높이는 크로마(음이름)와 높이라는 두 가지 속성이 있다. 피아노 건반을 보면 열두 개 반음으로 이루어진 옥타브가 총 일곱 개다(크로마 열둘, 높이 일곱). 인간 외의 동물도 주파수 비율이 2:1인 두 음(한 옥타브 간격)을 뇌에서 같은 음으로 지각한다. 여기서 착안하여 심리음향학자 로저 셰퍼드는 크로마와 높이로 상승 나선을 만들었다. 모든 크로마가 한 옥타브 아래인 같은 크로마 바로 위에 놓이는 식으로 하여 소용돌이를 그리며 계속 올라가는 나선이다. 같은 크로마는 똑같이 지각되므로 컴퓨터로 만든 음높이를 이렇게 배열하면 청각적 착각을 일으킨다.

열두 개의 반음을 일렬로 나열하여 청자에게 하나씩 들려주면 음높이가 점점 올라가는 느낌을 준다. 열두 음을 다 듣고 나면 시작했던 것보다 한 옥타브 위가 되며, '옥타브 동질성' 때문에 지각적으로는 처음으로 돌아가 있다. 마치 계단이 끝없이 올라가는 M. C. 에스허르의 유명한 시각적 착시처럼 셰퍼드 톤은 한없이 올라가는 느낌을 준다.

5장

184면　시의 연구(Belfi, Vessel, and Starr, 2017)를 보면 생생한 이미지가 시의 매
력에서 가장 중요한 요인인데, 이야기를 상상하는 것이 우리가 음악을 들을
때 하는 가장 흔한 행위임을 생각하면 음악의 가사에도 똑같이 말할 수 있다.

185면　내가 프린스와 일하면서 팬레터가 쏟아지는 장면을 목격한 것은 이때
가 유일했다. 매니저가 이렇게 몰려드는 우편물 가방에 대처할 방법이 없다
고 보고 팬레터가 다른 주소로 배달되도록 곧바로 조치를 취했기 때문이다.

188면　목소리가 보코더나 오토튠을 통해 과한 필터링을 거쳐 악기 소리에
가깝게 변경되면, 우리의 뇌는 신호를 ‘노래의 영역’에서 처리하기보다 악기
로 듣게 된다(Lévêque and Schön, 2015).

6장

228면　MBEA에 관심이 있는 사람은 온라인으로 무료 검사를 받을 수 있다.
http://musicianbrain.com/mbea/. 제법 재밌다!

235면　아니루드 파텔과 연구팀은 스노볼의 박자 감응 능력을 알아보려고 인
디애나로 찾아갔다. 그들은 음악의 템포를 다양하게 준비해 들려주었고, 스
노볼이 동작의 템포를 자발적으로 조절해가며 음악에 동조하는 것을 보았
다(Patel, Iversen, Bregman, and Schulz, 2009).

239면　관심 있는 독자는 해당 논문을 흥미롭게 읽을 수도 있다. 테쿰세 피
치의 연구는 학술적이면서 경이롭다. W. Tecumseh Fitch, “Four Principles
of Bio-musicology,” *Philosophical Transactions of the Royal Society B:
Biological Sciences* 370, no.1664 (2015): 20140091. https://doi.org/10.1098/
rstb.2014.0091.

241면　일레인 빈스는 TV 시트콤 「사인펠드」(1989-98)에 등장하는 인물이다.
유명한 한 에피소드에서 그녀는 비웃음을 살 만큼 형편없는 춤 솜씨를 보여
주었다.

248면　〈Poinciana〉에서 드러머는 스네어드럼 아래에 걸려 있는 ‘스네어’를 풀
어 톰톰과 비슷한 소리를 낸다.

7장

261면-1　소리나 단어의 마지막을 이어지는 단어의 시작과 똑같이 맞추는 경우도 있다. 가사를 쓰는 사람은 이런 식의 운韻을 활용하여 가사에 활기를 더할 수 있다. 게기 타의 〈Sacred Cow〉에 이런 대목이 나온다. "What song reminds you of when / Life was home on the dangerous / Which side of the tracks are you on?" 토미 조던은 'dangerous'의 끝과 'Which'의 시작을 이어 붙여 'switch side'처럼 들리도록 노래한다.

261면-2　리세 아첼레란도 효과는 템포가 계속해서 빨라지는 것처럼 들리는 착청이다. 지각의 재조정이 자동으로 일어나면서 이런 효과가 생기는 것이다. 컴퓨터 음악의 선구자 장-클로드 리세가 이 실험을 고안했다고 해서 이런 이름이 붙었다. 드럼 비트가 갈수록 빨라져서 마침내 우리의 뇌가 불가능하다고 여기는 속도에 도달하면 뇌로 들어오는 소리의 흐름이 자동으로 재조정된다. 타악기의 타격이 더 큰 '덩어리'로 무리 지어져서 사실상 템포가 느려지게 된다.

268면　멜로디, 가사, 리듬의 지각과 비교하여 음색의 지각이 유독 복잡한 것은 음색의 종류가 엄청나게 다양한 것 외에, 옛 바이올린과 새 바이올린을 비교하면서 보았듯이, 우리가 예전에 소리를 경험한 것과 연결되기 때문이기도 하다. 음색은 소리를 내는 출처의 정체를 드러낸다. 그리고 악을 쓰는 아기 울음소리, 시시덕거리는 귓속말, 가까워지는 사이렌 소리, 문자메시지 알림음에서 보듯 많은 소리의 출처가 주의를 잡아끈다. 우리는 어떤 소리를 듣고 과거의 경험에 근거하여 보상이나 벌로, 적절하거나 무의미한 것으로, 기대를 주거나 의욕을 꺾는 것으로 범주화한다.

274면　우리가 듣는 거의 모든 소리는 귓바퀴를 통해 고막으로 들어온다. 그 외에 뼈가 내는 소리, 우리 몸 안에서 만들어지는 소리가 있다.

277면　알루리 등이 쓴 논문에서 인용한다. "음색의 측면은 주로 대뇌의 지각 부위와 기본값 모드 부위, 그리고 소뇌의 인지 부위를 활성화한다. 이와 대조적으로 음과 리듬의 측면에서는 자연적인 자극을 들을 때 감정과 관련되는 피질하 부위, 그리고 인지와 체운동을 맡는 뇌피층 부위가 활성화하는 것을 우리가 처음으로 관찰했다."

279면-1 각자 연결되어 독자적으로 처리한다는 것은 좋아하는 노래를 부적절한 상황에서 들을 때 혐오스럽거나 달갑지 않게 느껴질 수 있는 이유를 설명해준다. 좋아하는 음반의 모든 음악 요소를 사랑하더라도 연인과 돈 문제로 다투고 있을 때 듣는다면 똑같이 들리지 않는다. 여러분의 미적 회로가 보상 회로에게 부적절하다고 주의를 주기 때문이다.

279면-2 우리는 어릴 때 다양한 악기들을 듣고 음색을 판별하는 법을 배운다. 이렇게 습득된 지식을 '음색의 틀'이라고 하며 이것은 악기뿐만 아니라 보컬도 마찬가지다(Handel and Erickson, 2004).

8장

298면 음악 인지와 관련하여 '뮤지션'(음악가)이라는 말은 어릴 때부터 정규 음악 훈련을 최소한 5년 이상 받은 사람을 가리킨다. 우리 뇌가 가장 유연한 시기에 음악 연습을 하면 신체 변화가 일어난다. 전체적인 청각 경로가 두툼해지고 튼튼해지며 청각 신경에 추가적인 '가지'가 자라 비슷한 소리를 더 잘 구별할 수 있다.

훈련받은 뮤지션은 코드를 **분석적으로** 들을 줄 안다. 청각계가 코드를 이루는 각각의 음을 듣고 분간한다. 이런 능력은 수프를 한 입 먹고 그 안에 무엇이 들어갔는지 알아내는 절대미각 소유자의 능력과 비슷하다. 뮤지션이 아닌 사람들은 대체로 코드를 이루는 음들을 따로 듣지 못한다. 종합적으로 듣는다. 그러니까 코드를 하나의 소리적 대상으로 듣는다.

코렐로그램 자료관에서 제공하는 'ASA25―분석적 음높이 vs. 종합적 음높이"라고 하는 미국음향학회 오디오 시연을 들어보면 여러분이 분석적으로 듣는지 종합적으로 듣는지 알 수 있다. (웹사이트에 주소를 올려놓았다.) 여러분은 소음을 배경으로 두개의 음을 듣는다. 음높이가 올라가는가, 내려가는가? 내려가게 듣는다면 여러분은 분석적으로 듣는 것이다. 올라가게 듣는다면 종합적으로 듣는 것이다. 어째서 이런 차이가 날까?

분석적 청취 vs. 종합적 청취 테스트

처음에 들은 음은 주파수가 두 개로 1000Hz와 800Hz다. 두 번째 음 역시 주파수가 두 개로 1000Hz와 750Hz다. 분석적 청자는 800Hz가 750Hz로 떨어진 것을 듣기 때문에 음높이가 내려가는 것으로 듣는다. 이와 달리 종합적 청자는 200Hz에서 250Hz로 음높이가 **올라가는** 것으로 듣는다. 종합적 청자의 귀에 첫 번째 음은 동시에 들리는 두 주파수(1000Hz와 800Hz)의 차이에 해당하는 200Hz로 들린다. 두 번째 음은 1000Hz와 750Hz의 차이에 해당하는 250Hz로 들린다.

313면　'크로스오버 싱글'이란 충분한 음반 판매와 라디오 방송 횟수를 기록해, 세분화된 차트뿐만 아니라 싱글 차트(핫 100)에도 오른 노래를 가리키는 말이다. 좋은 싱글이 처음에 록 차트, 컨트리 차트, 알앤비 차트에 오르지만 핫 100 차트에 진출(크로스오버)할 만큼 충분하게 방송을 타지 못하는 경우가 너무도 많다.

324면　앨범《Stunt》에서 맨몸으로 녹음한 노래는 〈Contrary〉라는 곡인데 앨범에 수록되지는 못했다. 앨범을 거의 다 녹음하고 〈Contrary〉를 시작할 차례가 되었을 때 드러머 타일러가 말했다. "이봐, 우리 아직 맨몸 노래를 하지 않았어." 그의 입에서 '맨'이라는 말이 나오기가 무섭게 다섯 명 모두 옷을 벗었다. (아마 신발은 그대로 신고 있었을 것이다.) 평소처럼 대여섯 테이크를 녹음하고 나서 그들에게 컨트롤 룸으로 들어오라는 손짓을 했다. 나는 그들이 옷을 입은 줄 알았는데, 콘솔에서 고개를 들었을 때 벌거벗은 남자들이 내 뒤에 일렬로 서 있었다. 그들은 녹음된 것을 듣더니 평소처럼 몇 마디 의견을 말했고, 그런 다음 프런트에 가서 스튜디오 매니저에게 1달러 잔돈이 있으면 빌려달라고 했다. 나는 눈물 나게 웃었다. 그들은 나를 자기들 중 한 명으로 대하고 있었다.

음악 상식, 오 그래?!

Bannister, Scott. "A Vigilance Explanation of Musical Chills? Effects of Loudness and Brightness Manipulations." *Music & Science* 3 (2020). https://doi.org/2059204320915654.

Belfi, A. M., and P. Loui. "Musical Anhedonia and Rewards of Music Listening: Current Advances and a Proposed Model." *Annals of the New York Academy of Sciences* 1464, no. 1 (2020): 99~114.

Castro, São Luís, and César F. Lima. "Age and Musical Expertise Influence Emotion Recognition in Music." *Music Perception: An Interdisciplinary Journal* 32, no. 2 (2014): 125~42.

Kirschner, Sebastian, and Michael Tomasello. "Joint Music Making Promotes Prosocial Behavior in 4-Year-Old Children." *Evolution and Human Behavior* 31, no. 5 (2010): 354~64.

Levitin, Daniel J., and Susan E. Rogers. "Absolute Pitch: Perception, Coding, and Controversies." *Trends in Cognitive Sciences* 9, no. 1 (2005): 26~33. https://doi.org/10.1016/j.tics.2004.11.007.

Mas-Herrero, Ernest, et al. "Dissociation Between Musical and Monetary Reward

Responses in Specific Musical Anhedonia." *Current Biology* 24, no. 6 (2014): 699~704.

Mas-Herrero, Ernest, et al. "Individual Differences in Music Reward Experiences." *Music Perception: An Interdisciplinary Journal* 31, no. 2 (2012): 118~38.

Panksepp, Jaak. "The Emotional Sources of 'Chills' Induced by Music." *Music Perception* 13, no. 2 (1995): 171~207. https://doi.org/10.2307/40285693.

Patel, Aniruddh D., et al. "Speech Intonation Perception Deficits in Musical Tone Deafness (Congenital Amusia)." *Music Perception* 25, no. 4 (2008): 357~68. https://doi.org/10.1525/mp.2008.25.4.357.

Peretz, Isabelle, and Dominique T. Vuvan. "Prevalence of Congenital Amusia." *European Journal of Human Genetics* 25, no. 5 (2017): 625~30. https://doi.org/10.1038/ejhg.2017.15.

Sanes, Dan H., and Sarah M. N. Woolley. "A Behavioral Framework to Guide Research on Central Auditory Development and Plasticity." *Neuron* 72, no. 6 (2011): 912~29.

Serafine, Mary Louise. *Music as Cognition: The Development of Thought in Sound.* New York: Columbia University Press, 1988.

Zamm, Anna, et al. "Pathways to Seeing Music: Enhanced Structural Connectivity in Colored-Music Synesthesia." *Neuroimage* 74 (2013): 359~66. https://doi.org/10.1016/j.neuroimage.2013.02.024.

1장

Anderson, Thomas. "In the Studio with the Shaggs." *Blurt.* Published online 2016. Accessed February 2020. https://blurtonline.com/feature/in-the-studio-with-the-shaggs/.

Balmond, Cecil, and Eric Ellingsen. "Survival Patterns." In *Models*, vol. 11, edited by Emily Abruzzo, Eric Ellingsen, and Jonathan D. Solomon. New York: 306090 Books, 2007. (Page 27.)

Christoff, Kalina, et al. "Mind-Wandering as Spontaneous Thought: A Dynamic

Framework." *Nature Reviews Neuroscience* 17, no. 11 (2016): 718~31.

Chusid, Irwin. "The Shaggs: Groove Is in the Heart." In *Songs in the Key of Z: The Curious Universe of Outsider Music*, 4~11. Chicago: A Capella Books, 2000.

DeAngelis, John. Liner notes. *The Shaggs*. Rounder CD11547. 1988.

Dickinson, Emily. Letter to Thomas Higginson. L459a. 1876. Reproduced in *The Complete Poems of Emily Dickinson*. New York: Little, Brown, 1976.

Fishman, Howard. "The Shaggs Reunion Concert Was Unsettling, Beautiful, Eerie, and Will Probably Never Happen Again." *New Yorker*, August 30, 2017. https://www.newyorker.com/culture/culture-desk/the-shaggs-reunion-concert-was-unsettling-beautiful-eerie-and-will-probably-never-happen-again.

Grant, B. Rosemary, and Peter R. Grant. "Songs of Darwin's Finches Diverge When a New Species Enters the Community." *Proceedings of the National Academy of Sciences* 107, no. 47 (2010): 20156~63.

Orlean, Susan. "Meet the Shaggs." *New Yorker*, September 22, 1999. https://www.newyorker.com/magazine/1999/09/27/meet-the-shaggs.

Ronson, Jon. *Jon Ronson On*. Series 6, episode 3, "The Fine Line Between Good and Bad: The Shaggs." Broadcast June 6, 2002; produced by Lucy Greenwell for White Pebble Media and Renegade Pictures, BBC 4. https://www.bbc.co.uk/programmes/b010y002.

Solomon, Jonathan D., Emily Abruzzo, and Eric Ellingsen, eds. *Models*. Vol. 11 of 306090. Princeton, NJ: Princeton Architectural Press, 2008.

2장

Aviv, Vered. "What Does the Brain Tell Us About Abstract Art?" *Frontiers in Human Neuroscience* 8 (2014): 85. https://doi org/10.3389/fnhum.2014.00085.

Christoff, Kalina, et al. "Mind-Wandering as Spontaneous Thought: A Dynamic Framework." *Nature Reviews Neuroscience* 17, no. 11 (2016): 718~31. https://doi.org/10.1038/nrn.2016.113.

Danto, Arthur C. *The Madonna of the Future: Essays in a Pluralistic Art World.*

Berkeley: University of California Press, 2001.

Delaney, Darby. "How Martin Scorsese Perfected the Movie Soundtrack." *Film School Rejects*, July 17, 2018. https://filmschoolrejects.com/how-martin-scorsese-perfected-the-movie-soundtrack/.

Frost, Robert. "Dust of Snow." *New Hampshire*. New York: Henry Holt, 1923.

Galassi, Peter. *Before Photography: Painting and the Invention of Photography*. New York: Morgan Press, 1981. (Page 12.)

Gombrich, Ernst H. *The Essential Gombrich: Selected Writings on Art and Culture*. Edited by Richard Woodfield. London: Phaidon, 1996. (Page 108.)

Kandel, Eric R. *Reductionism in Art and Brain Science: Bridging the Two Cultures*. New York: Columbia University Press, 2016.

Kawabata, Hideaki, and Semir Zeki. "Neural Correlates of Beauty." *Journal of Neurophysiology* 91, no. 4 (2004): 1699~1705. https://doi.org/10.1152/jn.00696.2003.

McDonald, John. "James Turrell: A Retrospective." *Sydney Morning Herald*. February 15, 2015.

Mesquita, Batja, Lisa Feldman Barrett, and Eliot R. Smith, eds. *The Mind in Context*. Guilford, 2010.

Moyle, Franny. *Turner: The Extraordinary Life and Momentous Times of J.M.W. Turner*. New York: Penguin Press, 2016.

Rose, Todd. *The End of Average: How to Succeed in a World That Values Sameness*. New York: HarperOne, 2016.

Rose, Todd, and Ogi Ogas. *Dark Horse: Achieving Success Through the Pursuit of Fulfillment*. New York: HarperCollins, 2018.

Rose, L. Todd, Parisa Rouhani, and Kurt W. Fischer. "The Science of the Individual." *Mind, Brain, and Education* 7, no. 3 (2013): 152~58.

Salle, David. *How to See*. New York: W. W. Norton, 2016. (Page 23.)

Schwartz, Sanford. *Artists and Writers*. New York: Yarrow, 1990. (Page 203.)

Turrell, James. "Aten Reign at the Guggenheim and James Turrell's Skyspaces." Interview posted on YouTube, December 8, 2016. https://www.youtube.

com/watch?v=_rW0N7B5KD4.

———. Interview posted on jamesturrell.com, 2021. https://jamesturrell.com/about/introduction/.

3장

Carpentier, Sarah M., et al. "Complexity Matching: Brain Signals Mirror Environment Information Patterns During Music Listening and Reward." *Journal of Cognitive Neuroscience* 32, no. 4 (2020): 734~45. https://doi.org/10.1162/jocn_a_01508.

Chmiel, Anthony, and Emery Schubert "Back to the Inverted-U for Music Preference: A Review of the Literature." *Psychology of Music* 45, no. 6 (2017): 886~909. https://doi.org/10.1177/0305735617697507.

Ferreri, Laura, et al. "Dopamine Modulates the Reward Experiences Elicited by Music." *Proceedings of the National Academy of Sciences* 116, no. 9 (2019): 3793~98. https://doi.org/10.1073/pnas.1811878116.

Marin, Manuela M., et al. "Berlyne Revisited: Evidence for the Multifaceted Nature of Hedonic Tone in the Appreciation of Paintings and Music." *Frontiers in Human Neuroscience* 10 (2016): 536. https://doi.org/10.3389/fnhum.2016.00536.

Medawar, Peter B. "The Threat and the Glory." In *The Threat and the Glory*. New York: HarperCollins, 1990.

Nicholson, Nigel, et al. "Personality and Domain-Specific Risk Taking." *Journal of Risk Research* 8, no. 2 (2005): 157~75. https://doi.org/10.1080/1366987032000123856.

Percino, Gamaliel, Peter Klimek, and Stefan Thurner. "Instrumentational Complexity of Music Genres and Why Simplicity Sells." *PLOS One* 9, no. 12 (2014): e115255. https://doi.org/10.1371/journal.pone.0115255.

Ridenhour, Carlton. *Chuck D Presents. This Day in Rap and Hip-Hop History*. New York: Hachette, 2017. (Page 7.)

Salimpoor, Valorie N., et al. "Interactions Between the Nucleus Accumbens and

Auditory Cortices Predict Music Reward Value." *Science* 340, no. 6129 (2013): 216~19. https://doi.org/10.1126/science.1231059.

Salimpoor, Valorie N., et al. "Predictions and the Brain: How Musical Sounds Become Rewarding." *Trends in Cognitive Sciences* 19, no. 2 (2015): 86~91. https://doi.org/10.1016/j.tics.2014.12.001.

Sallavanti, Micalena I., Vanessa E. Szilagyi, and Edward J. Crawley. "The Role of Complexity in Music Uses." *Psychology of Music* 44, no. 4 (2016): 757~68. https://doi.org/10.1177/0305735615591843.

Sapolsky, Robert M. *Behave: The Biology of Humans at Our Best and Worst*. New York: Penguin, 2017. (Pages 161~68.)

Serrà, Joan, et al. "Measuring the Evolution of Contemporary Western Popular Music." *Scientific Reports* 2, no. 1 (2012): 1~6. https://doi.org/10.1038/srep00521.

Zuckerman, Marvin. "The Sensation Seeking Scale V (SSS-V): Still Reliable and Valid." *Personality and Individual Differences* 43, no. 5 (2007): 1303~05. https://doi.org/10.1016/j.paid.2007.03.021.

Zuckerman, Marvin, and D. Michael Kuhlman. "Personality and Risk-Taking: Common Bisocial Factors." *Journal of Personality* 68, no. 6 (2000): 999~1029. https://doi.org/10.1111/1467-6494.00124.

4장

Bernstein, Leonard. *Leonard Bernstein's Young People's Concerts*. New York: Anchor, 1962. (Page 201.)

Brown, Steven. "Are Music and Language Homologues?" *Annals of the New York Academy of Sciences* 930, no. 1 (2001): 372~74. https://doi.org/10.1111/j.1749-6632.2001.tb05745.x.

Deutsch, Diana, Trevor Henthorn, and Rachael Lapidis. "Illusory Transformation from Speech to Song." *Journal of the Acoustical Society of America* 129, no. 4 (2011): 2245~52. https://doi.org/10.1121/1.3562174.

"The 500 Greatest Albums of All Time." *Rolling Stone* (October 2020): 41~89.

Published online September 22, 2020. https://www.rollingstone.com/
music/music-lists/best-albums-of-all-time-1062063/.

Grossberg, Stephen, et al. "ARTSTREAM: A Neural Network Model of Auditory
Scene Analysis and Source Segregation." *Neural Networks* 17, no. 4 (2004):
511~36. https://doi.org/10.1016/j.neunet.2003.10.002.

Hardach, Sophie. "Do Babies Cry in Different Languages?" *New York Times*,
November 14, 2019. Published online April 15, 2020. Accessed June 10,
2021. https://www.nytimes.com/2020/04/15/parenting/baby/wermke-
prespeech-development-wurzburg.html.

Howard, Luke. "The Popular Reception of Samuel Barber's Adagio for Strings."
American Music (2007): 50~80.

Kaplan, James. *Frank: The Voice*. New York: Anchor, 2011. (Pages 105~07.)

Mampe, Birgit, et al. "Newborns' Cry Melody Is Shaped by Their Native
Language." *Current Biology* 19, no. 23 (2009): 1994~97. https://doi.
org/10.1016/j.cub.2009.09.064.

McConnell, Patricia B. "Lessons from Animal Trainers: The Effect of Acoustic
Structure on an Animal's Response." In *Perspectives in Ethology*, vol. 9, edited
by P.P.G. Bateson and Peter H. Klopfer. New York: Plenum Press, 1991.

McDermott, Josh H. "Auditory Preferences and Aesthetics: Music, Voices,
and Everyday Sounds." In *Neuroscience of Preference and Choice*, edited by
Raymond Dolan and Tali Sharot, 227~56. Waltham, MA: Academic Press,
2012. https:// doi.org/10.1016/B978-0-12-381431-9.00020-6.

Nummenmaa, Lauri, Vesa Putkinen, and Mikko Sams. "Social Pleasures of
Music." *Current Opinion in Behavioral Sciences* 39 (2021): 196~202. https://doi.
org/10.1016/j.cobeha.2021.03.026.

Orenstein, Arbie. *Ravel: Man and Musician*. New York: Dover, 1991. (Page 98.)

Owings, Donald H., and Eugene S. Morton. *Animal Vocal Communication: A New
Approach*. New York: Cambridge University Press, 1998.

Patel, Aniruddh D., John R. Iversen, and Jason C. Rosenberg. "Comparing the
Rhythm and Melody of Speech and Music: The Case of British English and

French." *Journal of the Acoustical Society of America* 119, no. 5 (2006): 3034~47. https://doi.org/10.1121/1.2179657.

Pieslak, Jonathan R. *Sound Targets: American Soldiers and Music in the Iraq War.* Bloomington: Indiana University Press, 2009. (Pages 82~86.)

Ross, Deborah, Jonathan Choi, and Dale Purves. "Musical Intervals in Speech." *Proceedings of the National Academy of Sciences* 104, no. 23 (2007): 9852~57. https://doi.org/10.1073/pnas.0703140104.

Seyfarth, Robert M., and Dorothy L. Cheney. "Production, Usage, and Comprehension in Animal Vocalizations." *Brain and Language* 115, no. 1 (2010): 92~100. doi.org/10.1016/j.bandl.2009.10.003.

Snowdon, Charles T., and David Teie. "Affective Responses in Tamarins Elicited by Species-Specific Music." *Biology Letters* 6, no. 1 (2010): 30~32. https://doi.org/10.1098/rsbl.2009.0593.

———. "Emotional Communication in Monkeys: Music to Their Ears?" In *Evolution of Emotional Communication: From Sounds in Nonhuman Mammals to Speech and Music in Man*, edited by Eckart Altenmüller, Sabine Schmidt, and Elke Zimmermann, 133~51. Oxford, UK: Oxford University Press, 2013.

Soley, Gaye, and Erin E. Hannon. "Infants Prefer the Musical Meter of Their Own Culture: A Cross-Cultural Comparison." *Developmental Psychology* 46, no. 1 (2010): 286. https://doi.org/10.1037/a0017555.

Wermke, Kathleen, and Werner Mende. "Musical Elements in Human Infants' Cries: In the Beginning Is the Melody." *Musicae Scientiae* (Supplement) 13, no. 2 (2009): 151~75. https://doi.org/10.1177/1029864909013002081.

5장

Amodio, David M., and Chris D. Frith. "Meeting of Minds: The Medial Frontal Cortex and Social Cognition." *Nature Reviews Neuroscience* 7, no. 4 (2006): 268~77. https://doi.org/10.1038/nrn1884.

Appel, Nadav. " 'Ga, ga, ooh-la-la': The Childlike Use of Language in Pop-Rock Music." *Popular Music* 33, no. 1 (2014): 91~108. https://www.jstor.org/

stable/24736973.

Axelrod, Jim. "Journey's 'Don't Stop Believin'" Turns 30." CBS News. Published online June 5, 2012. https://www.cbsnews.com/news/journeys-dont-stop-believin-turns-30/.

Belfi, Amy M., et al. "Rapid Timing of Musical Aesthetic Judgments." *Journal of Experimental Psychology: General* 147, no. 10 (2018): 1531. https://doi.org/10.1037/xge0000474.

Belfi, Amy M., Edward Vessel, and G. Gabrielle Starr. "Individual Ratings of Vividness Predict Aesthetic Appeal in Poetry." *Psychology of Aesthetics Creativity and the Arts* 12, no. 3 (2017). https://doi.org/10.1037/aca0000153.

Bizley, Jennifer K., and Yale E. Cohen. "The What, Where and How of Auditory-Object Perception." *Nature Reviews Neuroscience* 14, no. 10 (2013): 693~707. https://doi.org/10.1038/nrn3565.

Bono. "60 Songs That Saved My Life." *Rolling Stone*. Published online May 15, 2020.

Borčak, Lea Wierød. "The Sound of Nonsense: On the Function of Nonsense Words in Pop Songs." *SoundEffects: An Interdisciplinary Journal of Sound and Sound Experience* 7, no. 1 (2017): 27~43. https://doi.org/10.7146/se.v7i1.97177.

Brinkley, Douglas. "Don McLean's 'American Pie.'" Christie's. February 2015. Accessed June 9, 2021. https://www.christies.com/lot/lot-don-mclean-b1945-the-complete-working-manuscript-5885030/?from=salesummary&intObjectID=5885030&lid=1.

Christenson, Peter G., et al. "What Has America Been Singing About? Trends in Themes in the U.S. Top-40 Songs: 1960–2010." *Psychology of Music* 47, no. 2 (2019): 194~212. https://doi.org/10.1177/0305735617748205.

Fingerhut, Joerg, et al. "The Aesthetic Self: The Importance of Aesthetic Taste in Music and Art for Our Perceived Identity." *Frontiers in Psychology* 11 (2021): 4079. https://doi.org/10.3389/fpsyg.2020.577703.

Frith, Simon. "Music and Identity." In *Questions of Cultural Identity*, edited by

Stuart Hall and Paul du Gay, 108~27. Thousand Oaks, CA: Sage, 1996.

Gill, A. A. "America the Marvelous." *Vanity Fair.* June 14, 2013. Published online July 2013. Accessed May 14, 2020. https://www.vanityfair.com/culture/2013/07/america-with-love-aa-gill-excerpt.

Greenberg, David M., et al. "The Self-Congruity Effect of Music." *Journal of Personality and Social Psychology* 121, no. 1 (2020): 137~50. https://doi.org/10.1037/pspp0000293.

Greene, Andy. "Steve Perry: 5 Songs That Inspired Me." *Rolling Stone.* Published online October 24, 2018.

Gunther Moor, Bregtje, et al. "Do You Like Me? Neural Correlates of Social Evaluation and Developmental Trajectories." *Social Neuroscience* 5, nos. 5–6 (2010): 461~82. https://doi.org/10.1080/17470910903526155.

Herd, Denise. "Changing Images of Violence in Rap Music Lyrics: 1979–1997." *Journal of Public Health Policy* 30, no. 4 (2009): 395~406. https://doi.org/10.1057/jphp.2009.36.

History by Day. "The Complete True Story Behind 'American Pie' by Don McLean." Published online (date unknown). Accessed June 9, 2021. https://www.historybyday.com/pop-culture/the-complete-true-story-behind-american-pie-by-don-mclean-3/39.html.

Janata, Petr. "The Neural Architecture of Music-Evoked Autobiographical Memories." *Cerebral Cortex* 19, no. 11 (2009): 2579~94. https://doi.org/10.1093/cercor/bhp008.

Lévêque, Yohana, and Daniele Schön. "Modulation of the Motor Cortex During Singing-Voice Perception." *Neuropsychologia* 70 (2015): 58~63.

Murphey, Tim. "The When, Where, and Who of Pop Lyrics: The Listener's Prerogative." *Popular Music* 8, no. 2 (1989): 185~93. https://www.jstor.org/stable/853468.

Nawrocki, Tom. "Rewind: The Biggest Instrumental Hits of the Past 50 Years." *Cuepoint*, April 10, 2015. Accessed November 10, 2021. https://medium.com/cuepoint/what-do-the-harlem-shake-star-wars-gary-glitterhawaii-five-o-and-barry-white-have-in-common-542dc7c0c545.

Nummenmaa, Lauri, Vesa Putkinen, and Mikko Sams. "Social Pleasures of Music." *Current Opinion in Behavioral Sciences* 39 (2021): 196~202. https://doi.org/10.1016/j.cobeha.2021.03.026.

Peretz, Isabelle, and Max Coltheart. "Modularity of Music Processing." *Nature Neuroscience* 6, no. 7 (2003): 688~91. https://doi.org/10.1038/nn1083.

Recording Industry Association of America. "Top 365 Songs of the Twentieth Century." Published in March 2001 by the Recording Industry Association of America (RIAA) and the National Endowment for the Arts (NEA). http://www.theassociation.net/txt-music5.html.

Sapolsky, Robert M. *Behave: The Biology of Humans at Our Best and Worst*. New York: Penguin, 2017. (Page 165.)

Schlaug, Gottfried, et al. "From Singing to Speaking: Facilitating Recovery from Nonfluent Aphasia." *Future Neurology* 5, no. 5 (2010): 657~65. https://doi/10.2217/fnl.10.44.

Schwartz, John. "To Know Me, Know My iPod." *New York Times*, November 28, 2004. https://www.nytimes.com/2004/11/28/weekinreview/to-know-me-know-my-ipod.html.

Smirke, Richard. "U2 Producer Andy Barlow on 'Songs of Experience': 'The Album Changed Massively After Trump Got Elected.'" *Billboard*, June 12, 2017. https://www.billboard.com/music/rock/andy-barlow-interview-u2-producer-songs-experience-8061774/.

"Top 100 Instrumental Songs Since 1960." Tunecaster. Published online (date unknown). Accessed November 18, 2021. http://tunecaster.com/special/most-popular/instrumentals.html.

Ventzislavov, Rossen. "Singing Nonsense." *New Literary History* 45, no. 3 (2014): 507~22. https://doi/10.1353/nlh.2014.0024.

Zatorre, Robert J., Pascal Belin, and Virginia B. Penhune. "Structure and Function of Auditory Cortex: Music and Speech." *Trends in Cognitive Sciences* 6, no. 1 (2002): 37~46. https:// dci.org/10.1015/S1364-6613(00)01816-7.

Zatorre, Robert J., Joyce L. Chen, and Virginia B. Penhune. "When the Brain Plays Music: Auditory–Motor Interactions in Music Perception and Production." *Nature Reviews Neuroscience* 8, no. 7 (2007): 547~58. https://doi.org/10.1038/nrn2152.

6장

Cook, Peter, et al. "A California Sea Lion (Zalophus californianus) Can Keep the Beat: Motor Entrainment to Rhythmic Auditory Stimuli in a Non Vocal Mimic." *Journal of Comparative Psychology* 127, no. 4 (2013): 412~27.

Drake, Carolyn, Mari Riess Jones, and Clarisse Baruch. "The Development of Rhythmic Attending in Auditory Sequences: Attunement, Referent Period, Focal Attending." *Cognition* 77, no. 3 (2000): 251~88.

Dreifus, Claudia. "Exploring Music's Hold on the Mind." *New York Times*, May 31, 2010.

Fitch, W. Tecumseh. "The Biology and Evolution of Rhythm: Unravelling a Paradox." In *Language and Music as Cognitive Systems*, edited by Patrick Rebuschat et al. Oxford, UK: Oxford University Press, 2012.

———. "Dance, Music, Meter and Groove: A Forgotten Partnership." *Frontiers in Human Neuroscience* 10 (2016): 64.

———. "Four Principles of Bio-musicology." *Philosophical Transactions of the Royal Society B: Biological Sciences* 370, no. 1664 (2015): 20140091.

———. "Rhythmic Cognition in Humans and Animals: Distinguishing Meter and Pulse Perception." *Frontiers in Systems Neuroscience* 7 (2013): 68.

Good, Arla, and Frank A. Russo. "Singing Promotes Cooperation in a Diverse Group of Children." *Social Psychology* 47, no. 6 (2016): 340~44.

Guralnick, Peter. *Sam Phillips: The Man Who Invented Rock 'n' Roll*. New York: Back Bay, 2015. (Pages 15 and 255.)

Hattori, Yuko, Masaki Tomonaga, and Tetsuro Matsuzawa. "Spontaneous Synchronized Tapping to an Auditory Rhythm in a Chimpanzee." *Scientific Reports* 3, no. 1 (2013): 1~6.

Honing, Henkjan. "Without It No Music: Beat Induction as a Fundamental Musical Trait." *Annals of the New York Academy of Sciences* 1252, no. 1 (2012): 85~91.

Iversen, John R., Bruno Repp, and Aniruddh Patel. "Top-Down Control of Rhythm Perception Modulates Early Auditory Responses." *Annals of the New York Academy of Sciences* 1169, no. 1 (2009): 58~73.

Keehn, R. Joanne Jao, et al. "Spontaneity and Diversity of Movement to Music Are Not Uniquely Human." *Current Biology* 29, no. 13 (2019): R621~22.

Koelsch, Stefan, Peter Vuust, and Karl Friston. "Predictive Processes and the Peculiar Case of Music." *Trends in Cognitive Sciences* 23, no. 1 (2019): 63~77.

Large, Edward W., and Patricia M. Gray. "Spontaneous Tempo and Rhythmic Entrainment in a Bonobo (Pan paniscus)." *Journal of Comparative Psychology* 129, no. 4 (2015): 317.

Lindner, Axel, et al. "Human Posterior Parietal Cortex Plans Where to Reach and What to Avoid." *Journal of Neuroscience* 30, no. 35 (2010): 11715~25.

MacDougall, H. G., and S. T. Moore. "Marching to the Beat of the Same Drummer: The Spontaneous Tempo of Human Locomotion." *Journal of Applied Physiology* 99, no. 3 (2005): 1164~73.

Martens, Peter A. "The Ambiguous Tactus: Tempo, Subdivision Benefit, and Three Listener Strategies." *Music Perception: An Interdisciplinary Journal* 28, no. 5 (2011): 433~48.

Mathias, Brian, et al. "Electrical Brain Responses to Beat Irregularities in Two Cases of Beat Deafness." *Frontiers in Neuroscience* 10 (2016): 40.

McAuley, J. Devin, et al. "The Time of Our Lives: Life Span Development of Timing and Event Tracking." *Journal of Experimental Psychology: General* 135, no. 3 (2006): 348.

Merchant, Hugo, and Apostolos P. Georgopoulos. "Neurophysiology of Perceptual and Motor Aspects of Interception." *Journal of Neurophysiology* 95, no. 1 (2006): 1~13.

Montagu, Jeremy. "How Music and Instruments Began: A Brief Overview of the

Origin and Entire Development of Music, from Its Earliest Stages." *Frontiers in Sociology* 2 (2017): 8.

Patel, Aniruddh D. *Music, Language, and the Brain.* New York: Oxford University Press, 2010.

Patel, Aniruddh D., and John R. Iversen. "The Evolutionary Neuroscience of Musical Beat Perception: The Action Simulation for Auditory Prediction (ASAP) Hypothesis." *Frontiers in Systems Neuroscience* 8 (2014): 57.

Patel, Aniruddh D., John R. Iversen, Micah R. Bregman, and Irena Schulz. "Experimental Evidence for Synchronization to a Musical Beat in a Nonhuman Animal." *Current Biology* 19, no. 10 (2009): 827~30.

Pearce, Eiluned, Jacques Launay, and Robin I. M. Dunbar. "The Ice-Breaker Effect: Singing Mediates Fast Social Bonding." *Royal Society Open Science* 2, no. 10 (2015): 150221.

Phillips-Silver, Jessica, et al. "Born to Dance but Beat Deaf: A New Form of Congenital Amusia." *Neuropsychologia* 49, no. 5 (2011): 961~69.

Richter, Joachim, and Roya Ostovar. "'It Don't Mean a Thing If It Ain't Got That Swing': An Alternative Concept for Understanding the Evolution of Dance and Music in Human Beings." *Frontiers in Human Neuroscience* 10 (2016): 485.

Ross, Jessica M., John R. Iversen, and Ramesh Balasubramaniam. "The Role of Posterior Parietal Cortex in Beat-Based Timing Perception: A Continuous Theta Burst Stimulation Study." *Journal of Cognitive Neuroscience* 30, no. 5 (2018): 634~43.

Sisario, Ben. "Charlie Watts, the Unlikely Soul of the Rolling Stones." *New York Times*, August 24, 2021. https://www.nytimes.com/2021/08/24/arts/music/charlie-watts-rolling-stones.html.

Temperley, David. "Communicative Pressure and the Evolution of Musical Styles." *Music Perception* 21, no. 3 (2004): 313~37.

Witek, Maria A. G., et al. "Syncopation, Body-Movement and Pleasure in Groove Music." *PLOS One* 9, no. 4 (2014): e94446.

Yong, Ed. "Not a Human, but a Dancer." *Atlantic*, July 8, 2019. Accessed

November 21, 2021. https://www.theatlantic.com/science/archive/2019/07/
what-snowball-dancing-parrot-tells-us-about-dance/593428/.

Zentner, Marcel, and Tuomas Eerola. "Rhythmic engagement with music in
infancy." *Proceedings of the National Academy of Sciences* 107, no. 13 (2010):
5768~73.

7장

Abdurraqib, Hanif. "The TR-808 Drum Machine Changed the Sound of Pop
Music Forever." *Smithsonian*, July 2020.

Abrams, Daniel A., et al. "Auditory Brainstem Timing Predicts Cerebral
Asymmetry for Speech." *Journal of Neuroscience* 26, no. 43 (2006): 11131~37.

Alluri, Vinoo, Petri Toiviainen, Iiro P. Jääskeläinen, Enrico Glerean, Mikko
Sams, and Elvira Brattico. "Large-Scale Brain Networks Emerge from
Dynamic Processing of Musical Timbre, Key and Rhythm." *NeuroImage* 59
(2012): 3677~89.

Arnal, Luc H., et al. "Human Screams Occupy a Privileged Niche in the
Communication Soundscape." *Current Biology* 25, no. 15 (2015): 2051~56.

Barratt, Emma L., and Nick J. Davis. "Autonomous Sensory Meridian Response
(ASMR): A Flow-like Mental State." *PeerJ* 3 (2015): e851.

Bernstein, David. "The Moog Synthesizer Makes a Comeback." *New York Times*,
September 29, 2004.

Bregman, Albert S. *Auditory Scene Analysis: The Perceptual Organization of Sound.*
Cambridge, MA: MIT Press, 1990.

Collins, Sarah A. "Men's Voices and Women's Choices." *Animal Behaviour* 60, no.
6 (2000): 773~80.

Collins, Sarah A., and Caroline Missing. "Vocal and Visual Attractiveness Are
Related in Women." *Animal Behaviour* 65, no. 5 (2003): 997~1004.

Erickson, Molly L., and Susan R. Perry. "Can Listeners Hear Who Is Singing? A
Comparison of Three-Note and Six-Note Discrimination Tasks." *Journal of
Voice* 17, no. 3 (2003): 353~69.

Feinberg, David R., et al. "The Role of Femininity and Averageness of Voice Pitch in Aesthetic Judgments of Women's Voices." *Perception* 37, no. 4 (2008): 615~23.

Fritz, Claudia, et al. "Player Preferences Among New and Old Violins." *Proceedings of the National Academy of Sciences* 109, no. 3 (2012): 760~63.

Fritz, Claudia, et al. "Soloist Evaluations of Six Old Italian and Six New Violins." *Proceedings of the National Academy of Sciences* 111, no. 20 (2014): 7224~29.

Gibson, Caitlin. "A Whisper, Then Tingles, Then 87 Million YouTube Views: Meet the Star of ASMR." *Washington Post*, December 15, 2014.

Grossberg, Stephen. "Adaptive Resonance Theory: How a Brain Learns to Consciously Attend, Learn, and Recognize a Changing World." *Neural Networks* 37 (2013): 1~47.

Handel, Stephen, and Molly L. Erickson. "Sound Source Identification: The Possible Role of Timbre Transformations." *Music Perception* 21, no. 4 (2004): 587~610.

Hughes, Susan M., Franco Dispenza, and Gordon G. Gallup Jr. "Ratings of Voice Attractiveness Predict Sexual Behavior and Body Configuration." *Evolution and Human Behavior* 25, no. 5 (2004): 295~304.

Kumar, Sukhbinder, et al. "The Brain Basis for Misophonia." *Current Biology* 27, no. 4 (2017): 527~33.

Mantione, Mariska, Martijn Figee, and Damiaan Denys. "A Case of Musical Preference for Johnny Cash Following Deep Brain Stimulation of the Nucleus Accumbens." *Frontiers in Behavioral Neuroscience* 8 (2014): 152.

McAdams, Stephen. "Recognition of Sound Sources and Events." *Thinking in Sound: The Cognitive Psychology of Human Audition* (1993): 146~98.

McDermott, Josh H. "Auditory Preferences and Aesthetics: Music, Voices, and Everyday Sounds." In *Neuroscience of Preference and Choice*, edited by Raymond Dolan and Tali Sharot, 227~56. Waltham, MA: Academic Press, 2012.

Nagyvary, Joseph, et al. "Wood Used by Stradivari and Guarneri." *Nature* 444, no. 7119 (2006): 565.

Peretz, Isabelle. "Towards a Neurobiology of Musical Emotions." In *Handbook of Music and Emotion: Theory, Research, Applications*, edited by Patrik N. Juslin and John A. Sloboda, 99~126. Oxford, UK: Oxford University Press, 2011.

Poerio, Giulia Lara, et al. "More Than a Feeling: Autonomous Sensory Meridian Response (ASMR) Is Characterized by Reliable Changes in Affect and Physiology." *PLOS One* 13, no. 6 (2018): e0196645.

Puts, David Andrew, Steven J. C. Gaulin, and Katherine Verdolini. "Dominance and the Evolution of Sexual Dimorphism in Human Voice Pitch." *Evolution and Human Behavior* 27, no. 4 (2006): 283~96.

Rickly, Geoff. Interview with Trent Reznor. *Alternative Press*. June 26, 2004.

Rouw, Romke, and Mercede Erfanian. "A Large-Scale Study of Misophonia." *Journal of Clinical Psychology* 74, no. 3 (2018): 453~79.

Salimpoor, Valorie N., et al. "Predictions and the Brain: How Musical Sounds Become Rewarding." *Trends in Cognitive Sciences* 19, no. 2 (2015): 86~91.

Sapolsky, Robert M. *Behave: The Biology of Humans at Our Best and Worst*. New York: Penguin, 2017. (Page 41.)

Scapelliti, Christopher. "The Guitar Gear Behind Derek & the Dominos' 'Layla.'" *Guitar Player*. July 22, 2020.

Stoel, Berend C., and Terry M. Borman. "A Comparison of Wood Density Between Classical Cremonese and Modern Violins." *PLOS One* 3, no. 7 (2008): e2554.

Tai, Hwan-Ching, et al. "Acoustic Evolution of Old Italian Violins from Amati to Stradivari." *Proceedings of the National Academy of Sciences* 115, no. 23 (2018): 5926~31.

8장

Birmingham Times. "Ten of the Greatest Jazz Groups, Bands, and Orchestras." June 29, 2016. http://www.birminghamtimes.com/2016/06/10-of-the-greatest-jazz-groups-bands-orchestras/.

Gallucci, Michael. "Grateful Dead Albums Ranked Worst to Best." Ultimate Classic Rock. June 24, 2015. https://ultimateclassicrock.com/grateful-dead-albums-ranked/.

Guralnick, Peter. *Sam Phillips: The Man Who Invented Rock 'n' Roll*. New York: Back Bay, 2015. (Page 166.)

Hall, Rick. *The Man from Muscle Shoals: My Journey from Shame to Fame*. Monterey: Heritage Builders, 2015. (Page 187.)

Holden, Stephen. "Pop: Prince, a Renegade." *New York Times*, March 28, 1981.

Joyce, Mike. "Robben Ford 'Supernatural' Blue Thumb." *Washington Post*, November 12, 1999.

Myers, Paul. *Barenaked Ladies: Public Stunts, Private Stories*. New York: Simon and Schuster, 2007.

Smoorenburg, Guido F. "Pitch Perception of Two-Frequency Stimuli." *Journal of the Acoustical Society of America* 48, no. 4B (1970): 924~42.

9장

Belfi, Amy M., et al. "Rapid Timing of Musical Aesthetic Judgments." *Journal of Experimental Psychology: General* 147, no. 10 (2018): 1531.

Berridge, Kent C., Terry E. Robinson, and J. Wayne Aldridge. "Dissecting Components of Reward: 'Liking,' 'Wanting,' and Learning." *Current Opinion in Pharmacology* 9, no. 1 (2009): 65~73.

Brielmann, Aenne A., and Denis G. Pelli. "Beauty Requires Thought." *Current Biology* 27, no. 10 (2017): 1506~13.

Christoff, Kalina, et al. "Mind-Wandering as Spontaneous Thought: A Dynamic Framework." *Nature Reviews Neuroscience* 17, no. 11 (2016): 718~31.

Davis, Miles, and Quincy Troupe. *Miles*. New York: Simon and Schuster, 1990. (Page 333.)

James, William. *The Principles of Psychology*. New York: Henry Holt, 1890.

Kandel, Eric. *Reductionism in Art and Brain Science*. New York: Columbia University Press, 2016.

Miu, Andrei C., Simina Piţur, and Aurora Szentágotai-Tătar. "Aesthetic Emotions Across Arts: A Comparison Between Painting and Music." *Frontiers in Psychology* 6 (2016): 1951.

Salimpoor, Valorie N., et al. "Predictions and the Brain: How Musical Sounds Become Rewarding." *Trends in Cognitive Sciences* 19, no. 2 (2015): 86~91.

Vessel, Edward A., G. Gabrielle Starr, and Nava Rubin. "Art Reaches Within: Aesthetic Experience, the Self and the Default Mode Network." *Frontiers in Neuroscience* 7 (2013): 258.

Wilkins, Robin W., et al. "Network Science and the Effects of Music Preference on Functional Brain Connectivity: From Beethoven to Eminem." *Scientific Reports* 4, no. 1 (2014): 1~8.

Zsok, Florian, et al. "What Kind of Love Is Love at First Sight? An Empirical Investigation." *Personal Relationships* 24, no. 4 (2017): 869~85.

당신의 음악 취향은

초판 1쇄 발행 2024년 8월 19일
초판 4쇄 발행 2025년 11월 28일

지은이 수전 로저스, 오기 오가스
옮긴이 장호연

펴낸이 서지원
책임편집 홍지연
디자인 형태와내용사이

펴낸곳 에포크
출판등록 2019년 1월 24일 제2019-000008호
주소 서울시 용산구 한강대로 95, A동 1315호
전화 070-8870-6907
팩스 02-6280-5776
이메일 info@epoch-books.com
인스타그램 @epoch.books

ISBN 979-11-981231-6-9 (03670)
한국어판 ⓒ 에포크, 2024